폴 리쾨르의
철학과
인문학적
변주

폴 리쾨르의 철학과 인문학적 변주

윤성우 지음

HUEBOOKs

머리말

다른 이의 책을 읽어 내는 일과 자신의 책을 펴내는 일은 어떤 관계가 있을까? 나는 그것을 팽창과 응축의 운동으로, 혹은 발산과 수렴의 운동으로 설명할 수 있다고 생각한다. 다른 이의 책을 읽는 것이 팽창, 발산의 운동이라면 내 글을 쓰는 일은 응축과 수렴의 운동이다.

타자의 책을 읽을 때면 타자의 것이 나의 것에 개입되고 섞이면서 무한히 늘어나고 확산된다. 하지만 이 팽창과 발산의 과정에서 나의 고유한 징후나 흔적이 옅어지기도 한다. 해변을 거닐며 산책하는 나에게 바다는 나의 의지에 따른 거리의 조절이 가능한 풍경이 될지는 모르지만, 망망대해에 떠 있는 배위의 나에게 바다는 나의 의지가 전적으로 통제 불가능한 이질성의 덩어리 일수 있다.

한편, 자신의 책을 펴내는 것, 특히 다른 이의 책을 읽는 중에 자신의 책을 펴내는 일은 아마도 긴 팽창과 발산의 운동 속에서 매듭이나 주름을 잡으려는 힘겨운 응축과 수렴 운동이다. 그 매듭이나 주름으로 우리는 타자의 무한한 관념의 바다에 이정표와 부표들을 던져보는 것이다. 이 책은 그러한 시도들의 모음이다.

『폴 리쾨르의 철학』 출간 이후, 여기저기에 하나의 그물로 담을 수 없는 글들을 발표하였다. 리쾨르 철학을 개괄하고 소개하는 글들도 있었지만, 리쾨르 철학을 다른 인문학적 주제들과 연결 지어 리쾨르 철학에 담긴 탁월한 철학적 직관과 풍부한 함의가 제시하는 다양한 길들을 탐구해 본 글들도 있었다.

『폴 리쾨르의 철학』을 펴낼 당시 나는 철학도로서 세 가지의 목표를 스스로에게 부여하였다. 보다 깊이 있는 연구서를 펴내는 것, 리쾨르의 저서를 번역하는 것, 그리고 리쾨르 철학을 토대로 한국의 고유한 문제들을 성찰해 보는 것이 그것이다. 10년이 훨씬 지난 지금 돌이켜 보면, 지나치게 용감한 호언이 아니었나 싶다.

길고 더딘 우회를 거쳤음에도 불구하고 그 약속을 지키고자 하는 마음으로 이 책을 세상에 내놓는다.

이 책에 실린 글 중 일부는 여러 지면을 통해 이미 발표되었던 것으로 굳이 다시 담은 것은 『폴 리쾨르의 철학』 출간 이후 저자가 진행해 온 연구의 흐름을 보여주고자 했기 때문이다. 서설부터 보론을 포함하는 11장까지의 출전을 간략히 적는 것으로 머리말을 마감하고자 한다. 그리고 이 책의 출간에는 교육부와 한국연구재단이 지원 하는 대학인문역량 강화사업 (CORE)의 지원이 있었다.

서설: 리쾨르 철학의 개요- 『현대프랑스철학사』 중 8장, 창비, 2015

제1부- 리쾨르 철학의 주제들

제1장: 리쾨르와 코기토들- 「철학과 현실」, 66권, 철학문화연구소, 2005

제2장: 리쾨르 대 레비스트로스- 「철학과 현실」, 84권, 철학문화연구소, 2010

제3장: 리쾨르의 상징론과 신화론- 한국외국어대학교 철학문화연구소 춘계 학술대회 발표집, 2016

제4장: 리쾨르의 문학론- 「하이데거연구」, 15집, 한국하이데거학회, 2007

제5장: 리쾨르의 회화론- 「프랑스학연구」, 43집, 프랑스학회, 2008

제6장: 리쾨르의 기억론과 이야기- 「영상문화」, 23호, 한국영상문화학회, 2013

제7장: 현대 생명의료 윤리학에서의 신체 문제- 「철학탐구」, 23집, 중앙철학

연구소, 2008

제2부- 번역의 사유

제8장: 번역은 우리에게 무엇이었고, 무엇이어야 하는가, 경향신문, 2012년 8월 4일자 기고

제9장: 리쾨르의 번역론-「해석학연구」, 21집, 한국해석학회, 2008

제10장: 번역철학-「통역과 번역」, 15집 1호, 한국통역번역학회, 2013

제11장: 윤리 개념과 도덕 개념의 구분을 통해 본 번역윤리-「통역과 번역」, 17집 3호, 한국통역번역학회, 2015

보론

포스트구조주의 욕망론-「프랑스학연구」, 36집, 프랑스학회, 2006

목차

제2부 번역의 사유

Paul Ricoeur

폴 리쾨르의 철학과 인문학적 변주

리쾨르 원전에 대한 인용 약호 [및 국역본 출전]

(※ 여타의 리쾨르 저작들에 대해서는 본서 말미의 참고문헌 란을 참조할 것.)

『(의지의 철학 1권) 의지적인 것과 비의지적인 것』

VI *Philosophie de la volonté I: Le volontaire et l'involontaire.* Aubier, 1993(19501).

『(의지의 철학 2-1권) 잘못할 수 있는 인간』

HF *Philosophie de la volonté II-1: L'homme fallible.* Aubier, 1960.

『(의지의 철학 2-2권) 악의 상징』

SM *Philosophie de la volonté II-2: La symbolique du mal.* Aubier, 1960. [양명수 옮김, 문학과지성사, 1999]

『해석에 대하여: 프로이트에 관한 시론』

DI *De l'interprétation: essai sur Freud.* Seuil, 1965. [김동규·박준영 옮김, 인간사랑, 2013]

『해석의 갈등』

CI *Le conflit des interprétations: essais d'herméneutique.* Seuil, 2013(19691). [양명수 옮김, 한길사, 2012]

『살아 있는 은유』

MV *La métaphore vive.* Seuil, 1975.

『시간과 이야기 1』

TR-I *Temps et récit, I: L'intrigue et le récit historique.* Seuil, 1983. [김한식·이경래 옮김, 문학과지성사, 1999]

『시간과 이야기 2』

TR-II *Temps et récit, II: La configuration dans le récit de fiction.* Seuil, 1984. [김한식·이경래 옮김, 문학과지성사, 2000]

『시간과 이야기 3』

TR-III *Temps et récit, III: Le temps raconté.* Seuil, 1985.

[김한식 옮김, 문학과지성사, 2004]

『텍스트에서 행동으로』

TA *Du texte à l'action: essai d'herméneutique II.* Seuil, 1986.

[(부분 번역) 남기영·박병수 옮김, 『텍스트에서 행동으로』, 아카넷, 2001]

『타자로서의 자기 자신』

SA *Soi-même comme un autre, Seuil,* 1990.

[김웅권 옮김, 『타자로서 자기 자신』, 동문선, 2006]

『비판과 확신』

CC *La critique et la conviction: Entretien avec François Azouvi et Marc de Launay,* Calmann-Lévy, 1995.

[변광배·전종윤 옮김, 『폴 리쾨르, 비판과 확신』, 그린비, 2013]

『번역론: 번역에 관한 철학적 성찰』

ST *Sur la traduction.* Bayard, 2004.

[윤성우·이향 옮김, 철학과현실사, 2006]

※ 인용 예시

MV 276.

→ *La métaphore vive, Seuil,* 1975, p.276.

DI 40 [79].

→ *De l'interprétation: essai sur Freud,* Seuil, 1965, p.40.

[『해석에 대하여: 프로이트에 관한 시론』, 김동규·박준영 옮김, 인간사랑, 2013, 79쪽]

서설
리쾨르 철학 개요

1. 자신에게 가장 덜 함몰된 철학자

폴 리쾨르(1913-2005)는 프랑스에 후설 현상학을 소개하고 수입한 초기 세대로서 방법론적으로 이를 자신의 철학에 도입했고, 아주 초기(1940년대 후반)의 몇몇 저서들을 제외한다면 당대의 압도적인 실존주의의 분위기는 일찍부터 벗어났으며, 1960년 이후에 프랑스 철학계를 사로잡은 구조주의나 후기구조주의의 흐름과도 일정한 거리를 유지한 채, 결코 지배적이지도 않고 그러려고 애쓰지도 않은 채 프랑스를 대표하는 해석학(解釋學, herméneutique)자로 불리는 철학자이다. 모태신앙으로 죽기까지 크리스천이었고, 프랑스군 장교로 2차 대전에 참전하여 포로생활을 했으며, 당시에 독일군들이 나눠준 담뱃갑 여백에 후설의 주저 『이념들 1』을 깨알 같이 번역하여 나중에 출판한 일화가 있으며, 68혁명과 관련된 에피소드들 이후로는 1990년대 초반까지 주로 미국과 프랑스를 오가며 대학에서의 지도 및 강의 그리고 집필을 했고, 2004년까지 강연과 저술 활동을 게을리하지 않았다. 대화나 토론을 매우 즐겼지만, 비생산적인 논란이나 논쟁은 정중히 사양했으며, 가장 덜 주관적인 철학자로, 자신에게 가장 덜 함몰된 철학자로 남겨지길 소망한 철학자로 여러 사람들이 기억하고 있다.

2. 이정표가 되는 몇몇 저서들과 개념들

리쾨르 철학에서 이정표가 되는 시기들이 있고 이에 상응하는 몇몇 저서들이 있다. 대략 세 시기로 나누어 볼 수 있을 것이다.

먼저, 1950년 자신의 박사학위 논문으로 출간된 『(의지의 철학 1권) 의지적인 것과 비의지적인 것』(*Philosophie de la volonté I: Le Volontaire et L'involontaire:* VI)은 현상학적 시기를 대표한다. 이때는 프랑스 전통의 반성철학의 주제들을 후설의 기술현상학의 방법을 기초로 자신만의 독특한 철학을 구축한 시기이다.

그 이후는 의지의 철학 2권(1960)인 『잘못할 수 있는 인간』(*Philosophie de la volonté II-1: L'homme fallible:* HF)과 『악의 상징』(*Philosophie de la volonté II-2: La symbolique du mal:* SM)으로 그 서막을 열었고, 『살아 있는 은유』(1975)를 거쳐, 『텍스트에서 행동으로』(1986)와 『시간과 이야기』(전3권)(1983-5)에서 그 절정을 맞이하는 해석학적 시기로 대별된다.

마지막으로, 리쾨르 본인은 물론이고 여러 사람들이 리쾨르의 모든 생각을 총괄하는 책으로 평가하는 『타자로서 자기 자신』(*Soi-même comme un autre:* SA)(1990)에서 본격적으로 드러나기 시작하는 정치 및 사회 철학적 사유를 담은 윤리학의 시기이다.

독자의 이해를 돕기 위해 세 시기를 나누었지만, 이들 시기들 사이에 어떤 인식론적 단절, 다시 말해 그 이전의 철학적 개념틀이나 설명의 틀과 완전히 단절되거나 그것들이 전적으로 포기되는 일은 리쾨르에게서 발견되지 않는다. 물론 한 사상의 불연속성보다는 연속성을 강조한다고 해서 그것 안에 어떤 결정적인 변화나 전환이 없다는 것은 아니다. 다만 그 변화가 누적적이며 확장성을 가진 나선

형을 띠고 있다는 점이다. 우리는 리쾨르 철학의 기점을 대변하는 중요 저작들과 그 중요 핵심적 내용을 중심으로 논의를 진행시켜 보고자 한다.

2.1. 해석학 이전의 현상학적 시기: 『(의지의 철학 1권) 의지적인 것과 비의지적인 것』(1950)

이 저작은 리쾨르의 현상학적 시기를 대표한다. 하지만 리쾨르 철학의 현상학적 태도나 입장이 이 시기에 국한되는 것은 아니다. 특히 사태의 본질 기술을 목표로 하는 기술현상학적 의미에서의 방법론적 수용은 거의 학문적 여정 전체를 동반하는 하나의 결정적 태도이다. 그것은 후설 현상학에 대한 리쾨르의 중층적인 관점에도 불구하고, 후설의 현상학이 철학함의 어떤 본질적 측면을 제시했다고 리쾨르가 판단하기 때문이다. 그 본질은 바로 사태 자체에 육박하고 이를 개념적으로 언표하려고 시도한다는 점이다. 철학자들마다, 특히 현상학자들마다 자신들이 주목하는 사태가 다르다. 예를 들어 메를로퐁티 같은 경우 지각 활동이 그가 주목한 사태이다. 반면 리쾨르의 경우 의지 활동이 현상학적 기술의 대상이 된다. 다시 말해 그는 인간 의지 활동이 우리 의식에게 주어지는 바의 본질과 그 한계를 기술하려고 한다. 다만 여기서 꼭 언급해야 할 점은, 적어도 이 저작을 썼던 당시의 리쾨르는 멘느 드 비랑, 베르그송, 메를로퐁티 같은 철학자들과 마찬가지로 프랑스 고유의 반성철학의 전통에 여전히 서 있는 게 분명하다는 것이다. 리쾨르가 다룬 욕구, 동기, 습관, 정념, 자유, 신체와 같은 주제들은 반성철학의 전통에서가 아니라면 그 기원을 찾기란 쉽지 않기 때문이다.

리쾨르는 이 저서의 서론에서 "철학의 사명은 개념들을 통해 실존을 해명하는 것"이라고 밝힌다.[1]이 한마디는 이 저서의 핵심을 압축하고 있을 뿐만 아니라 리쾨르 사상의 전반적인 텔로스(목적)를 규정한다. "실존"과 "개념"이라는 용어들

1) VI 20.

이 우리의 주목을 끈다.

우선 실존(實存, existence)은 리쾨르에게서 주체(sujet)개념과도 상호 교환될 수 있는 것으로서, 신체를 가진 구체적인 인간 개별자라는 의미로 사용된다. 하이데거에게서 실존(*existenz*) 개념은 현존재에게 고유한 존재 양식으로서, 사물과 같이 그 본질이 한 번 정해지면 더 이상 변할 수 없는 것과는 반대로, 현존재가 자신의 존재를 문제시하고, 또한 그것을 이루어 갈 수 있는 존재 가능을 뜻하는 개념으로 이해된다. 반면, 리쾨르에게서는 인간이 신체를 가졌다는 사실, 곧 인간이 부인할 수 없는 그러한 사실에서 오는 한계나 극한의 상황에 대한 성찰이 인간 실존에 대한 해명에 포함되어야 한다고 본다. 그래서 하이데거는 죽음을 가장 뚜렷한 인간 현존재의 본래적 유한성으로 이해하지만, 리쾨르는 죽음 이외에도, 배고픔 같은 신체적 동기, 습관과 같은 몸의 일정한 경향성, 그리고 탄생, 무의식, 성격 등등 인간이 신체인 바에서 오는 모든 유한성과 필연성을 인간 실존에 대한 성찰에 반드시 포함시키고자 한다. 당시의 실존주의가 개인의 기획, 결단, 행위를 강조한다면, 리쾨르는 애초에 인간 실존이 기획할 수 없고, 결단할 수 없고, 더 이상의 행위의 가능적 대상에 포함시킬 수 없는 것들도 실존의 성찰에 끌어안음으로써, 실존주의 시대에 실존주의적이지 않은 실존론을 펼친 것이다.

두 번째로 "개념"에 대한 이야기를 해보자. 1950년에 나온 이 저작의 부제(의지적인 것과 비의지적인 것)와 영역판의 제목(*Freedom and Nature: The Volontary and the Involontary*, 1966)을 살펴보자. 영어 Freedom은 '의지적인 것', Nature는 '비의지적인 것'과 등가를 이룬다. 영어 Nature를 "자연"으로 옮기든, 논란 많은 "본성"으로 옮기든 크게 중요하지 않다. 여기서 핵심은 인간의 자유나 의지는 그 자유나 의지가 좌지우지 할 수 없는 것들과의 상호성 속에서 이해되어야 한다는 것이다. 이때 자유 또는 의지할 수 있는 것이라는 "개념"에 속하는 하위 개념들로서, "결정", "행위", "승복"이라는 세 요소 또는 세 단계가 존재한다. 다시 말해, "내가 자유롭다" 또는 "나는 의지할 수 있다"라는 큰 개념에는 "나는 결정(선택)할 수 있다", "나는 나의 몸을 움직일 수 있다"(즉, 나는 행위할 수 있다), "나는 승복(承服)할 수밖에 없다"라는 작은 개념들이 포함되어 있다는 것이 리쾨르 의지철학의 양지(陽地)이다. 다른 한편, 의지는 더 이상 의지할 수 없는 것들에 근거해서만 뭔가를 할 수 있는데, 이 비지의적인 것에도 세 가지 단계가 각각 상응한다. 내가 나의 신체와 분리됨 없이 겪는 나의 배고픔은 내가 앞으로 X나 Y라는 행위를 하도록 결정하는 데 어떤 동기나 이유를 제공한다. 배가 고파서, 배가 고프기 때문에 우리가 무엇인가를 먹는다면, 또는 먹기로 결정하였다면, 이때 신체-의식(의지) 사이의 결속은 결코 표상적이지 않다. 즉, 나는 나의 배고픔이나 고통을 표상하지는 않는다. 단지 그것을 느낄 뿐이며, 그 배고픔이나 고통을 겪을 뿐이다. 이때 느낌이나 겪음은 더 이상 의지가 좌지우지할 수 없는 비의지적인 것이다.

의지의 두 번째 의미는 우리가 우리의 몸으로 선택이나 결정을 수행한다는 것이다. 이때조차도 우리는 의지의 의식적인 관여나 개입 없이(즉 비의지적으로), 그리고 의지가 자각하지 못한 채 비(非)반성적 방식으로 "신체적 자발성"(spontanéité corporelle)에 근거해 의도한 행위를 수행한다. 자전거를 타고 출근을 한다고 할 때, 우리는 매번 자전거를 새롭게 배우지 않으면서도 자전거를 탈 줄 안다. 이런 습관(habitude)에 바탕을 둔 신체적 능력을 발휘하여 핸들을 잡고 페달을 눌러 가고자 하는 방향으로 나아가는 것이다. 의지로 수행된 많은 행위들이 실상 더 이상 의지가 의지할 수 없는 것에 이런 방식으로 의존해서 이루어진다.

의지 활동의 마지막 개념은 배고픔 같은 신체적 동기나 습관 같은 신체적 능력에 상대적으로 의존하는 것이 아닌, 절대적으로 의존할 수밖에 없는 비의지적인 것이 존재한다는 것을 인정하고 그것에 따르는 것이다. 리쾨르는 이러한 비의지적인 것을 신체적 필연성을 부르며, 그 세 가지 형태로서 성격(性格, caractére), 무의식(inconscient), 생명(vie)을 언급한다. 리쾨르가 보기에 나의 태어남과 나의 성장, 나의 생명조직이 가지는 비의지적 특성들은 가장 근본적인 비의지적인 것이다. 자유 의지로 원해서 태어난 이는 누구도 없으며, 원치 않게 성장하고 늙어간다. 의지와 의식 일반의 필수 조건으로서의 나의 살아 있음 또는 나의 생명 활동 없이는 그 어떤 인간다운 인간의 행위는 불가능해진다는 점에서 나의 생명은 가장 비의지적인 것이다. 이런 의미에서 생명은 의지가 비켜 나갈 수 없는 가장 근원적인 필연성이자 비의지로서 의지는 그것을 승복해야만 하는 것이다.

결론적으로, 인간의 신체적 조건에 대한 리쾨르의 성찰이 궁극적으로 겨냥하는 것은 데카르트 이후 근대적 주체의 본질적인 한 특징으로 자리잡은 자기 정립(自己 定立, autoposition)적 주체나 코기토이다. 곧, 자신의 신체를 배제함으로써 스스로 실체임을 내세우는 코기토가 모든 참된 인식의 출발점이라는 인식론적 야망에서 벗어나야 한다는 것이다. 인식의 아르키메데스 점을 찾기 이전에 실존이 이미 놓여 있는 존재의 상황을 발견하고 이해하는 것이 우선이라고 리쾨르는 주장한다.

이제 리쾨르는 신체를 가진, 아니 신체인 주체가 이미 그 자신에 앞서 주어져 있는 의미 세계, 명증적 세계 인식 이전에 구성된 선(先)의미 세계를 탐색하는 것이 또 하나의 중요한 인간 조건의 과제라고 생각한다. 그러한 영역을 수놓고 있는 것이 바로 해석학적 시기의 중요한 연구 대상이었던 상징, 은유(담화), 이야기(텍스트)라는 개념들이다. 앞으로도 보겠지만 리쾨르에게서 개념들을 통해 인간 실존을 해명하려는 철학적 과제는 또 다른 차원에서 계속된다.

2.2. 해석학의 시기

리쾨르 철학에서 가장 긴 여정을 대표하는 것이기도 하면서 그가 철학 일반에 가장 창의적으로 기여한 분야와 시기를 꼽는다면 그것은 분명 해석학적 시기일 것이다. 이 해석학의 시기는 그가 일반 철학자는 물론이고 일반 독자, 문학 이론가들뿐만 아니라 신학자들과 사회 과학자들에까지 큰 주목을 받은 시기와 정확히 일치하는데, 그것은 아카데믹하고 이론적 측면을 넘어서, 무엇인가 구체적인 해석의 방법과 대상, 그리고 결과물을 제시할 수 있었기 때문이다.

이 시기는 통상 서양철학에서 말하는 "언어적 전회"(linguistic turn)의 시기와도 일치한다. 리쾨르에게서 "언어"란 그 형태의 측면에서 상징, 은유, 이야기이며,

그 단위의 측면에서 말하자면 단어, 담화(문장), 텍스트이다. 왜 이런 언어의 독특한 층위에 대한 해석학을 시도하는가? 상징 해석학을 먼저 다루면서 이에 대한 대답을 시도할 것인데, 위 물음을 다룬 리쾨르 저서들의 방대함이나 깊이에 비해 여기서 시도하는 논의는 개략적이며 예비적인 성격을 띤다.

(1) 상징 해석학 : 사유를 불러일으키는 상징

리쾨르의 초·중기 철학에 가장 많이 등장하는 핵심 개념어가 있다면 그것은 분명 '상징'이다. 1960년작 『악의 상징』에서부터 1965년 『해석에 관하여: 프로이트에 관한 시론』을 거쳐, 1969년의 『해석의 갈등』에 이르기까지 리쾨르의 철학적 화두를 이룬 것은 바로 상징들과 그 해석들을 둘러싼 갈등이었다고 해도 과언이 아니다. 상징의 개념 및 그 출현 영역, 그리고 상징과 사유의 관계에 대한 논의 등이 우리가 주목해봐야 할 내용들이다.

구체적인 사물이나 회화적 이미지로서 지칭되는 상징들도 있고, 윤동주의 『서시』를 읽을 때 나오는 "하늘을 우러러"에서 하늘과 같이 사물적 차원을 넘어서서 언어적 차원을 가진 시적 상징어도 있다. 이뿐만 아니라 단군신화에 등장하는 '곰', 곰이 먹은 '마늘', 곰이 있었던 '동굴'도 모두 상징 언어로 여겨질 수 있는 것들이다. 성서의 창세기에 등장하는 '아담'과 '이브', 그들을 유혹했던 '뱀'의 존재 등 이 모든 것들도 상징 및 상징 언어로 파악될 수 있다. 여기서 리쾨르는 상징을 이미지적 상징이나 사물적 상징으로 확장하지 않고, 신화나 종교적 고백언어에 등장하는 상징, 소설이나 시에 등장하는 상징, 그리고 정신분석의 대상이 되는 꿈의 언어들 등에 등장하는 언어적 상징으로 제한한다. 우선 개별적인 상징들이 가지는 의미들의 다양성은 접어두고 흔히 상징이라고 일컬어지는 것의 개념과 구조에 주목해보도록 하자.

언어적이거나 사물적인 어떤 것이, 흔히 사람들이 그에 대해 말하는 바를 넘어서 다른 어떤 것을 뜻하거나 의미하게 되는 모든 작용이나 기능을 보일 때, 우리는 그러한 작용을 '상징적'이라고 부른다. 일종의 언어적 기호인 상징은 일차적으로는 명백한 의미나 뜻을 가진 언어로서 문자적인 것이다. 리쾨르는 이러한 일차적 의미 안에 거주하는 이차적 의미를 가진 언어 기호, 이 일차적 의미를 통해 이차적 의미가 관련되는 언어 기호를 '상징'으로 규정한다. 따라서 다음의 세 가지 영역에서 상징이 출현한다고 본다. 종교적 삶과 체험의 영역, 정신분석적 경험의 영역, 문학적 상상력의 영역이 그것이다. 위에 열거한 순서는 대체로 그동안 리쾨르의 연구 순서와 일치한다. 이는 가장 풍부한 출현 영역들의 순서로도 볼 수 있다. 고대 초기 인류를 비롯하여 모든 종교인의 정화 제의(祭儀)나 의식(儀式)에 등장하는 모든 물리적 행위 및 그에 대한 언급—불사르고, 씻어내고, 추방하고, 자르고, 땅에 묻는 등의 행위 등—은 종교적 고백 언어나 신화들 속에서 그 의미에 대한 해명을 요구하는 상징적 행위이자 상징적 언어이다. 구약성경(신명기 10장)에 등장하는 할례나 세례도 마찬가지다. 노아의 홍수 이야기에서 왜 하필 물로 세상을 멸망시키고 다시 구하는가? 여기서 물은 우리가 갈증 날 때 마시는 물이 아니다. 그 이상의 뜻을 지니게 될 때 그 '물'은 상징이 되는 것이다. 마찬가지로 신화에 등장하고 언급되는 많은 자연적 존재자, 예를 들어 하늘·땅·나무 등도 전부 상징으로 파악되어야 한다는 것이다. 단적인 예로 창세기 아담 신화에 등장하는 뱀, 그것도 말로 유혹하는 뱀을 보자. 이 말하는 뱀의 등장을 설명하는 구절은 그 어디에도 없다. 그것은 피조물로서 인간의 유한성을 넘어 무한의 욕망을 불러일으키는 선재(先在)한 혼동과 무질서의 상징으로, 결국은 악의 담지자, 악의 상징으로 읽어야 한다는 것이다.

이제 결론 격으로 상징과 사유(반성)의 관계에 대해 살펴보자. 이는 인간 실존을 개념적으로 해명하는 데서 왜 해석학적 우회가 필요한지에 대한 답이 될 것이다. 리쾨르의 1960년 저작 『악의 상징』과 1965년 『해석에 관하여: 프로이트에 관한 시론』의 중요한 주장은 아래와 같이 정식화될 수 있다.

① 상징은 사유(또는 반성)를 불러일으킨다.

② 반성(또는 사유)은 상징에 의존한다.

역설적으로 보이는 위의 두 주장은 철학적이고 지적인 묘한 긴장과 역설을 느끼게 한다. 실제로 주장 ①이 뜻하는 바는 상징이란, 그것이 지닌 이중적 의미의 중층성으로 인해 전(前)철학적 풍부성을 가지고 있다는 것이다. 왜 전(前)철학적이라고 말하는가? 아마도 상징이 이미 중층의 의미론적 구조를 가지고 있어서 하나의 철학적 해석의 활동을 요구하며, 심지어는 그를 통해 고도의 철학적 반성에 이르게까지 할 수 있기 때문이다. 사실 상징적 언어 표현들은 각종 제의(祭儀)와 감정적 표현들 속에 섞여 있을 뿐 아니라, 처음과 끝에 관한 큰 이야기인 신화들과 분리 불가능할 정도로 그 속에 통합되어 있어서, 이런 상징과 신화는 인간의 조건과 운명을 읽어낼 수 있는 패러다임과 인간 체험을 보편화하는 틀을 철학적 반성에 대해 제공한다고 볼 수 있다. 그것은 그 자체로서 온전한 철학적 반성의 표현은 아닐지라도 그것의 여명(黎明)이자 서막이다.

반면에 반성(또는 사유)은 상징에 의존한다는 주장 ②는 근대 철학이 맞이한 위기와 그 탈출의 모색을 극적으로 언명한 것이다. 상징이 "언어의 선물"로서 반성을 살찌우고, 반성의 방향을 제시하며, 인간의 자기 이해에 보편성과 존재론적 중요성을 제공할 잠재성을 지닌 것이라면, 그동안의 철학적 반성은 상징 언어가 가진 풍부한 의미지평을 간과하고 대상 존재자의 파악과 인식을 근거하는 자, 즉 인식주체의 정립에 몰두해왔다. 하지만 이런 자기 정립적 반성은 추상적이고 공허하다는 비판의 목소리를 듣게 된다. 왜 공허한가? 의식이 스스로에 대해 획득하는 직접적인 명증성과 확실성은 심리적이고 직관적인 것에 불과하다는 비판에 직면하기 때문이다. 즉, 그런 식의 정립은 자아 존재에 대한 강한 확신에 찬 느낌일 뿐 그것이 나 자신에 대한 진정하고도 내용 있는 인식 내지 앎인지는 분명하지 않다는 것이다. 달리 말해 자아와 의식의 존재는 필증적이지만 그만큼 충전적이지는 않다는 것이다. 오히려 리쾨르는 철학적 담론에 선행하고 이 담론에 뿌리와 바탕을 제공할 수 있는 언어의 선물인 상징에 대한 해석을 통해, 자아와 그것이 주도하는 반성의 공허성을 극복하고 반성이 구체적이어야 한다고 본다. 결국 리쾨르는 상징 해석학이 근대 자아론이나 인식론 중심주의에 대한 현대적 대안이라고 판단한다.

(2) 은유 해석학 : 또 다른 의미의 보고(寶庫)인 은유

1960년대 상징 해석학에서 1980년대 텍스트 해석학에로의 이행 중간 기간인 1970년대에 리쾨르는 인간의 다양한 언어활동과 그 층위들을 발견하고, 은유야말로 (상징과 텍스트와 더불어) 의미들의 혁신적인 창조가 일어나는 지점이라는 것을 발견한다. 인간의 신체적 조건에 대한 성찰이 해석학 이전의 중요한 관심사였다면, 인간의 언어적 조건에 대한 성찰이 리쾨르 해석학을 가로지른다고 볼 수 있다. 상징은 이중 내지 다중 의미를 지닌 언어로 규정되었다. 이때 상징은 비록 신화나 다양한 종교적 제의 속에서 언급되지만 그 언어학적 단위(unité)로서는 단어의 수준에 머문다. 리쾨르가 소쉬르의 언어 기호개념의 구조주의적 이해를 넘어서기 위해 적극 참조한 언어학자인 벤베니스트(Emile Benveniste)는 언어의 본질적 모습이 문장 수준에서 이루어지는 담화(discour)라고 주장하는데, 은유 역시 바로 이 차원에 해당된다. 1975년 저작인 『살아 있는 은유』(*La métaphore vive*)에서 리쾨르는 우선 은유에 대한 방대한 이론적 지형들, 곧 고전 수사학, 현대 기호학과 의미론, 해석학을 가로지르며 이 각각의 담론에서 은유를 담지하는 언어적 요소들이 단어, 문장, 담화(미니어처 수준의 텍스트)라는 것을 제시한다.

주로 고전주의 수사학에서는 은유가 만들어 내는 의미 생산적 과정이 단 하나의 명사나 단어, 이름을 바꾸고 변경하는 것이라고 판단한다. "한강은 서울의 동맥"이라는 은유에서 "대동강은 평양의 동맥"이라는 또 다른 은유를 복사해내면서 명사들의 교환으로 은유의 메커니즘을 이해할 수 있다는 것이다. 리쾨르가 보기에 은유에 대한 이런 접근은 은유를 단지 단어나 명사에서 일어나는 의미론적인 우발적 사건으로 규정하는 것으로, 단순히 언어를 보기 좋게 치장하는 결과를 낳게 한다고 말하면서, 이는 결국 은유를 실재(realité)에 대한 어떤 새로운 인지적 발견과 관계없는 것으로 만들어 버린다고 비판한다.

이와 같이 은유의 핵심은 단어들의 대체(代替)에 있는 것이 아니라 은유적 의

미의 효과들이 단어를 넘어 문장이나 언표(言表)에서 발생한다는 데 있다는 의미론적 접근은 은유라는 사태에 좀더 부합하는 이론으로 인정된다. 그동안 발견되지 않았던 새로운 유사성이 주어짐으로써 색다른 의미 작용을 갖는 하나의 실험실로서의 은유가 파악된다는 것이다. 예를 들어 "눈은 마음의 창이다"는 흔한 의미론적 단계를 보여주지만 "피부는 몸의 거울이다"라는 좀더 새로운 의미관계를 창출한다.

하지만 리쾨르에 따르면, 은유의 살아 있는 진정성은 그보다 더 큰 단위인 텍스트라는 맥락을 가지고 그 안에서 은유가 "미니어처 형태의 시"로 나타날 때 드러난다. 은유는 이때 기대하지도 않았던 뜻밖의 유사성이 확인되고 발견되는 의미론적 단계를 넘어선다. 즉, 살아 있는 은유는 언어 내재적 한계를 벗어나 언어 외재적 지시 관계를 가지면서 어떤 새로운 실재나 현실을 지시하게 되면서 존재론적 함의를 가지게 된다는 것이다. 일상 언어가 사물을 직접 기술하거나 지시하는 역할을 맡는다면, 은유는 현실과 실재를 '다시' 기술하는 역할을 맡는다는 것이다. 다시 말해 그동안 무관해 보이고 유사하지 않았던 개념들이 그것들보다 더 큰 텍스트 안에서 서로 근접함으로써 새로운 실재와 현실에 대한 발견과 창안을 주도할 수 있다는 것이다. 이것이 바로 "은유적 진리"를 말할 수 있다는 리쾨르 은유론의 중요한 존재론적 함축이다. 예를 들어 "오월은 계절의 여왕이다"라는 표현은 다소 흔한 은유이다. 그러나 피천득의 작품 「오월」에서는 "오월은 금방 찬물로 세수를 한 스물한 살 청신한 얼굴이다. 하얀 손가락에 끼어 있는 비취반지다"라고 말한다. 여기서 오월은 계절의 절정을 알리는 일상적 맥락을 보여주는 것이 아니라, 한 인간의 가장 순수하고 유별난 시점을 특정의 보석 빛깔로 밝혀준다. 언젠가 리쾨르는 '시간'과 '이야기' 사이의 관계를 두고서 "이야기는 시간의 관리자다"라는 은유를 말한 적이 있다. 의미론적 수준의 은유로 보이긴 하지만, 뜻밖의 유사성을 발견하거나 확인하는 차원을 넘어서 다소 혼란스럽고, 복잡한 우리의 시간 체험의 실재성에 대한 발견적 진술을 보여준 은유가 아닐 수 없다. 우리는 이 은유를 듣자마자 이야기하는 활동을 통해 우리의 시간 체험이 어떻게 나름의 방식대로 조율되고 갈무리되는지에 대해 새로운 주목을 할지도 모른다.

(3) 텍스트 해석학: 텍스트의 세계와 텍스트 앞에서의 자기 이해

이 텍스트 해석학의 시기는 실상 리쾨르 해석학에서 가장 풍부한 저작들과 내용들로 채워진 시기라 해도 과언이 아니다. 이 시기는 주로 1975년 저작 이후부터 『시간과 이야기』(전3권), 『텍스트에서 행동으로』(*Du texte à l'action: essai d'herméneutique II*: TA)를 포함하여 1990년 저작 이전까지의 시기를 말한다. 은유가 상징·텍스트와 더불어 의미들의 혁신적인 창조가 일어나는 지점이라는 것은 분명하지만, 상징에 대한 연구에서와는 달리 은유에 대한 연구는 인간 주체에 대한 물음이 주제적이지 않았다는 점에서 분명 리쾨르의 철학적 여정의 목표, 즉 인간 실존에 대한 개념적 해명의 차원에서 휴지(休止)와 같은 것이다. 이런 휴지는 텍스트(또는 이야기) 개념이 등장하면서 사라진다.

텍스트 개념이 등장하는 맥락을 잠시 환기해보자. 기호 중심의 구조주의 언어학에서 사라졌던 것들이 벤베니스트 중심의 담화 언어학에서 복권된다. 말하는 이, 듣는 이, 메시지(의미)의 문제가 그렇다. 일상적 대화가 구어적 담화의 대표적 형태라면, 그 대화의 문자적 기록(記錄)이 문어적 담화의 대표적 모습이다. 구어적 담화가 문자를 통해 기록되고 고정화됨으로써, 그 구어적 담화는 엄청난 운명의 반전을 겪게 된다. 먼저 구어가 문자로 기록되면서, 화자(話者)는 의도하건 하건 하지 않건 간에 저자(著者)가 된다. 대화의 구어적 상황 속에서 화자는 자신의 의도나 말하려는 바를 청자에게 전하고, 청자의 오해가 있을 경우, 즉각적으로 그리고 현장에서 교정할 수 있다. 하지만 화자의 의도는 글자로 고정되면서 저자의 의도가 되며, 독자가 반드시 현전하지 않기에, 그 기록은 저자의 의도대로 독해되지만은 않는다. 이것이 바로 문어적 담화의 의미론적 자율성이다. 텍스트를 저자의 의도대로 읽는다고 해도(저자의 의도가 무엇인지 분명치 않은 경우도 많다) 우리가 그 책을 잘 읽고 해석했다고는 볼 수 없다. 문어적 담화, 즉 텍스트 개념이 등장하면서 쓰는 주체(저자), 읽는 주체(독자), 텍스트의 세계 등 중요한 철학적 개념들과

문제 지형들이 복원된다. 상징이 사유를 불러일으킨다면, 텍스트는 독자와 어떤 관계를 가지는가?

아직은 다소 혼란스럽고 지리멸렬한, 그리고 아직 명료히 언표 불가능한 삶이 한편에 존재한다. 하지만 텍스트 속으로, 더 넓게 말해 언어 속으로 가져오지 않은 이런 일상적 삶과 경험은 여전히 소통 불가능한 것이고 맹목적인 것이다. 작가(쓰는 주체)는 이때 개입한다. 그리고 독자인 우리는 텍스트에 몰입하며 읽는다. 그 속에서 우리는 산발적이고 혼란된 일상과 흐트러진 생활의 조각에 전혀 다른 형태와 모습을 부여함으로써 이를 재조직화면서 비(非)일상성과 유의미성을 일구어낸다. 우리는 흔히 책에 빠진다거나 영화에 빠진다고 말한다. 혹은 보다 점잖게는 그 세계에 입문한다고 말한다. 정작 그 속에 빠질 만하다거나 그 문 안으로 들어갈 만큼의 가치가 있는 세계가 버티고 있기 때문이다. 텍스트의 세계(monde du texte)란 바로 이런 것이다.

요컨대 텍스트의 세계는 하나의 텍스트가 독자인 우리에게 제안하고 펼치는 가능적 세계를 가리킨다. 해석학이 최종적으로 밝혀야 할 해석의 대상이 바로 이것이며, 리쾨르는 그것을 "텍스트에 의해 펼쳐진 의미 있는 제안들(propositions de sens)"[2] 또는 "가장 고유한 우리의 (존재)가능들인 가능성들에 부합하는 세계, 다르게 실존할 수 있는 가능성들에 부합하는 또 다른 세계"[3]로 규정하는 것이다.

더불어 현대 해석학에 대한 리쾨르의 기여 중의 하나는 텍스트 앞에서의 자기 이해(se comprendre devant le texte)라는 개념에 있다. 근대 해석학의 모토 중 하나가 텍스트 뒤에 숨겨져 있다고 믿어지는 저자의 의도를 읽어내는 것이다. 그러나 리쾨르는 종래처럼 텍스트 뒤에 숨은 의도를 찾는 것이 아니라, 즉 텍스트에게 독자 자신의 제한된 이해 능력을 강요하는 것이 아니라, 텍스트가 전개시키고, 발견

---

2) TA 54 [54]

3) P. Ricoeur, *Herméneutique: Cours professé à l'Institut Supérieur de Philosophie de l'Université Catholique de Louvain 1971-1972*, Édition électronique établie par Daniel Frey et Marc-Antoine Vallée, Fonds Ricoeur, 2013, p.193.

해내고, 드러내주는 것으로서 텍스트의 세계와 마주함으로써, 텍스트에 독자 자신을 노출시키고 그것에 자신을 개방시키며, 그것으로부터 보다 폭 넓은 자기를 수용하는 것을 강조한다. 이것이 바로 해석학의 새로운 주체의 자기 이해인 텍스트 앞에서의 자기 이해이다.

그렇다면 독자와 그의 읽기 행위는 텍스트 해석의 대미를 장식하는 중요한 요소로 등장하게 된다. 구어적 대화에서 '너'가 대면 가능한 사람이라면, 텍스트의 독자는 '텍스트를 읽을 수 있는 누구나'인데, 텍스트의 세계는 독자의 읽기가 개입되기 전에는 가능태적이기 때문이다. 반면 구어적 담화에서 화자와 청자가 공유하는 세계는 가시적 세계이기에 현실태적인 성격을 띤다.

상징이 우리에게 어떤 독특한 자기 이해의 사유를 불러일으키듯, 텍스트와의 만남과 그 세계의 전수(傳受)는 독자가 그 동안 가졌던 것과는 다른 그리고 우리가 소박하게 기대하던 것과는 다른, 새로운 행동 관계와 존재 방식을 제시할 수도 있다. 이때 독자는 텍스트의 의미와 세계에 대한 지배자나 주인 노릇하는 독자가 아니라, 오히려 텍스트 앞에서, 그리고 그것에 비추어보아 자기 자신의 이해를 구하는 텍스트의 제자로 초대 받는다. 더 근본적으로 직접적이고, 직관적인 자기 파악이나 자기 인식을 더 이상 신뢰하지 않는 주체로서의 독자이다. 소크라테스가 이렇게 말하지 않았던가? '음미(검토)되지 않는 삶은 인간의 삶이라고 불릴 만한 가치가 없다.' 이제 텍스트가 인간 주체의 자기 이해를 음미하는 매개로 등장한다.

2.3. 윤리학: '정의로운 제도들 속에서 타인과 더불어 그리고 타인을 위하여 좋은 삶을 지향하는 것'

실존의 매개항이 여럿 존재하는 만큼이나 그 해명은 종결되거나 총체적이지는 않다. 인간 실존에 대한 리쾨르의 해명에서 중요한 마지막 매개자들은 나의 좋은 삶에 근본적으로 요구되는 타자(들), 그리고 나와 타자 이 둘을 묶어 주는 제도들일 것이다. 철학자들의 마지막을 장식하는 사유로서 윤리학이나 정치철학은 전혀 놀랄만한 일이 아니다. 윤리학이나 정치철학이 그냥 근거 없이 그의 철학 말미에 덧붙여진 것은 아니기 때문이다. “좋은 삶”을 지향하는 그의 정치철학적 관심은 타자와 제도에 대한 관심으로 압축된다.

(1) 타자에 대한 관심

‘정의로운 제도들 속에서 타인과 더불어 그리고 타인을 위하여 좋은 삶(la vie bonne)을 지향하는 것’은 리쾨르 윤리학의 모토와도 같은 것이다. 좀 진전된 논의에 앞서 중요하게 짚고 넘어가야 할 것이 있다. 이 모토에는 나의 좋은 삶, 더 정확히 말하자면 우리 각자의 좋은 삶을 지향하는 데 있어서 출발점과 통과점, 그리고 종착점을 잘 담고 있다. 출발, 통과, 종착이라는 표현이 시간적 흐름에 따른 것이지만 하지만, 이 세 가지 요소들은 본질적으로 순환적·상호적 관계에 있다. 좋은 삶을 지향하는 열망의 출발점에는 바로 (나 또는 우리) 각자이다. 그곳에는 우리 각자가 가지는, 또는 인간 그 각자가 가지는 그 자기 자신에 대한 관심이 존재한다. 인간 스스로가 그 스스로에 대해 가지는 관심이다. 한 인간의 자기 관심이 또 다른 한 인간, 즉 그 한 인간을 제외한 타인이나 제삼자의 자기 관심보다 철학적으로 우월하거나, 근본이나 토대의 자리를 점할 이유는 없으며, 오히려 그 자기 관심들은 모두 동등한 권리를 가지며, 대등한 가치와 중요성을 지닌 것이다. 이런 의미에서 좋은 삶을 살고자 하는 ‘자기에 대한 관심’(le souci de soi)이 중요하다. 하지만 이것은 타자 및 제도와의 관계를 벗어난다면 공허하고 맹목적이게 된다.

아리스토텔레스는 이미 오래전에 윤리 문제를 다룬 자신의 주저에서 “행복한 사람은 친구들이 필요하며”, 행복은 “다른 사람과 함께 살아가는 것”이라고 말한 바 있다.[4] 그 이유는 무엇일까? 친구나 타자는 한 인간이 “그 자기 자신의

4) Aristotle, 『니코마코스 윤리학』, 이창우·김재홍·강상진 옮김, 이제이북스, 2006, pp.338-339(제9권 9장, 1169b).

힘으로 얻을 수 없는 것을 제공하기" 때문이다.[5] 또한 아리스토텔레스는 친구란 "또 다른 자기"(autre soi)라고 말한다. 리쾨르는 여기서 그 "또 다른 자기"의 타자성(altérité)에 주목한다. 그 타자성이란 다름 아니라, 그 친구만이 내게 줄 수 있는 그 무엇으로서, 그 친구의 대체 불가능성이다. 역으로 나 또한 그의 친구가 된다면, 나 역시 그에게 대체 불가능한 존재가 된다. 그래서 리쾨르는 "결핍이 가장 돈독한 우정의 핵심에 자리 잡는다"고 말한다.[6] 결국 (나의) "좋은 삶"에는 자기에 대한 관심에서 나온 어떤 행위가 관통하지 않을 수 없는 "타자와 더불어"라는 타자에 대한 관심이 요구될 뿐만 아니라, 자기의 이런 행위능력의 실현을 통해, 결국 나의 고유한 대체 불가능한 그 무엇이 "타자를 위하는" 그런 상호적 배려가 요구된다. 거꾸로 말해보면 (타자의) "좋은 삶"에는 타자 역시, 나처럼 그의 자기에 대한 관심에서 나온 행위가 매개될 "나와 더불어"가 필요할 뿐만 아니라, 그 자기의 행위능력의 실현을 통해 그의 고유한 대체 불가능한 그 무엇이 나를 위하는 그런 배려가 요구된다.

우리는 여기서 자기에 대한 관심과 타자에 대한 관심이 어느 한 쪽이 없이는 서로가 제대로 성립할 수가 없다는 것을 확인할 수 있으며, 한 쪽이 온전한 의미를 지니기 위해서는 다른 한쪽을 요청할 수밖에 없다는 점에 주목해야 한다. 이처럼 나와 너, 자기와 또 다른 자기 사이의 근본적인 상호성(réciprocité)이야말로 리쾨르 윤리학의 주도적 이념이라 할 수 있을 것이다.

(2) 제도에 대한 관심

자기가 타인과 더불어, 그리고 타인을 위하여 "좋은 삶"(la vie bonne)을 지향하는 장소가, 좀더 정확히 말해 그 조건이 바로 "정의로운 제도들"이라고 리쾨르는 말한다. "정의로운 제도들" 속에서가 아니라면, 자기가 타인과 더불어, 그리고 타인을 위하여 "좋은 삶"을 소망하는 것이 불가능하다고 이 조건의 의미를 우리

---

5) Aristotle, 『니코마코스 윤리학』, p.337(제9권 9장, 1169b).

6) SA 219 [252].

가 해석한다면, 제도에 대한 관심은 자기에 대한 관심과 타자에 대한 관심과 동근원적(同根源的)이다. 어떻게 보면 리쾨르의 철학적 여정에서 제도에 대한 관심은 결코 뒤서지 않는다. 1954년에 쓴, 이듬해 『역사와 진리』라는 저서에 실려 나온 논문 「개인과 이웃」(Le Socius et le prochain)에서 리쾨르는 이미 제도에 대한 관심을 이렇게 피력하고 있다. "상호 개인적 또는 상호 주관적 만남의 사건은 일시적이고 견고하지 못하다. 그 만남의 사건이 지속적이고 견고한 관계 속에서 공고화 되자마자, 그것은 이미 하나의 제도이다. 순수한 (만남의) 사건들은 아주 드물며, 이 사건들은 최소한의 제도 없이는 유지될 수도 없으며, 심지어는 예측되고 조직화될 수 없다."[7)]

리쾨르는 제도(institution)를 "조직화된 공동(체)적 삶"(un vivre-ensemble organisé) 또는 "한 역사적 공동체의 공동적 삶의 조직—국민, 민족, 지역 등등"의 의미로 사용한다.[8)] 사실 이 개념은 한나 아렌트(1906-1975)가 『인간의 조건』에서 노동·작업과 구분되는 (인간) 행위의 조건으로서 제시한 다원성(pluralité)—즉 복수의 인간들의 삶이 모든 정치적 삶의 필수조건 및 가능조건이 된다는 사실—과 유사한 것이다. 그녀의 다원성 개념은 '나'와 '너'라는 상호 주관적 관계를 넘어서는, 그리고 하나의 자기와 또 다른 자기(타자) 사이의 상호 대면적 관계를 넘어서는, 결국 이들 관계들에로 환원되지 않는 다른 다수의 사람들을 포함한다는 점에서 리쾨르의 제도 개념과 외연을 같이하고 있다.

그 복수의 사람들, 다수의 사람들 역시 서로 서로에게 안면(顔面)이 없는 타자(들)이다. 즉 제도 속에서 만나는 타자는 '나'나 '너'가 얼굴을 알지 못하는 제3자(un tiers)로서의 타자인 것이다. 그래서 사실 우리가 앞에서 뚜렷한 구분 없이 사용해오던 타자(l'autre) 개념을, 제도 속에서 마주하게 되는 '얼굴 없는'(sans

---

7) P. Ricoeur, *Histoire et vérité,* Seuil, 1955, p.106; 『역사와 진리』, 박건택 옮김, 솔로몬, 2002, p.127.

8) P. Ricoeur, "L'éthique, la morale et la règle", *Autres Temps. Les cahiers du christianisme social,* 24(1), 1989, p.55.

visage) 타자를 감안해, 다음과 같이 구별해야 것 같다. i) 상호주관적 관심의 차원에서 만나게 되는 타자, 즉 얼굴을 서로 알아보는 타자로서의 타인(autrui). ii) 제도들 속에서 만나는 얼굴 없는 타자로서의 제3자 또는 각자(各自, chacun).

그렇다면 얼굴 없는 타자로 구성하는 제도와 다원성이 가져야 할 본질적 덕목이란 무엇일까? 우리가 제도 속에서 만나는 타자인 이 제3자를 배려의 대상으로서의 타자인 타인(autrui)이나 '너'를 대하듯 할 수 있는 것인가? 이 중요한 물음에 대한 답이 바로 '정의'이다. 얼굴을 알거나 모르거나 그들을 공정하게 대하는 것이 정의이며, 또한 안면이 없는 사람들이 모인 곳, 곧 제도에서 찾아져야 할 윤리적 지향의 형태가 바로 그 정의, 공정으로서의 정의인 것이다.

"조직화된 공동(체)적 삶" 속에서의 윤리적 지향, 이상, 덕목이 정의인 것은 틀림없지만, 다만 현실적 맥락에서 그 공동의 삶에서는 경우에 따라서 더 많고 더 적은 각종의 의무와 권리 수혜를 놓고 갈등과 논쟁, 그리고 분쟁이 생기는 법이다. 바로 그 대목에서 윤리적 지향으로서의 정의가 아니라, 존 롤즈가 말하는 도덕적 규범으로서의 "정의의 원칙들"이 개입해야 할 것이다.

3. 영향과 의미

리쾨르는 『텍스트에서 행동으로』에서 자신의 철학적 계보를 밝히는 말을 한 적 있다. "나는 내가 준거하고 있는 철학적 전통을 다음의 세 줄기로 특징짓고 한다. 그 전통은 반성 철학(philosophie réflexive)의 가계(ligne) 속에 존재한다. 그 전통은 후설 현상학의 운동적 흐름(mouvance)속에 머물러 있다. 그 전통은 이 현상학의 해석학적 한 변형(variante)이 되기를 원한다."[9] 여기 등장하는 모든 용어들이 자세한 설명이 요구되는 핵심어들이지만, 특히 가계 속에 존재함, 흐름 속에 머무

9) TA 25 [19].

름, 변형을 원함 등은 리쾨르 철학의 출발점과 현재성, 방향성을 연대기적으로 적절히 묘사하는 표현들이다.

그가 이런 전통들을 거치면서 도대체 뭘 말고자 했는지를 한 번 더 물어보자. 우리는 앞서 "인간 실존에 대한 개념적 해명"이라고 말한 적이 있는데, 여전히 유효한 대답이다. 여기서 '개념'은 이미 자신이 속한다고 밝힌 세 종류의 철학적 전통들과 분리될 수 없는 그런 개념들이다. 또한 '실존'이라는 개념은 신체인 주체(sujet), 상징의 의미를 독해하는 해석자, 대화 상황에서 화자와 청자, 텍스트 앞에서 자기 이해를 추구하는 독자, 자기(soi)로서의 주체, 그리고 타자와 더불어 정의로운 제도를 추구하는 시민 등의 다양한 얼굴을 하고 등장하게 된다. 그 어떤 하나의 얼굴로 귀결되거나, 하나의 그것으로 다른 것들이 총체화되어 수렴되는 얼굴은 없다. 하나가 아닌 만큼 다양하고, 총체화될 수 없는 만큼 개방적이다. 그가 2005년에 타계했다고 종결될 만한 것도 아니다. 모든 철학은 그 나름의 물음의 지평을 연다. 한 철학자가 죽었다고 그 지평이 반드시 닫히거나 사라지는 것은 아니다. 다만 어떻게 새롭게 열지가 우리에게, 적어도 나에게 주어진 하나의 과제이다.

제1부
리쾨르 철학의 주제들

제1장 리쾨르와 코기토들

● 근거리와 원거리의 관점에서

회고적으로 관찰해 볼 때 가끔 한 철학자의 탄생이 한 시대의 시작을 알리는 징후로 읽혀지기도 한다. 많은 논란이 있을 수 있겠지만, 최근의 서양으로 한정한다면 마르크스와 니체, 프로이트가 등장했을 때가 새로운 시대, 아니 적어도 사유의 차원에서 새로운 도약이 있었음을 부인하기 어려울 것이다. 새로운 철학적 담론 공간의 형성이라는 관점에서 보면 그들은 아마도 데카르트나 칸트, 헤겔 같은 이들의 업적에 필적하지도 모른다. 혹자는 철학적 엄밀성이나 심원함을 감안하여 별 거리낌 없이 후설이나 하이데거, 또는 비트겐슈타인을 이런 "의심의 대가(大家)들"[1] 옆에 혹은 뒤이어 놓기도 한다. 2005년에 타계한,[2] 우리에게 그 철학적 자리매김을 요구하는 철학자 폴 리쾨르의 사유 역시 근대의 정초자들 및 탈근대의 주창자들로 받아들여지는 이들과 현상학적 운동의 대가들을 씨줄로 삼

1) DI 40 [79]. 프로이트에 관한 철학적 해석을 시도한 이 저작에서 실제로는 "의심 학파"(l'école du soupçon)(국역본에는 "혐의의 학파"로 옮겨져 있다)와 "세 대가(大家)"(trois maîtres)라는 표현들만이 나오는데 필자가 이를 합성해서 만들어 보았다.

2) 프랑스 일간지 르몽드(*Le Monde*)에 따르면 심장이 좋지 않았던 리쾨르는 2005년 5월19-20일(목-금) 밤사이에 타계했다고 보도한 바 있다.

고, 이들에 대한 수용과 갈등, 그리고 대면과 조정이라는 날줄로 만든 직조물로 구성되어 있다. 하지만 일단 텍스트를 열고서 안을 들여다본 그의 실제 철학적 풍경은 이런 지도상의 철학적 좌표 및 거리 관계와 사뭇 다를 수 있다. 실제의 풍경만이 지도의 진정한 토대와 근거인 것이지만, 그렇다고 해서 지도만이 담고 있는 기호들과 그 판독이 주는 정보의 필요성을 부정할 수는 없을 것이다. 지도는 사태에 비추어 보면 불충분한 것이지 그 사태를 이해하는데 불필요한 것이 아니다. 지도는 풍경을 안내하고, 복수적인 풍경은 여러 개의 지도를 다시 만들 뿐이다. 이 장에서 그려내 보고자 하는 것은 그 여러 개의 지도 중의 하나이다. 그것도 리쾨르가 코기토(Cogito)와 취한 근거리와 원거리의 여정들을 중심으로 한 아주 큰 그물코의 지도를 그려내고자 할 뿐이다.

1. 탈(脫)육화된(déincarné) 코기토와 통합적(intégral) 코기토 사이에서

앞으로 있을 많은 개연적 이론(異論)에도 불구하고 리쾨르의 타계는 그의 사상과 철학을 초기·중기·말기로 나눌 수 있도록 길을 열어 놓았다.[3] 독자들의 편의를 위한 구분이 되겠지만 그렇다고 아주 자의적인 구분일 수는 없을 것이다. 만 4년 간(1940-1945)의 독일군 치하의 포로생활에서 미켈 듀프렌느(Mikel Dufrenne)와 함께 작업한 저작들[4]을 제외한다면 리쾨르의 독자적인 첫 주저는 1950년의 『(의지의 철학 1권) 의지적인 것과 의지적이지 않은 것』(*Philosophie de la volonté I: Le volontaire et l'involontaire*: VI)이다. 공저들을 포함해 리쾨르의 저작들 중에서 가장

---

3) 앞서 본서의 서설에서 개괄한 바와 같이 이를 다시 정리하자면, 신체의 물음에 대한 탐구가 리쾨르 철학의 전기(1950년대까지)를 이루며, 언어의 문제에 대한 해석학적 성찰이 중기(1960년에서 1980년대 말까지)를 형성하고, 타자에 관한 윤리적 문제와 제도 및 역사에 관한 사회·정치 철학적 성찰이 말기(1990년 이후)를 이룬다고 말할 수 있을 것이다.

4) P. Ricoeur & M. Dufrenne, *Karl Jaspers et la Philosophie de l'existence, Seuil, 2000(Aubier, 1948); P. Ricoeur, Gabriel Marcel et Karl Jaspers: Philosophie du mystère et philosophie du paradoxe*, Seuil, 1947.

덜 읽혀졌고 그래서 가장 덜 평가된 저작이 바로 이것이다. 이 저작에서 리쾨르는 데카르트적인 코기토의 근본적인 경향을 "자기 정립"(자립, auto-position)[5]이라고 비판적으로 규정한다. 데카르트가 규정하는 실체(substance) 개념에 부합되게 스스로의 정립을 위해 타자를 필요로 하지 않는 존재자로서 코기토는 그 뿌리인 신체도, 언어를 통한 상호주관성의 구성도, 타자들의 지속적인 관계를 가능케 하는 제도의 매개를 요구하지 않고 있다는 것이다. 리쾨르의 이 첫 주저에서 언어와 타자 및 제도에 대한 언급이 없는 것은 아니지만, 이런 미래의 테마들은 방법론적 제약과 한계[6] 때문에 거의 무시되거나 은폐되고 만다.

인간의 신체적 조건에 대한 성찰을 테마로 삼고 있는 이 저작에서 가장 비판적으로 언급한 표적은 인간 실존에 대한 철저한 강조에도 불구하고 그 신체성을 제대로 고려하지 않았던 하이데거나 사르트르보다는, 오히려 더 거슬러 올라가 데카르트로 귀착된다. 이는 데카르트의 코기토가 서양의 사유사에 심어 놓은 것, 곧 그 자신의 신체를 연장으로 취급하여 배제하는 자기 정립적 코기토(Le Cogito qui se pose)라는 개념적 착상의 출발점이기 때문이다. 이런 점에서 데카르트의 코기토는 데카르트 이후 소위 주체 철학들의 본적지로 불릴 만하다. 물론 데카르트는 정념이나 감각 활동, 그리고 일상적 삶에서 신체-영혼 사이의 결합에 관한 중요한 계기들을 현상적으로 목도하면서도, 그가 무엇보다도 우선시했던 명석판명한 관념에 대한 준엄한 요구와 참된 인식의 집요한 추구로 인해 그런 합일의 체험들을 정합적으로 그리고 주제적으로 받아들일 수 없도록 방해받았다. 진리 추구의 인식론에 대한 열망이 사태 기술의 암묵적 현상학을 억압했다고도 말할 수 있으리라.

메를로퐁티가 지각이라는 활동 영역에서 이 결합과 합일의 체험을 분석했다면 리쾨르는 의지 활동의 차원에서 이를 기술하고 있다고 말해야 할 것이다. 적

5) VI 17.
6) 기술적(형상적) 현상학적 방법론의 한계에 대한 명시적 자각에 대한 언급은 이 책 도처에서 눈에 띈다. 서론 전체(VI 7-36), 그리고 VI 204; 261; 263-264 등등.

어도 이런 맥락에서 리쾨르는 데카르트적인 코기토의 탈육체적 경향성과는 상당히 원거리에서 있다. 좀더 과장되게 말해 본다면 리쾨르의 철학은 데카르트적인 코기토의 어떤 결핍과 부재를 비판적으로 명료화하는 작업이라고도 할 수 있을 정도이다. 코기토가 지닌 자기 직관적 반성력과 직접적 자기이해 능력을 비판적으로 극복하기 위해 리쾨르는 나중에 언어 기호들의 세계에 의해 "매개된 코기토"(Cogito médiatisé)[7]를 창안하고, 유아론적이고 탈시간적이며 점적인(ponctuel) 코기토 개념에 대한 대안으로서, 이야기를 통한 동일성이나 정체성(l'identité narrative)[8]을 함축하는 통(通)인칭적인(omni-personnel) 새로운 주체 범주[9]를 제안하기도 한다. 하지만 또 다른 관점에서 보자면 리쾨르는 이 첫 주저에서 "탈육화된"(déincarné) 코기토 대신에 "통합적"(intégral) 코기토,[10] 즉 신체를 전적으로 포함하는 포괄적인 코기토를 해명하는 것을 목표로 하기 때문에 오히려 데카르트에 의해 사유되지 못한 것(l'impensé)의 발견과 계승에 치중한다고 볼 수도 있을 것이다. 근거리를 비켜서 원거리로 우회함으로써 데카르트의 "1인칭적" 코기토[11]를 보다 완결적으로 복원하려는 것이 리쾨르의 작업인지도 모른다. 그래서인지 이 첫 주저에서 리쾨르는 "주체 철학",[12] "진정한 주체" 또는 "진정한 주관성의 형이상학"[13]이라는 표현을 별 주저 없이 사용하고 있다. 비록 이런 개념들과의 친화성이 리쾨르의 말기 작업에서 의도적으로 비판되고 경원시되는 것이 사실이라 하더라도 그의 작업이 데카르트적 코기토의 궤도 및 노선과 유리된 것이 아님은 분명하다. 그런 점에는 그는 여전히 반성 철학(philosophie réflexive)의 계보와 전통에

---

7) CI 357 [296].

8) 난해하지만 창의적인 이 개념에 대한 전체적 맥락에 대한 이해 및 좀더 진지한 논의를 위해서는 윤성우, 『폴 리쾨르의 철학』, 철학과 현실사, 2004a의 제9장 「리쾨르의 자기동일성 이론: 그 의의와 한계」를 참고할 것.

9) SA 11-38 [13-45].

10) VI 13.

11) VI 12.

12) VI 148, 278.

13) VI 184.

속한 철학자라는 점을 부인하기 어렵다.[14)]

그러나 앞서의 원근(遠近) 관계에 대한 논의를 우리가 모두 인정한다 하더라도 데카르트적인 코기토와의 심원한 거리두기가 없는 것은 아니다. 신체를 통한 코기토의 완결성에 대한 리쾨르의 시도와, 데카르트적인 코기토의 인식 근거적·인식 토대적 야망, 즉 최종적인 인식 근거라는 야망과는 애초부터 심연이 놓여 있었다. 그렇기 때문에 리쾨르가 데카르트의 인식 이론적 성찰의 극단적인 철저화라고 부를 수 있는 후설의 초월적 환원의 길을 따르지 않는 것은 결코 우연이 아니다. 모든 존재자들의 의미가 코기토에게서 해명되는 것은 사실일지라도, 코기토가 그 모든 의미를 구성하는 지반은 아니라는 것이다. 오히려 의미는 선(先)코기토적으로, 비록 비(非)주제적일지라도, 이미 주어져 있다는 것이 더 사태적으로 옳아 보인다. 이런 점에서 리쾨르는 근대 철학의 유산과 어느 정도 결별한다. 그렇다고 해서 주체에 대한 새로운 개념적 착상이나 범주 자체를 포기하지 않으며, 오히려 집요함에 가까운 천착을 보여주기에, 소위 탈근대주의자들과도 확연히 구별된다. 이 미묘한 원근의 놀이는 리쾨르의 중기 작업에서 더 한층 심화되고 더 멀리 나아간다.

2. 직접적(immédiat) 코기토 비판과 매개된(médiatisé) 코기토 옹호

1960년대를 전후한 철학계의 "언어적 전회"라는 지각 변동을 비켜갈 철학 운동은 없었다. 어떻게 보면 후기 비트겐슈타인 철학과 영미 일상 언어학파, 후기

14) 이 반성 철학 전통에의 "귀속성"(*Zugehörigkeit*)이 리쾨르로 하여금 후설 현상학의 수용과 그 발전 방향에 대한 예비적이고도 내면적인 친밀성을 형성하게 했을 뿐만 아니라, 해석학적 접목(greffe)을 유도하고 오히려 반성 철학과 현상학이 해석학적 변형을 가능하게 하는 지반이라는 점이 리쾨르의 초기 저작들과 그 이후 저작들 사이의 연결점을 고민했던 필자 나름의 독후(讀後)적인 판단이다.

하이데거의 논의들, 구조적 언어학의 등장과 그 철학적 변형으로서의 구조주의 일반 부흥은 리쾨르 중기 철학의 외재적 환경들이다. 마찬가지로 언어에 대한 해석학적 관심을 유도하고 있는 내재적 인자를 간과할 수 없는 일이다. 인간의 의지 활동이라는 사태(事態)에 대한 본질을 기술하는 형상적 현상학의 한계는 그 방법론의 성과와 함께 거의 동시적으로 감지되었다. 형상적 현상학의 본질 환원의 방법으로는 실제적인 잘못과 악의 현실적 가능성을 지닌 인간 의지를 탐구하는 데 한계를 가지게 되는데, 그것은 곧 의지의 불투명성과 불충전성을 독해해 낼 수 없다는 것이다. 다양한 이유와 계기들 때문에 이미 악에 처한 인간 의지에 대한 분석은 악의 상징들과 신화들을 해석하는 것을 요구한다. 그래서 1960년에 『악의 상징』(*La Symbolique du mal*: SM)이 의지 철학 시리즈의 두 번째 출판물로 탄생하고, 욕망의 원초적 정립이 인간 사유의 의식적 정립보다 더 우선적이고 본래적이라는 점을 근본 테제로 주장하는 『해석에 대하여』(*De l'interprétation: essai sur Freud*: DI)가 1965년에 독립된 저작으로 출간된다.

『악의 상징』의 결론에 나오는 그 유명한 경구인 "상징이 사유를 불러일으킨다."[15] 또는 1965년 프로이트와의 철학적 대화를 담은 저서의 서론에 등장하는 "라르바투스 프로데오"(larvatus prodeo)[16]가 함의하는 바는 데카르트적 코기토와 관련해서 살펴본다면 다음과 같이 명백하다. 한편으로 "내가 사유 한다" 기보다는 상징 언어의 (의미론적) 충만성이 오히려 인간에게 그 의미를 사유하도록 자극한다는 것이다. 또 다른 한편으로는 사유하는 나의 존재함은 필증적(必證的, apoditique)이지만 반드시 충전적(充全的, adéquat)이지만은 않다는 것이다.[17] 다시 말해 인간은 상징적 언어들의 의미 충만성에 의해 "불려 세워진 주체"(sujet

15) SM 323 [321].
16) DI 16 [41]. 리쾨르의 불역을 그대로 직역해 보자면, "욕망의 인간으로서 나는 가면을 쓴 채로 등장하게 된다." 국역본은 이를 "나는 가면을 쓴 채로 앞으로 나아간다"로 옮기고 있다.
17) DI 52 [93].

interpellé)가 되며,[18] 자신의 욕망이라는 선(先)반성적 차원 때문에 데카르트가 『철학의 원리』에서 말하는 "직접적인 (자기) 파악"[19]은 더 이상 유효하지 않다는 것이다. 사물에 대한 의심을 통해 코기토의 확실성과 투명성을 확보하는 것이 데카르트의 전략이었다. 하지만 세계의 참된 시작점, 아르키메데스 점으로서의 코기토가 확보된다 해도, 전제 없는 출발점, 조건 없는 시작점은 없다는 것이 리쾨르의 입장이다. 철학에서 출발점을 찾는 것이 잘못이 아니라, 전제 없는 출발점을 구하는 것이 문제인 것이다. 리쾨르의 연구 영역에서 보자면 그 전제란 성스러운 존재와 그 기호들, 인간의 불투명한 무의식적 욕망과 그 언어들이다. 또 한 번 리쾨르의 철학은 데카르트의 직접적인 코기토와 그 불충전성에 대한 인정, 그리고 그런 기만적일 수 있는 의식에 대한 포기야말로 상징 언어의 해석학적 이해와 동시적이라고 말함으로써 데카르트적 코기토와 다시 한 번 더 원거리를 취하게 된다. 데카르트적 코기토에 대한 이런 문제제기적 상황에 대한 아주 그럴듯한 명명들이 리쾨르에 의해 규정되어 회자되고 있는데, 이른바 "상처받은 코기토"(Cogito blessé)[20] 또는 "유산된 코기토"(Cogito avorté)[21] 등이다. 후자의 명명은 들뢰즈가 1968년 『차이와 반복』에서 리쾨르의 의도와는 조금은 다른 방향으로 독해되기도 하지만[22] 결국 프로이트가 발견한 충동에 의해 공격당해 직접적인 의식의 환상과 거짓, 그리고 그 불충전성을 고백할 수밖에 없는 상처 입은 코기토르를 다르게 명명한 것이다. 후설이 의식에로의 환원을 말함으로써 과찬(過讚)된 코기토의 방향에 서 있다면, 프로이트는 무의식 심급(審級)의 발견을 계기로 의식에 대한 환원을 제기함으로써 코기토에 대한 내면적 상처를 강요한다고 볼 수 있을 것이다.

또한 리쾨르는 이 상처가 주는 고행과 금욕을 기꺼이 반성 철학 및 현상학

---

18) DI 39 [77].

19) R. Descartes, 『철학의 원리』, 『방법서설/성찰/정념론 외』, 김형효 옮김, 삼성출판사, 1990, p.316(1부 원리9).

20) DI 425 [622].

21) DI 413, 435 [603, 636].

22) Deleuze, G., 김상환 옮김, 『차이와 반복』, 민음사, 2004a, p.250.

의 해석학적 변형으로 수용하고 감내함으로써 새로운 현대 철학의 방향을 열어 나가고자 한다. 라캉과 그 추종자들이 "유심론"(spritualism)[23] 이라고 거칠게 그리고 격렬하게 폄하한 리쾨르의 1965년 프로이트론이 과연 어떤 학문적 이유에서, 또 그만큼 정당한 이유에서 그런 평가를 받을 수 있는지는 여전히 의문이다. 다만 리쾨르는 환원적이고 (우상)파괴적인 프로이트 류의 해석 활동이 요구하는 고된 훈련의 생산적이고 긍정적인 이점을 살리고자 할뿐이다. 그래서 프로이트의 정신분석학적 담론에 대한 리쾨르의 모든 지적·이론적 개입은 철학자로서이지, 정신분석가로서가 아니다. "주체의 고고학"[24] 이라는 프로이트적 담론의 (주체) 철학적 함의가 더 중요한 것이지, 철학자로서의 자격과 권한을 넘어서서 새로운 정신분석 경험을 제시함으로써 정신분석학 내의 새로운 지형도를 짜고 그런 흐름을 생성시키는 작업과는 거리가 먼 것이었다. 아마도 프로이트와 더불어 우리는 의식이 아무런 문제없이 기득권적으로 의미의 담지자라는 점을 이제는 받아들일 수 없게 되었다. 오히려 그 의식은 (욕망에 의해) 기만당하기에 (무의식에 의해) 누락되고 삭제된 하나의 텍스트와 같은 것이라서, 오히려 의식화 또는 "의식-되기"(devenir-conscient)[25]는 하나의 숙제이자 과업(課業)이 된다. 바로 이 지점에서 나의 존재와 나의 사유 간의 강렬한 동일성을 향한 데카르트적 열망은 좌초된다고 말할 수 있을 지도 모른다. 나는 내가 믿고 사유하는 바대로의 내가 아니다. 사유와 존재 사이의 심연이 무의식적인 욕망에 의해 갈라진다. 하지만 갈라진 그 내면의 땅들은 아직 두 동강나지 않았다. 특히 정신분석의 실제와 목표에 비추어 보아, 무의식이 의식의 절대적 타자이고 전적으로 이질적이라면 욕망 언어에 대한 징후적(徵候的) 해독 활동은 무의미하고 무가치 할지도 모른다. 오히려 이 둘은 서로에게 상대적 타자일 것이다.[26] 따라서 어떻게 보면 정신분석은 의식에로의 복

23) Dosse, F., 이봉지·한택수·선미라·김지혜 옮김, 『폴 리쾨르: 삶의 의미들』, 2005, 동문선, p.369 이하 참고.

24) DI 407 [594] 이하 참고.

25) DI 425 [622].

26) DI 417 [610].

귀나 귀환으로 파악될 수도 있을 터인데, 이때의 의식은 욕망의 끔찍한 현실성과 위력에 의해 훈련받고 가르침을 받은 중재된(médiate) 의식일 터이다. 이처럼 "의식장(場)의 확장"[27] 이나 "진정한 코기토"[28]에 대한 리쾨르의 긍정적인 언급은 데카르트적인 코기토와의 원근 놀이의 또 하나의 첨예한 지점을 보여준다고 하겠다.

아마도 상징 언어의 영역만이 유독 코기토의 직접성과 불충전성을 매개하여 보다 구체적이고, 보다 진실된 인간의 자기 이해[29]에 근접할 수 있다고 믿는다면 이는 좀 과장된 것이다. 그 이유는 인간의 언어활동의 층위가 그 만큼 다양하고 심원하기 때문이다. 다시 말해 해석학적 의미 분석의 대상이 되는 종교적 체험 언어나 신화, 정신분석적 상황에 처한 환자의 이야기만이 코기토의 매개과정을 구성하는 것이 아니기 때문이다. 문화 전반에 대한 프로이트의 해석학과 종교현상학의 의미 분석이 언어의 문제틀 속에 포섭되는 것이지 그 반대가 아닌 것이다.

언어학의 연구 대상으로서의 언어가 가진 구성요소 수준에서 보자면, 상징은 여전히 그 다양한 출현 영역과 무관하게 단어(mot) 차원의 언어 요소이다. 상징을 넘어서 좀더 나아가 리쾨르가 탐구한 벤베니스트적인 의미의 담화(discours)나 은유는 적어도 초보적인 문장(phrase) 수준의 언어 요소이다. 신화 역시 단어 수준의 상징들로 이루어진 초보적인 문장들의 결합체로 충분히 파악할 수 있을 것이다. 레비스트로스의 신화소(神話素)도 이에 다름 아니다. 상징 언어와 그 이해가 코기토가 이미 존재 속에 있는 것이지 그 역이 아니라는 점을 밝혀주고, 의식의 자기 정립 이전에 욕망의 전(前)반성적 정립이 선행하고 더 우선적이라는 함의를 해명하는 것이 인간 언어활동의 한 국면이라면, 소쉬르의 기호언어학에 대항하는 벤베니스트의 담화언어학은 발화주체들(청자와 화자), 음운론에 환원되지 않는 의미들, 음소들의 구조적이고 폐쇄적인 결합체계의 외부에 엄존하는 지시(대상적) 관

---

27) DI 43 [83].
28) DI 416 [608].
29) 리쾨르는 "철학의 사명을 개념들을 통해 실존을 해명하는 것"이라고까지 말하고 있다. VI 20.

계(référence)[30]를 복원한다. 바로 이 4가지 요소의 발견과 재강조는 리쾨르가 구조언어학과의 수용과 대면을 통해 얻은 최소한의 성과라고 볼 수 있을 것이다.

결국 리쾨르는 언어학의 연구 대상으로서의 언어가 가진 구성요소들의 변동과 그 층위를 보다 엄밀하게 주목하면서, 구조언어학에서의 "음소→형태소→어휘소"에로 발전에 상응하는 "단어→문장→복수문장의 결합"을 대면시키고, "상징→담화(은유)→텍스트"라는 코기토를 매개하는 언어적 요소의 장을 확장시켜왔다고 볼 수 있다. 매개된 코기토의 매개 과정을 뒷받침하는 언어 요소가 텍스트로 확대됨으로써 그것이 코기토와 주체에 대한 문제들에 미치는 영향력은 훨씬 복잡해진 형편이다.[31] "해석학적 우회의 확장"이라고 한마디로 규정할 수 있을 테지만, 데카르트적인 코기토와의 원근 관계에서 보자면, 텍스트에 비추어보거나 매개되지 않은 인간 주체의 직접적인 자기 이해나 직관적인 자기 인식이란 더 이상 신뢰할 수 없다는 점이 중요한 것이다. 텍스트의 의미에 대한 지배자나 주인 노릇하는 주체나 코기토가 아니라, 오히려 텍스트 앞에서, 이것에 비추어 보아 자기 자신의 이해를 구하는 것이 더 근본적인 철학적 문제가 된다. 리쾨르는 그 새로운 문제적 상황의 주체를 "텍스트의 제자인 자기"(le soi, disciple du texte)라고 명한다.[32]

30) 이 관계들의 총합을 우리는 흔히 "세계"라 부른다. 열거된 요소들은 소쉬르가 그의 유고작인 소쉬르의 『일반언어학 강의(*Cours de linguistique générale*)』(김현권 옮김, 지만지, 2012)에서 거의 언급하고 있지 않은 것들이다.

31) 이 점에 대해서는 윤성우, 『폴 리쾨르의 철학』, 제4장 「언어와 주체: 텍스트 해석학을 중심으로」를 참고할 것.

32) TA 54 [55].

3. 자립하는 코기토(Le Cogito qui se pose)도 아니고, 해체된 코기토(Le Cogito brisé)도 아닌,[33] 새로운 주체를 찾아서

아마도 철학자의 나이가 만 77세에 이르고 그에 걸맞은 지적 정연함과 육체적 능력이 건재한다면, 자신이 천착해온 철학적 여정과 문제들에 회고적 반성과 전체적인 전망 및 새로운 조감을 담아볼 수 있을 것이다. 이런 작업의 성과물이 리쾨르의 1990년 저작 『타자로서 자기 자신』(*Soi-même comme un autre*: SA)이다. 푸코의 『말과 사물』, 들뢰즈의 『차이와 반복』에 견줄 만한 리쾨르의 저작이 있다면 1950년의 『(의지의 철학 1권) 의지적인 것과 비의지적인 것』과 더불어 1990년의 이 저작을 들 수 있다. 언급한 철학자들 간의 상호 비교적 관점을 반드시 고집하지 않는다면, 그래서 적어도 각 철학자들의 연구 작업 내에서 각각의 저작들이 차지하는 위치나 중요성을 감안해 보면 그렇게 말하는 것이 부당하지는 않을 것이다.

아마도 독자들은 철학자 리쾨르가 아무리 원거리 관계를 취한다 해도 데카르트적인 코기토와의 단절보다는 비판적 계승에 더 힘을 쏟고 있다는 인상을 갖게 될 것이다. 부분적으로는 옳은 판단이다. 그는 포스트 근대(postmodern)라는 유행하는 형용에 큰 반감을 갖고 있는 듯 해 보인다. 근대는 미완의 기획이지, 칸트나 헤겔의 마감과 더불어 종결된다고 보지 않다는 것이다. 다만 그는 우리가 데카르트 이래로 칸트나 피히테를 거쳐 『데카르트적 성찰』의 후설에 이르는 데카르트적 코기토 전통들의 "최종적 근거화의 야망"(ambition de fondation dernière)[34]의 길에 빠져들 필요가 없는 것과 마찬가지로, 프로이트와 마찬가지로 니체와 그 프랑스 계승자들에 의해 제기되는 해체된 코기토의 길, 그 지위가 강등된 코기토의 길을 선택할 필요도 없다는 것을 보여주고자 할 뿐이다. 과찬되거나 강등되거나 하는 양자택일을 거부하면서 새로운 주체 범주의 설정이 어떻게 가능할까 하는 물음이 이 1990년 저작의 가장 큰 문제의식일 것이다. 데카르트적 코기토와

33) SA 15, 22 [18, 27].
34) SA 15 [19].

의 거리 설정의 문제를 다루는 우리의 관심사에서 보자면 가장 원거리를 취하는 결단이 철학자 리쾨르에 의해 이 저작에서 이루어진다. 사실 1990년 이전의 작업에서는 계속되는 해석학의 우회적 운동을 통해 새롭게 부활된 코기토로의 귀환을 염두에 둔 듯하지만, 1990년을 기점으로 이런 태도를 거의 포기한 것처럼 보이기 때문이다. 일례로 자신의 새로운 주체 범주를 설정하기 위해 더 이상 "코기토"라는 표현을 자신의 입장을 지지하기 위해 사용하지 않는다. 지칭의 불가피성 때문에 "주체"(sujet)라는 개념을 사용하지만, 관용어처럼 쓰이는 "주체철학들"(philosophies du sujet)이라는 표현을 "코기토 철학들"((philosophies du Cogito)의 동의어로 간주할 정도이다.[35)]

"온갖 대화의 철학자"[36)]라는 사후적 평가를 받았지만 공격적 논쟁(polémique)과는 거리가 멀었던 리쾨르는 동시대 철학자(푸코와 들뢰즈)에 대한 깊은 감탄의 마음[37)] 때문인지 아니면 그들과 이론적 성찰의 시간적 거리를 갖기 위해서인지는 분명하지 않아도, 코기토의 해체를 가장 결렬한 방식으로 주장한 철학자로서 니체를 이 1990년 저작에서 상론한다.[38)] 하지만 우리의 의도에서 보자면 리쾨르가 어떤 점에서 데카르트의 코기토에 대해 돌아올 수 없는 간격을 취하는지가 더욱 중요할 것이다. 결론부터 말하자면 데카르트의 코기토는 그가 주도하는 의심의 "극도로 과장된"(hyperbolique)[39)] 성격 때문에, 자기 신체(corps propre)만이 지닐 수 있는 시공간적 좌표를 벗어던짐으로써 구체적으로 실존하는 한 개

35) SA 14 [18].

36) 『르몽드』(*Le monde*) 2005년 5월22일자(인터넷판)에 실린 크리스티앙 들라캉파뉴(C. Delacampagne)의 리쾨르 추모 관련 기사를 참조할 것.

37) 타계 전에 이루어진 한 인터뷰에서 리쾨르는 철학자로서의 명성과 인정에 대한 질문을 받고서 푸코와 들뢰즈를 들며 "내가 가장 감탄해 마지않는 사유자들"이라고 말한 바 있다. d'Allonnes, M. R. et al., *L'Herne Ricoeur*, Herne, 2004, p.17. 필자는 이 인터뷰를 읽고서 이 감탄의 맥락들과 이유들, 그리고 보다 구체적인 정황들을 포착하여 이 철학자들을 대면시키거나 비교해보는 글을 언젠가는 써보고자 하는 강한 자극을 받았다.

38) SA 22-27 [27-33].

39) SA 15 [19].

인(personne)[40] 일수가 없다.[41] 더 나아가 데카르트는 강한 실체론적 입장을 견지하기에 그의 코기토는 "사유하는 어떤 것"(une chose qui pense)이지, 타자와 담화를 교환하고 행위를 주도하는 "누구"(qui)나 그 행위의 상대자가 될 수 있는 누구가 아니며, 한 인간의 진술한 이야기 속에 등장하는 인물(personnage)이 될 수도 있는 누구도 아니며, 윤리적이나 도덕적 술어의 차원에서 행위의 귀책(歸責, imputation)을 물을 수 있는 누구도 아닌 것이다. 또한 데카르트의 코기토는 너무나 강한 1인칭 중심의 코기토이기에, '나'뿐만 아니라, '너', '그/그녀(들)', 심지어는 "각자"(chacun)의 주체성을 지칭할 수가 없고, 뿐만 아니라 그 사이의 소통 가능성의 차단 때문에 늘 유아(唯我)론의 혐의를 벗어날 수가 없는 것이다.

그렇다면 리쾨르가 추구하는 새로운 주체의 모습은 데카르트적인 이런 코기토의 모습들의 대척점에 있는 주체일 것이다. 자신에게 속한 고유한 신체를 자각하기에 "나는 나의 몸"이라고 말하는 주체일 것이고, 그 자각이 그 자신에게만 있지 않은 것을 자각하기에 "너는 너의 몸"이라고 말하는 자(者)일 것이며, 담화의 교환 속에서 '나'(je)는 내가 취할 수도 있고 상대방인 '너'(또는 그/그녀)가 사용할 수도 있음을 자각하는 그 "누구"(qui)일 것이다. 또한 다른 누구를 "내"가 말하는 내 인생의 이야기 속에 등장시킬 수 있음을 알기에 "나" 역시 "너"(또는 그/그녀)의 인생 이야기에 등장할 수 있는 한 인물에 불과할 수밖에 없다는 사실을 자각하는 주체이자, 다양한 행위 속에서 타자와 마주함으로써 "…하는 행위자가 바로 나"라는 사실을 깨닫는 주체일 것이다.

또 다르게 말해 보자면, 신체적이기에 죽을 수밖에 없고, 이미 그리고 늘 타자와 대화의 상황이 드러내는 나-너 관계의 동(同)근원성과 동시성을 알기에 탈(脫)유아론적인 주체일 것이다. 또한 인생 이야기 속에서 등장 인물됨의 상호성

40) 이런 점에서 리쾨르는 데카르트처럼 두 실체(영혼/신(물)체)-두 속성을 주장하는 것이 아니라, 피터 스토로슨(P. Strawson)이 주장하는 기본 개별자(person)-두 속성(심리/물리적 속성)을 지지하고 있다. SA 43 [52] 이하 참고.

41) 이런 점에서 데카르트의 코기토는 하이데거가 생각하는 새로운 (주체?) 범주인 각자성(各自性, *Jemeinigkeit*)을 가진 '바로 우리 자신인 현존재'와도 한참 먼 관계에 있다.

때문에 각자의 자기 이해는 늘 해석적·타자 의존적일 수밖에 없으며, 타자와 내가 교환적으로 책임의 자리에 설 수 있기 때문에 행위 능동성뿐 아니라 그 행위의 수동적 결과에 민감할 수밖에 없는 주체일 것이다. 리쾨르가 이런 주체를 무엇이라고 명명하든 큰 문제될 것 같지는 않다.[42] 다만 이런 주체가 데카르트의 코기토와 가장 원거리에 있다는 사실이고, 그러므로 니체와 그 계승자들의 공격에 해체당하는 코기토와 동일한 문제 지평에 놓여 있지 않다는 점이다.

결론적으로, 코기토와 그 체험의 내부에서 모든 것을 길어 올릴 필요도 없으며 그럴 수도 없다는 입장임과 동시에, 그렇다고 해서 코기토의 외부와 그 조건에서 이를 환원하는 작업과는 거리를 둔 코기토에 대한 사유가 리쾨르의 사유일 것이다. 다르게 말해 나의 사유함(le je pense)이 나의 존재함(le je suis)보다 우월한 사태라는 것이 데카르트의 입장이라면, 나의 존재함—리쾨르에게서는 보다 구체적으로 몸에 근거한 의지하기, 상징 읽기, 말 주고받기하기, 이야기하기, 윤리적으로 행위 하기 등등—이 나의 사유함보다 우선하고 그것을 넘어선다는 것이 리쾨르의 입장이다. 그렇다고 해서 극단의 반표상적이거나 반재현적인 포스트 모던적 테제에 동의하지는 않는다. 사유와 존재 사이의 불일치 또는 사유로부터의 존재의 탈주를 주목하고자 하는 것이지 대상화하고 표상하는 사유의 무용성을 주장하는 것은 아니다.

---

42) 리쾨르는 "자기"(自己, soi, self)라고 칭한다. 이점에 대한 비교적 상세한 설명은 윤성우, 『폴 리쾨르의 철학』, 제3장 「리쾨르와 주체 물음」을 참고할 것.

제2장
리쾨르 대(對) 레비스트로스

● 의미의 해석학 대(對) 구조 인류학

한 시대를 풍미한 인류학자의 죽음, 특히 많은 사람들이 철학자로 분류하기를 마다하지 않는 클로드 레비스트로스(Claude Lévi-Strauss, 1908-2009)의 죽음을 애도하는 적절한 방식은 무엇일까?[1] 그는 벨기에 태생의 유대인이었으며, 프랑스로 이주한 후 파리 소르본대학에서 철학과 법학을 공부하고, 잠시 한 사회당 국회의원의 비서를 지내다 1931년에 프랑스 철학교수 자격시험(Agrégation) 합격 후, 시몬 드 보부아르와 메를로퐁티와 함께 교생 실습을 같이 하며 보내다가, 뜻밖의 제안을 받고 1935년 브라질 상파울루 대학 사회학과 교수직을 수락하며 현장조사를 겸한 본격적인 인류학자의 길로 들어섰다. 적지 않은 식자(識者)들은 그의 죽음을 구조주의(構造主義, structuralisme)의 '공식적', '연대기적' 마감이라고 본다. 구조주의, 적어도 언어에 대한 구조적 사유는 소쉬르(Ferdinand de Saussure, 1857-1913)의 언어학에서 시작하여, 트루베츠코이(Nikolai Trubetskoi, 1890-1938), 로만 야콥슨(Roman Jakobson, 1896-1982), 에밀 벵베니스트(Emile Benveniste, 1902-1976) 등

1) 이 장은 2009년 레비스트로스의 서거 직후에 쓰였다.

을 거치며 확립되어 갔고, 보다 확장 변형된 구조주의는 정신분석학, 마르크시즘, 문학비평, 계보학적 인식론, 구조적 인류학으로 완전 개화되었다. 각각 자크 라캉(Jacques Lacan, 1901-1981), 루이 알튀세르(Louis Althusser, 1918-1990), 롤랑 바르트(Roland Barthes, 1915-1980), 미셸 푸코(Michel Foucault, 1926-1984) 그리고 레비스트로스가 이를 대표하는 인물들이다. 레비스트로스가 이들 중 가장 오래 살았고 다른 이들도 그에게서 구조주의를 사사(師事)했음을 주저하지 않는 것을 보면 '레비스트로스=구조주의'라는 등식이 전혀 근거 없는 것은 아닐 것이다. 당대의 지적 열광, 열정, 유행, 성공과 팽창을 놓고 본다면 프랑스 현대 지성사에서 구조주의는 전대미문의 사건이었고, "일어나지 않았던 것처럼 생각할 수는 없"는 그런 흐름으로 일컬어진다.[2] 아마도 되돌릴 수 없는 사건으로서의 구조주의를 레비스트로와 관련하여 살피는 것이야말로 앞선 칭송의 논거를 마련하는 일이자, 타계(他界)한 이에 대한 최소한의 애도의 방식일 것이다. 하지만 이런 논거 마련과 애도가 전면적인 동시에 총제적일 수는 없을 것이다. 그것은 사유 운동과 사유 방식으로의 구조주의가 남긴 유산이 많기도 하거니와, 그것의 업적이 다방면에 걸쳐 있어서 진정한 학제적 연구의 대상이 될 것이기 때문이다.

레비스트로스의 주저 『야생의 사고』(*La Pensés Sauvage*), 특히 그 제9장 「역사와 변증법」이 당대의 스타 철학자인 사르트르에 대해 일으켰던 쟁점이나 논쟁은 아주 유명하다.[3] 개괄의 오류를 무릅쓰고 몇 가지만 요약하면 이러하다.

1. 사르트르는 구성적 이성(raison constituant) 내세우지만, 레비스트로스의 인류학(인문과학)은 인간의 해체를 주장한다. 2. 사르트르는 내적 성찰의 자명한 진리의 보루인 코기토(Cogito)의 포로가 되었지만, 레비스로스는 인간의 다양성과 보편성을 주장한다. 3. 역사의 진보와 발전에 대한 의식적 참여를 강조하는 "뜨

---

2) F. Dosse, 『구조주의의 역사 1: 기호의 세계, 50년대』, 이봉지·송기정 외 옮김, 동문선, 1998, p.14.

3) C. Lévi-Strauss, 『야생의 사고』, 안정남 옮김, 한길사, 1996, p.351쪽 이하 참조. 원전 초판은 1962년에 나왔다. *La pensée sauvage*, Plon., 1962.

거운 역사와 연대"가 사르트르와 함께 간다면, "비시간성과 공간성"을 강조하는 "차가운" 사유가 레비스트로스와 함께 간다.

하지만 레비스트로스는 디디에 에리봉(Didier Eribon)과의 대담(1998)에서, 그와 같은 자신의 첨예한 논쟁적 이의제기에도 불구하고 사르트르가 "진정한 논쟁"을 받아들이지 않았다고 말한다.[4] 진실이야 어떠하든 '사르트르-레비스트로스'라는 묶음은, 같은 철학자들로서 '메를로퐁티-레비스트로스'라는 묶음과는 상당히 다른 인상을 줄 수밖에 없다. 사르트르의 문학적 영감과 천재성에 대한 인정에도 불구하고 레비스트로스는 과학 일반, 마르크시즘, 지식인의 사회 참여, 역사와 주체성을 바라보는 관점과 태도에서 프랑스 지적 무대에서 사라져가는 스타였던 사르트르와 많이 달랐다.[5] 실존주의의 맹주 사르트르를 지적으로 그리고 정서적으로 많이 공감하는 이들은 응당 "레이몽 아롱[6]과 함께 옳게 되느니 사르트르와 함께 틀리는 것이 낫다"고 믿었지만 레비스트로스는 차라리 아롱과 같

4) C. Lévi-Strauss & D. Eribon, 『가까이 그리고 멀리서: 클로드 레비스트로스 회고록』, 송태현 옮김, 강, 2003, p.182 이하.

5) 현대 프랑스 인식론과 과학철학의 경향들을 다룰 때, 그것을 프랑스 현대철학의 몇몇 중요한 커다란 흐름들(현상학 및 해석학, 구조주의 및 후기구조주의, 과학철학)의 한 꼭지로만 여기는 것은 큰 실수이다. 가장 비인식론적이라고 오해받을 수도 있는 프랑스 현상학과 해석학자인 메를로퐁티나 리쾨르의 저작들은 보면 그 점을 잘 이해할 수 있다. 오히려 자연과학과 인간과학의 인식론적 성과와 그 공헌에 대한 비판적 검토가 그들 작업의 출발점을 이루고 있다는 것을 알 수 있다. 생리학과 (실험)심리학에 대한 참조 없이 메를로퐁티의 『행동의 구조』와 『지각의 현상학』을 제대로 독해하기 어렵고, 정신분석학과 언어학의 방법론과 성과들을 간과한 채 리쾨르의 현상학 및 해석학적 작업을 소화내기란 거의 불가능에 가깝다. 반면 같은 현상학 계열의 사르트르가 지닌 현실에 대한 뛰어난 묘사와 문학적 재능에도 불구하고, 그가 상당히 빨리 프랑스 철학계에서 잊혀지고 간과된 것은 결코 우연이 아니다. 그가 받았고 받고 있는 지식인으로서의 존경과 무관하게 사르트르는 인문과학의 제 인식론적 성과들을 차분히 비판적 검토할 만큼 한가하지도, 그가 처했던 현실이 그것을 허락하지도 않았던 것으로 보인다.

6) 레이몽 아롱(Raymond Aron, 1905-1983)은 사르트르와 동년배생으로 파리 고등사범학교를 같이 다녔고 프랑스의 정치 사회학자로 전후 사르트르 등과 함께 잡지 『현대』를 창간하고, 『피가로』 등 잡지의 논설 기자로 활약하였다. 후에 사르트르와 결별하고 반(反)마르크스주의로 일관했던 인물이다. 1957년 콜레주 드 프랑스의 사회학 담당 교수가 되었으며, 우리나라에는 『지식인의 아편』, 안병욱 옮김, 삼육교양총서, 1986이 번역 출간되었다.

은 편에 선다고 말한다.[7] 물론 이 말은 레비스트로스가 정치적으로 아롱과 같은 우파의 편에 선다는 것이 아니라, 철학을 하나의 닫힌 공간으로 간주하고 다른 인접 학문들과의 소통과 접속을 차단한 사르트르에 동조하지 않는다는 뜻으로 보면 될 것이다. 구조주의 영웅 레비스트로스의 등장과 함께 철학적 차원에서 빠르게 잊혀져갈 수밖에 없었던 사르트르에 대한 탐색은 여기서 멈추자.

구조주의에 대한 수많은 글과 문헌들 가운데, 들뢰즈의 「구조주의를 어떻게 식별할 것인가?」는 구조주의의 핵심과 정곡을 찌르는 첨예한 분석으로 일관한 글로서, 감히 백미(白眉)라고 말할 수 있겠다.[8] 들뢰즈는 다음과 같은 7가지의 식별 기준을 제시한다. 상징계(le symbolique)의 존재 여부, 위치(position)에 대한 우위, 변별적인 것(le différenciel)과 특이한 것(le singulier)의 발견, 미분화(différenciation) 요소의 전제, 계열(sériel) 관계의 형성, 빈칸(cas vide)의 역할, 주체(sujet)에서 실천(pratique)으로의 이행. 언뜻 보기에 연역적 글쓰기로 보이지만 강한 귀납적 추론을 통해 얻은 기준이 바로 위의 식별 기준들인데, 들뢰즈는 레비스트로스를 중요한 논거 제공자로 등장시킨다. 특히 레비스트로스를 "의미"를 생산하는 위치에 대한 우위를 강조할 때 핵심 논자로 원용한다. 들뢰즈의 말을 들어보자.

> 한 구조의 요소들은 외재적인 지시작용도 내재적인 의미작용도 가지지 않는다. 그렇다면 그것들에는 무엇이 남는 걸까? 레비스트로스가 엄격하게 말했듯이, 그것은 오로지 하나의 의미, 즉 필연적이고 유일하게 '위치'에 속하는 의미를 가질 뿐이다. (...) 만일 상징(계)적 요소들이 외재적 지시 작용도 내적 의미 작용도 가지지 않으면서 단지 위치에 따른 의미일 뿐이라면, 다음과 같이 원칙적으로

---

7) Lévi-Strauss & Eribon, 『가까이 그리고 멀리서』, p.131 이하.

8) 이 논문은 들뢰즈가 프랑수아 샤틀레(François Châtelet)가 기획 준비한 *Histoire de la philosophie, VIII: Le XX siècle*(Hachette, 1973)에 써준 1967년 글이다. 우리나라에서는 G. Deleuze, 『의미의 논리』, 이정우 옮김, 한길사, 1999의 「특별보론」(pp.517-552)으로 처음 소개되었으며, G. Deleuze, 「구조주의를 어떻게 인지할 것인가?」, 『들뢰즈가 만든 철학사』, 박정태 편역, 이학사, 2007, pp.363-420으로도 재번역되었다.

상정해야만 한다. 의미는 항상 그 자체로 의미적이지 않은 요소들의 조합으로부터 생겨난다. 레비스트로스가 폴 리쾨르와의 대화에서 말했듯이, 의미는 언제나 하나의 결과, 하나의 효과이다. 생산물로서의 효과일 뿐 아니라 관점의 효과, 언어활동의 효과, 위치의 효과이다. 심층에는 의미의 무의미가 있으며, 이 무의미로부터 의미 자체가 생겨난다.[9)]

여기서 들뢰즈는 의미 및 그 발생의 근거와 관련하여 전적으로 레비스트로스의 견해를 받아들인다. 이때 주의 깊은 독자들은 들뢰즈가 인용하는 레비스트로스의 입장들이 프랑스 유명 좌파 가톨릭 계간지인 『에스프리』(*Esprit*)(1963년 11월호)에서 유래한 것임을 알 수 있게 된다. 사정은 대강 이러하다. 『야생의 사고』가 1962년 출간하자 리쾨르를 중심으로 한 『에스프리』 지의 철학 연구모임은 몇 번의 걸친 독회를 했으며, 1963년 6월 레비스트로스가 마지막차 모임에 기꺼이 참여하여 몇몇 물음들에 답을 하게 된다. 이 논쟁적 대담이 그해 11월호에 실렸으며, 최근 2004년 1월호(n° 301)에 레비스트로스 관련 특집호를 꾸미며 다시금 그대로 실리게 된다.[10)] 1963년 6월 레비스트로와 리쾨르와의 대담 외에 읽어볼 만한 다른 논문들이 다수 수록되어 있다.

1963년 당시 고전학자 피에르 아도(Pierre Hadot), 미학자 미켈 뒤프렌느(Mikel Dufrenne) 등이 같이 참여하지만 주도적으로 논쟁을 이끈 이는 리쾨르였다. 리쾨르-레비스르로스, 두 사람의 논쟁의 핵심이 된 몇 가지 논점들, 특히 언어적 상징들과 의미를 둘러싼 논점들을 대화의 방식으로 재연하며 압축해보자.[11)]

---

9) Deleuze, 『구조주의를 어떻게 식별할 것인가?』, 『의미의 논리』, pp.523-525; 「구조주의를 어떻게 인지할 것인가?」, 『들뢰즈가 만든 철학사』, pp.373-375. 강조는 들뢰즈의 것임.

10) 『에스프리』(Esprit) 2004년 1월 특집호(n° 301) 제목은 "*Claude LéviI-Strauss: une anthropologie "bonne à penser"*"이다. 대강 번역하면 "클로드 레비스트로스: "사유해야만 할 훌륭한" 인류학"이다. 1963년 6월 레비스트로와 리쾨르와의 대담 외에 읽어볼 만한 다른 논문들이 다수 수록되어 있다.

11) 긴 대화의 모든 요소들을 옮기거나 전할 수는 없다는 판단을 했고 '의미'를 둘러싼 둘 간의 첨예한 쟁점들을 중심으로 풀어 옮겨 놓는다. 이 점에 대한 보다 자세한 정리와 분석

●

리쾨르 : 1.음운론 중심의 언어학에서 빌려온 당신의 방법에 보다 적합한 지역적 및 문화적 권역들이 존재하는 것이 아닌가? 2. 그렇다면 구조주의적 분석에 덜 적합한 신화적 사유의 영역들이 있는 게 아닌가? 3. 공시태가 우선하는 분석 모델에서는 통시태는 방해가 될 뿐인데, 그렇다면 구조주의적 분석과는 다른 분석 모델에서는 구조와 사건의 관계, 공시태와 통시태의 관계가 어떻게 되는가?

●

레비스트로스 : 1.물론 구조적 분석이 유일한 설명의 유형은 아니며, 성경(聖經) 같은 텍스트의 분석에까지 나아간 사람들이 없진 않지만, 나로서는 그 정도로 과감할 수 없었다. 2. 특히나 고대 유대교의 민족지학적 맥락과 관련 하에서만 (성경에 등장하는) 상징들의 의미가 접근 가능하지, (성경에 등장하는) 신화들만 분석해서는 접근이 불가능하다는 점, 다시 말해 상징들의 의미는 민족지학적 맥락과 관련 하에서 단지 '위치'할 수밖에 없으며, 내재적인 의미작용을 가질 수 없다는 점을 고려해 본다면, 구조적 분석이 자제할 수밖에 없는 영역이 있는 것이다. 3. 약속한 땅을 순례하는 사건들을 담은 구약의 신화들에서 이야기되는 "행복의 약속, 구원의 보장, 부활의 확신" 등은 이 신화를 내면화하는 사람들에게나 발견되어지는 것이지, 외부에서(du dehors) 이를 연구하는 사람에게는 지각될 수 없는 것이어서 (나의 구조적 분석에서) 간과될 수밖에 없는 것이다.

●

리쾨르 : 공시태보다 통시태적 성격이 우세한 전(前)-헬레니즘 전통들, 인도 유럽 전통들, 고대 유대 전통들은 통사론적 접근 보다는 의미론적 접근을 통해 그 내용적 풍성함이 드러나는 것이 아닌가? 이런 신화들을 내가 내용적으로 이해함으로써, 내가 내 자신을 더 잘 이해할 수 있는 지점에 이르지 못한다면, 다시 말해 의미라는 것이 (나의) 자기이해(自己理解)의 한 부분이 아니라면 '의미'라는

은 김한식의 「리쾨르와 레비스트로스의 논쟁에 대하여」, 『프랑스어문교육』, 제6집, 1998, pp.287-305를 꼭 참조할 것.

것이 무엇인지 정말 모를 일이 아닌가?

●

레비스트로스 : 만일 그렇다면 우리는 주관성(subjectivité)에 사로잡히는 것이어서 우리가 사태들을 외부에서 이해함과 동시에 내부에서 그것들을 이해하려고 시도할 수는 없다. 실로 우리가 내부에서 태어나고, 내부에 존재할 때에만 우리는 사태들을 내부에서 이해할 수 있게 되는 결과를 초래하게 된다. 결국 당신이 추구하는 것은 의미에 대한 의미(un sens du sens), 즉 의미 배후에 존재하는 의미이다. 하지만 나의 관점에서 의미란 제일 중요한 현상이 결코 아니며 그것은 늘 환원 가능한 것이다. 다시 말해 모든 의미 배후에는 무의미(non-sens)가 존재하며 오히려 그 역은 성립하지 않는다. 결국 내가 보기에, 의미 작용은 늘 현상적(phénoménale)인 것에 불과한 것이다.

●

리쾨르 : 그렇지만 만약 내가 새롭게 붙잡은 의미라는 것이 내 자신이나 사물들(사태들)에 대한 나의 이해를 확장시켜주는 것이 아니라면 그것은 '의미'라는 이름에 합당하지 않다. 의미라는 것이 근본적 반성이나 기초 존재론의 한 방향을 말해주는 것이 아니라면, 도대체 우리가 의미에 대해서든 무의미에 대해서든 어떻게 언급할 수 있겠는가?

●

레비스트로스 : 철학자로서 그런 반론을 제기하는 것은 전적으로 정당해 보이지만, 나로서는 그만큼 할 필요는 없다고 본다. 내게 의미라는 것은, 독자적으로는 맛을 낼 수 없는 요소들이 조합되거나 결합되었을 때, 의식이 감지하게 되는 독특한 맛(saveur)에 불과하다. 화학자가 화학적 구성물을 조합해내듯, 인류학자들도 요소들의 결합이나 조합을 통해 의미를 재구성내고, 만들어내며, 그 껍질을 벗겨 분석해내는 것이다.

●

리쾨르 : 의미가 의식에 대해 존재한다거나 의식에 의해 존재한다고 내가 말한 적은 없다. 무엇보다도 의미는 의식에게 무엇인가를 가르쳐주는 존재다. 특히 언어는 우리가 새롭게 취해야 할 의미의 담지자(擔持者)이다. 의미의 이런 잠재력이 나의 의식으로 환원되지는 않는다. 의미를 직접적으로 파악해내는 의식의 주관주의와 형식화된 의미의 객관주의 사이에 양자택일을 하는 문제여서는 안 된다. 구조주의의 반대쪽이 의미의 주관주의는 아니며, 오히려 의미의 객관적 차원이나 지평이 존재하며 이것은 의미를 새롭게 발굴해내는 의식에게만 나타나는 객관성의 차원이나 지평이다. 이것이 구조주의 반대편을 형성하는 것이다. 이런 새로운 발굴은 의미를 지배하는 의식이 아니라 의미를 통해 의식이 확장되는 계기를 보여주는 것이다.

●

레비스트로스 : 야생의 사유에 대한 분석을 통해 인간 정신이 어떻게 작동하는지를 알고 보여주는 것이 내 제1의 관심사이다. 그게 전부다. 인간 정신이 자신에 대해 시도한 분석을 통해 인간 정신이 보다 나아졌는지는 내 관심이 아니다.

●

리쾨르 : 당신의 구조적 분석에 결부된 구조주의적 철학에는 극단적인 형태의 근대적 불가지론(不可知論)이 보인다. 당신에게는 "메시지"라는 게 없다. 사이버 공학적 의미에서가 아니라 예언 선포적 의미의 메시지 말이다. 당신은 의미의 절망 속에 있는 것이다. 당신이 의미를 맛본다고 말하지만 그때 의미란 무의미의 의미, 그 어떤 것도 말해주지 않는 담화의 통사론적인 탁월한 재배열로서의 의미이다. 바로 이런 점 때문에 당신은 참 매혹적이면서도 당혹스럽기도 하다.

어디선가 만날 것 같은 두 사람이 "의미"를 둘러싼 첨예한 대립이나 쟁점에서 팽팽하게 맞서고 있는 모습이다. 그렇다고 그런 양립 자체가 나쁘다거나 제3의 지점에서 변증법적으로 종합되어야 한다는 것은 아니다. 또한 그럴 필요가 있는지도 의문이다. 리쾨르나 레비스트로스나 그 논쟁 이후에도 각자 자신의 방법론과 입장에서 나름대로 인간과 세계의 의미장(場)들을 구획하고 해석하는 저술들과 지적 작업을 해왔기 때문이다. 더 이상 옳고 그른 길의 문제가 아니라 서로 다른 길의 문제일 것이다. 섣불리 쟁점이나 논쟁점을 허물어버리고 각자가 틀리다고 말하며 이 둘을 아우르는 제3의 지점을 확보하기 위해 동분서주하기보다는 왜 그들이 쉽게 만날 수 없는지, 어떤 전제 하에 움직이는 노선들이기에 간단히 화해할 수 없는지 이해하고 들여다보는 것이 더 나을 지도 모른다. 필자가 마지막으로 시도해보고자 하는 작업이 바로 그것이다.

리쾨르가 자신의 철학적 의미론을 입론(立論)하는 지적 및 이론적 공간인 해석학(解釋學, herméneutique)에서는 기의(記意, signifié)는 기표(記票, signifiant)보다 넘쳐나며 항상 풍부하다. 의미와 그 담지자인 언어적 상징들은 풀어지길 기다리며 해석자를 불러 세우고 해석자를 기다린다고 말하는 것이 정확한지도 모른다. 짤막하게 그의 말을 들어보자.

> 우리가 진공 속에서 해석을 하는 것은 아닙니다. 우리 자신이 처한 전통 자체를 밝혀내고 이어 생생하게 연장해내고 유지하기 위해 해석하는 것입니다.[12]

이런 맥락에서 리쾨르는 『악의 상징』에서 "상징이 사유를 불러일으킨다"(le symbole donne à penser)라고 말했었다.[13] 이때 의식이나 주체는 상징들 속에 얽혀 있는 의미의 실타래를 풀고, 또 그것 속에 잡혀 있는 의미의 주름을 펴는 해석자다. 이렇게 상징 읽기를 통해 자기 실존의 새로운 길을 인도 받는 주체를 리쾨르는 "불려 세워진 주체"(sujet interpellé)[14]나 "소환된 주체" (sujet convoqué) [15]라 부른

12) CI 53 [53].
13) SM 323 [321]. 이 책 결론부의 제목이다.
14) DI 39 [77].
15) P. Ricoeur, "Le sujet convoqué: à l'école des rècits de vocation propétique", *Revue de l'Institut Catholique de Paris,* oct-déc 1988, p.8.

다. 더 이상 의미의 지배자로서 군림하는 자로서가 아니라 의미의 제자로서, 가르침을 받는 자로서 존재하는 주체인 것이다.

결국 리쾨르의 해석학은 이런 방식으로 해석자의 존재론적 귀속과 참여를 인정하고 독려한다. 따라서 의미가 그 해석자와 독립되어 그 기표들과의 상호 상관적 위치에 따라 주어지거나 결정되어진다는 입장을 끝까지 따라가기는 쉽지 않을 것이다.

반면 레비스트로스가 자신의 의미론을 입론시키는 구조적 인류학에서는 기표의 과잉이나 잉여가 두드러진다. 그가 친족관계, 특히 근친혼 금지, 야생의 사유, 신화, 예술에서 추구했던 것은 이항적 대립의 기표와 같은 것들이었다. 이런 맥락에서 "오로지 언어적인 것에만 구조가 존재한다"는 들뢰즈의 확언이 틀리지 않을지도 모른다.[16] 근본적으로 이들에게서 기의나 의미의 문제는 기표의 관계 안에서 환원되기 때문이다. 여기서 레비스트로스의 말을 좀 더 들어보자.

> 야생의 사유는 관찰의 시점과 해석의 시점을 구별하지 않는다. 즉 대화 상대자가 내뱉는 기호들을 관찰을 통해 먼저 기록하고, 그 다음에 이 기호들을 해석하는 것이 아니라는 말이다. 그 상대가 말할 때, (기호의) 감각적 방출 자체가 의미를 가진다. 분절된 언어가 요소들로 분해되는데, 이때 각 요소는 기호가 아니라 기호의 수단이다. 이 요소들이 변별적 단위들이며 다른 단위로 대체된다면 반드시 의미는 변화하게 된다. 따라서 그 단위 자체는 의미의 자질들을 가지지 않으며 다른 단위와의 결합이나 대립에 의해서 의미를 가진다.[17]

이런 점에서 보면 레비스트로스에게 관찰은 해석의 등가어로 취급되며, 관찰자는 변별적 단위들의 기록, 분류, 체계화 이상의 작업을 요구 받지 않는다. 음운론

---

16) Deleuze, 「구조주의를 어떻게 식별할 것인가?」, 『의미의 논리』, p.518; 「구조주의를 어떻게 인지할 것인가?」, 『들뢰즈가 만든 철학사』, p.365.

17) Lévi-Strauss, 『야생의 사고』, p.322.

에서 음소(音素)들이 그 자체로 의미를 가지는 것이 아니라 다른 음소들과의 관계에서만 위상과 역할을 가지듯, 레비스트로스의 신화소(神素話) 역시 그 자체로 절대적 위상이나 역할을 가지 않고 다른 신화소들 사이에서 의미를 찾아야 하는 것이다. 따라서 해석자는 변별적 요소들의 관찰이라는 범위를 벗어나서 상징의 이중적 또는 다중적 의미 차원이나 지평을 발굴하거나 추구할 필요가 없는 것이다.

결국 레비스트로스의 구조적 인류학에서는 해석자의 존재론적 귀속감은 최대한 자제되거나 절제되어야 하며 관찰 대상들이 가지는 논리적 및 구조적 상관관계의 인식론에 집중하도록 초대 받는다. 의미는 관찰자로서의 해석자를 뜨겁게 동요시키거나 일깨우는 것이라기보다는 그 해석자가 파악하는 차가운 관계의 선물로 등장하는 것이다.

인식론은 존재론에 차가운 금욕을 요구하고 존재론은 인식론에 뜨거운 참여를 요구한다.

제3장
리쾨르의 상징론과 신화론

1. 몇 가지 제약 조건들

어떤 학술적인 논문이나 글을 써는 경우도 마찬가지겠지만, 어느 정도 알려진 철학자의 중요한 주제나 쟁점을 다루려면 반드시 고려해야 할 몇 가지 사항이 있다. 첫째, 동일하거나 유사한 주제를 다룬 선행연구의 검토와 그 차별성 확보가 중요하다. 둘째, 동일한 철학자 내에서 지금 다루고자 하는 주제가 가지는 의미와 역할을 잘 드러내는 일이다. 전자의 경우, 국내의 선행연구는 풍부하다고 말할 순 없지만, 적지도 않다.[1] 따라서 여기서 아주 새로운 접근과 내용을 담는 일은 쉽지 않은 일임에는 틀림없다. 하지만 그런 기존 연구에 대한 세부적인 검토는 그 자체

1) 최근 시점부터 선행 연구를 살펴보자면 다음과 같다. 김영원, 「폴 리쾨르의 악의 문제에 대한 실천적 접근」, 『종교연구』, 제74집 제4호, 2014, 233-260; 구연상, 「폴 리쾨르에서 흠과 죄의 개념」, 『존재론연구』, 제34집, 2014, 65-90; 신응철, 「언어, 상징, 신화를 통한 인간 이해」, 『인문학연구』, 통권 82호, 2011, 341-371; 김종우, 「리쾨르 철학에서의 상징론의 위상」, 『한국프랑스학논집』, 제66집, 2009, 147-168; 정기철, 「악의 해석학을 향하여: 리쾨르의 철학적 신정론」, 『범한철학』, 제54집, 2009, 277-302.

로 일종의 메타적 연구될 것이므로 여기서는 피할 것이며, 이 장에서 펼칠 연구의 차별성 확보는 기존 연구와의 '상대적' 차이를 담지하는 것을 목표로 삼는다. 그 '상대적' 차이를 확보함에 있어 출발점은 다음과 같다. 곧, 리쾨르 관련 기존 선행연구들은 '상징론과 신화론'이 그의 해석학에서 차지하는 유의미성 및 가치를 다룰 때, 그의 철학 전체의 맥락을 상대적으로 덜 논의했다는 점이다. 1948년 야스퍼스에 관한 저술[2]을 시작으로 작고하는 2005년까지의 긴 학문적 여정에서 그의 '상징론과 신화론'이 주제적으로 그리고 문헌학적 차원에서 빈번히 등장하는 시기는 대략 1960년을 전후해서 1970년 초중반에 걸쳐 있다. 다시 말해 그 이전과 그 이후는 리쾨르가 이 주제를 전면에 내세우거나 근본적으로 재론하지 않았다고 보는 것이 맞다. 이는 통시적으로 매우 옳고 합당한 지적이다. 그렇지만 이런 지적은 '부분' 관점에서는 어느 정도 맞고, '전체' 관점에서는 어느 정도는 교정과 보완이 필요한 관점이다. 따라서 '부분'과 '전체' 사이의 해석학적 순환이 온전한 이해의 방법이라면, 부분과 전체, 이 둘의 관점 사이에는 상호적인 조정이 요구된다. 전체의 맥락과 흐름에서 볼 때, '상징론과 신화론' 이전엔 '의지론'이 먼저 있었고, 이후엔 '텍스트론'이 있으므로 순환의 거점과 이정표에 대한 대강의 윤곽은 그려진 듯하다. 다만 중심적으로 다루어 질 것이 '상징론과 신화론'이라는 점에서 '의지론'과 '텍스트론'은 전자의 것을 새롭게 맥락화하는 정도 내에서 논의되는 것이 합당할 것이다.

2. 의지론

리쾨르의 독자적인 첫 주저인 1950년의 『(의지의 철학 1권) 의지적인 것과 의지적이지 않은 것』(*Philosophie de la volonté I: Le volontaire et l'involontaire:* VI)는 리쾨르의

2) P. Ricoeur & M. Dufrenne, *Karl Jaspers et la philosophie de l'existence,* Seuil, 2000(Aubier, 19481).

저작들 중에서 가장 덜 읽혀졌고 그래서 가장 덜 평가된 저작인데 여기서 이른바 '의지론'이 처음으로 등장한다. 방법의 측면과 내용의 측면에서 살펴보자. 전자의 측면에선 인간의 의지활동이라는 "사태(事態)에 대한 본질을 기술"하는 현상학, 즉 형상적 현상학의 방법이 채택된다.[3] 특정문화, 특정 공간, 특정 시간에 속한 구체적 인간의 의지 행위에 대한 분석을 담고 있는 것이 아니라, 인간이라면 누구나 보여주는 의지 행위의 본질적인 사태를 기술하려 한다. 내용의 측면에서 보자면, 인간의 의지는 "결정", "그 실행", "그 실행의 근본적 제약으로서 비의지적인 것의 승인"이라는 3단계의 순서를 밟는다.[4] 이때 '의지'는 비록 그것을 근본적으로 제약하는 비의지적인 것(탄생, 생명의 성장, 성격 등)을 승인하다 하더라도 그 모습은 필연적이고 보편적인 양상을 가진다. '필연적'이라 함은 비의지적인 것이 '반드시' 의지를 제약하므로 그 의지는 그것을 인정하고 받아들이는 것 말고는 다른 대응을 할 수 없다는 뜻이고, '보편적'이라 함은 특정 시공간에 구애됨이 없이 구체적 개인을 모두 포함하여 제약한다는 뜻이다. 따라서 이때 '의지'는 존재론적으로 '이미 그러하게' 조건 지어진 것이므로, 윤리적으로나 도덕적으로 중립적이다. 따라서 그 자체로 '나쁘다'거나 '악한' 의지라고 할 만한 것은 없다. 육체적 한계나 제약으로 조건 지어진 의지 자체를 나쁘다거나 악하다고 할 수 없다는 점에서 그렇다. 더구나 1950년의 주저에서 등장한 의지에 대한 철학과 현상학은 나의 의지와는 또 '다른' 의지와의 만남의 관계에서 오는 갈등, 투쟁, 정념의 상황을 고려하는 의지에 대한 기술을 포함하지는 않았다.[5] 따라서 본질 기술의 대상이 되는 이때의 '의지'는 일상적이고 가변적인 모습, 자연적 태도에서 보이는 현실적 의지의 모습이 아니라, 이것들이 다 에포케되고 나서, 불변의 상수들로서 드러나는 의지의 사태적 측면들이었다. 결국, 1950년의 대표적 주저 『의지적인 것과 의지적이지 않은 것』에서 채용된 방법론의 한계는 그 성과와 함께 거의 동시적으로 감지되었

---

3) VI 8.
4) VI 10.
5) VI 34.

다. 형상적 현상학의 본질 환원의 방법으로는 현실의 잘못된 의지, 불균형과 불투명함에 빠진 의지의 현실적 모습을 충분히 독해해 낼 수 없다는 것이다.

흔히들 1960년 『악의 상징』(*La Symbolique du mal:* SM)에 와서야 리쾨르의 상징해석학이나 신화론이 등장하는 것으로 알지만, "악의 상징(la Symbolique du mal)"이라는 타이틀은 『의지의 철학 2-2권』(*Philosophie de la volonté II-2*)의 부제목에 해당된다는 점은 종종 간과된다. 더구나 이 저서는 『(의지의 철학 2-1권) 잘못할 수 있는 인간』(*Philosophie de la volonté II-1: L'homme fallible*: HF)이라는 저서와 동시에 출간된 것이다. 따라서 '잘못할 수 있는', '오류를 저지를 수 있는', '틀릴 수 있는' 인간 의지에 대한 분석이 그의 상징론과 신화론에 이론적으로나 시간적으로나 선행한다고 보는 것이 정당하다. 잘못을 저지를 수 있는 인간, 그럴 가능성과 현실성을 담지한 인간에 대한 분석이야말로 '악'의 상징과 신화에 대한 이해나 분석의 계기를 마련할 수 있기 때문이다. 리쾨르가 말하는 '잘못 가능성'은 인간을 그 자체로 나약하고 깨지기 쉬운 존재로 만들어 버리는 모종의 "불균형"(disproportion)을 인간이 안고 살아갈 수밖에 없다는 데서 찾아야 한다.[6] 리쾨르가 논증하는 악의 가능성으로서의 잘못은 이미 인간을 구성하는 다양한 요소에서 발견된다. 우선, 시공간적 한정성을 조건으로 하는 우리의 지각은 우리에게 한정되고 제한된 "유한한 관점"(persepective finie)만을 제공해줄 뿐인데,[7] 이런 관점들의 제한을 넘어서게 할 수 있는 것이 바로 "무한한 말"(verbe infinie)이다.[8] 그 이유는 언어를 통해 우리가 보지 못하고 듣지 못하는 세계의 양상과 측면들을 공유할 수 있게 되기 때문이다. 그리고 지각의 수용성과 언어의 지성적 규정성, 이 두 서로 환원 불가능한, 이질적인 영역을 매개할 "순수 상상력"(imagination pure)이 요구된다는 것이다.[9] 과연 악의 인간적 구성적 조건으로 이해되는 이런 불균형, 유한성에 대한 천착은 전적으

---

6) HF 22.
7) HF 36.
8) HF 45.
9) HF 58.

로 리쾨르에게서 처음으로 등장하는 새로운 것인가? 그렇지는 않다.

이미 데카르트는 『성찰』 4장에서 "나는 이를테면 신과 무(無) 사이 그 어디에 중간적 존재로서, 다시 말해 최고 존재와 비존재 사이 어디에 처해 있는 것이다. 결국 나는 나 자신을 무나 비존재의 성질을 띠는 자로서, 즉 나 스스로 최고 존재가 아닌 존재로서, 다함이 없는 결핍에 시달릴 수밖에 없는 존재이므로, 내가 실수하거나 오류를 저지른다 해도 전혀 놀란 만한 일은 아닌 것이다." 라고 말한 바 있다.[10] 유한자와 무한자의 데카르트적 불균형의 보다 근대적인 버전으로 우리는 칸트의 지성과 감성, 그리고 이 두 능력간의 상호적 이종성과 이질성을 매개하는 것으로서 상상력을 언급하지 않을 수 없을 것이다. 감성은 사물들의 현전, 그것도 아주 특정한 측면과 관점의 제한 아래서 '수용하는' 능력인 반면, 지성은 '개념'(범주)을 스스로 산출하는 '자발적' 능력이다. 이런 이질적 능력을 '매개', '중개'하고 결국엔 '종합'하는 제3의 능력으로서 상상력인 것이다. 하지만 '초월적 도식'으로 알려진 이 능력은 감성과 지성이 각각의 고유한 자신의 '대자(對自)'로서, 즉 카운트파트너로서 감각적 다양이나 잡다 또는 개념들을 가지는 것과는 달리, 자신의 고유한 대자가 없다. 오직 감성과 지성만이 자신의 대자를 가질 뿐이다. 철두철미하게 중간적 능력으로의 한계와 유한성을 보여주는 대목이 아닐 수 없는 것이다. 아마도 이런 맥락에서 칸트는 상상력을 두고 '인간 영혼의 깊숙한 곳에 감춰진 하나의 기술', '미지'의 것, '맹목적이지만 필요불가결의 기능'이라 말했는지도 모른다. '오류를 범할 수 있는' 인간 의지의 가능성을 논하는 맥락에서 보자면 상상력의 이러한 특징은 인간 능력들 중에서 탁월하게 '어두운', '불투명한' 부분을 보여주는 것이라 발해도 좋을 것이다. 아마 아리스토텔레스가 『영혼론』에서 감각 지각적 영혼과도 다르고, 사유하는 영혼과도 "다른" 상상하는 영혼을 말한 바 있는데, 이와 근본적으로 다르지 않을 것이다.[11]

---

10) R. Descartes, 『성찰』, 이현복 옮김, 문예출판사, 2004, p.82. 필자의 의도에 맞게 번역은 약간 수정.

11) Aristotle, 『영혼론』, 유원기 옮김, 궁리, 2001, p.210(427b) 이하.

실상 유한자에 내재된 '무한자'(infinite) 개념을 적극적으로 신 존재 증명의 논거로 삼은 데카르트, 인간 영혼의 감춰진 혼탁한 영역으로서의 상상력을 말한 칸트를 포함하여 중세의 여러 철학자나 신학자들의 논변에 인간 실재의 근본적 구조로서의 "중간적"(intermediaire) 또는 "혼성적"(mixte) 성격이 자주 등장하는 것은 결코 낯선 일이 아니다.[12] 하지만 나름의 엄밀한 논증적 사유나 절차 속에서 비교적 빈번하게 등장하는 오류성, 중간성, 불균형의 사유는 실상 '전-철학적인', '선-철학적인' 기원을 가진 것이다. 플라톤의 『국가』편 4권에서 '영혼'의 이성적 부분과 비이성적 부분 사이에 위치하는 "thymos"(격정, 기개, 분노)의 문제는 중간적, 즉 "제3항적"(Metaxu) 성격을 잘 보여준다.[13] 도시국가의 구성과 영혼의 구성을 비유하는 플라톤에게서 사멸하는 사물들과 불멸하는 이데아들 사이를 방황하는 인간 영혼의 운동적 성격이 전(前)-철학적으로, 즉 '신화적'으로 묘사된 것이다. 또 『향연』에서 풍요의 원리 Poros와 궁핍의 모태 Penia의 만남으로 Eros가 탄생한 것은 인간 존재의 극적인 "혼합적" 상황을 잘 보여준다.[14] 이 근원적 궁핍이 도대체 어찌 '나쁜', '악'한 인간 의지의 기원이 된단 말인가? 마지막으로 하이데거의 『존재와 시간』 42절에 나오는 '염려(쿠라, Cura) 신화'는 인간의 근원과 본성을 구성하는 혼성적 요소들(영혼과 육체, 그리고 쿠라), 그리고 그 중에서 '쿠라'의 우위를 '존재론 이전', 즉 전(前)-철학적 신화를 통해서 주장한다는 점에서 하이데거 역시 '혼합적', '혼성적' 인간론의 대열에 속한다고 볼 수 있을 것이다.[15]

이런 서양철학사의 전통의 관점에서 보자면 리쾨르의 의지론이 그의 상징론과 신화론에 앞서고, 오히려 이들을 준비하고 요청한다고 보는 것이 더 타당할지도 모른다. 상징론과 신화론을 통해 리쾨르는 서양철학이 품어오던 가장 불투명하고, 가장 덜 해명된 인간 실재성의 어떤 측면을 자신의 해석학의 방식으로 해명하려고 노력하는지도 모른다.

---

12) HF 23.
13) Platon, 『국가』, 박종현 옮김, 서광사, 2005, p.298(4권 439a) 이하.
14) Platon, 『향연』, 박희영 옮김, 문학과 지성사, 1993, p.120(203b) 이하.
15) M. Heidegger, 『존재와 시간』, 이기상 옮김, 까치, 1998, p.269.

3. 상징론

우리가 의지론을 상징론에 앞세운 것은 이유가 있다. 의지론은 상징론에 와서야 본격적으로 유한자로서의 인간의 현실적이고 구체적인 그 모습을 획득하게 되기 때문이다. 인간 의지가 그 본질의 측면—의지 철학의 1단계—에서 분석되었고, 또 그 가능성의 구조적 측면—의지철학의 2단계—에서 논의되었으므로, 마지막으로 그 현실적 실재성의 측면—의지철학의 3단계—에서 해석되어야 한다는 것이다. 특히 인간이 가진 악한 의지의 모습—그 악이 자신이 저지른 것이든 자기 밖에서 온 외래적인 것이든—은 그 스스로 등장할 때, 직접적인 표현이나 그 의미가 명백한 담화를 즐겨 쓰지 않고, 에두르거나 중의적인 표현인, 상징적 표현들을 주로 사용한다는 점이 중요하다. 의지 철학 시리즈의 세 번째 출판물로 1960년에 출간된 『악의 상징』이 주로 이 점을 강조하고 있고, 욕망의 원초적 정립이 인간 사유의 의식적 자기-정립보다 더 우선적이고 본래적이라는 점을 근본테제로 주장하는 1965년 저작 『해석에 대하여』(*De l'interprétation: essai sur Freud:* DI)도 핵심적으로 이 점을 천명한다.

우리는 리쾨르 상징론의 특징을 다음의 두 가지 명명으로 크게 윤곽 짓고자 한다. '상징인식론'과 '상징존재론'이 그것이다.[16] 전자는 '상징'이라는 개념과 그 구조와 출현 영역 등을 해명함으로써 상징과 상징 아닌 것을 구별하고, 상징만이 지닌 인식의 능력, 상징만이 산출하는 '앎'의 독특한 특징을 다루는 분야이다. 후자는 전자의 상징인식론을 바탕으로 제공되는 상징적 앎의 성격을 '상징은 사유를 불러일으킨다'(le symbole donne à penser)[17]로 간결하게 정리하면서, 여기서의 '사유'와 '불러일으킨다'는 주장의 의미를 해명하고자 하는 분야이다.

---

16) DI 23 [51]. "상징인식론"(épistémologie du symbole)이란 표현은 전적으로 리쾨르의 것이고, "상징존재론"은 필자가 제안하는 것이다.

17) SM 323 [321].

3.1. 상징인식론

리쾨르 상징론에 대한 논의에서 가장 먼저 언급되어야 할 점은 그의 상징 개념이 언어적 구조와 언어적 영역에 국한되어 있다는 점이다. 시각적 성질을 가진 이미지의 영역이나 회화에서 등장하는 상징은 배제된다. 다만 그것이 이중적 또는 다중적 의미를 담지한다면, 리쾨르가 말하는 의미에서 충분히 '상징적'이라는 형용사를 공유할 수 있을 것이다. 상징 개념과 그 구조와 출현 영역을 알아보자.

상징의 '개념'은 다음과 같이 명료하게 정의된다. '1차적이고, 문자적이고, 분명하고, 직접적 의미'를 담고 있는 언어적 기호로서 '2차적이고, 비문자적이며, 불투명하고, 간접적인 의미'가 그 안에 거주하고 있는 이중적 및 다중적 의미 표현들.[18]

상징의 '구조'는 아래와 같이 표시될 수 있을 것이다.

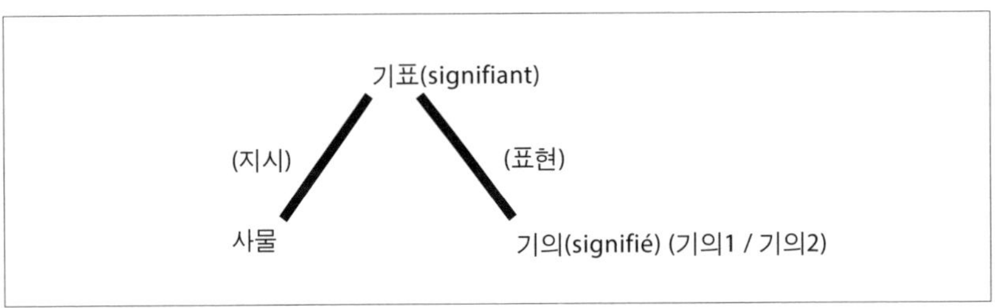

여기서 핵심적인 것은 우리가 흔히 '의미하다'라는 말로 '지시'와 '표현'을 다 가리킨다는 것이며, '상징'은 '일상적' 기의를 갖되, 반드시 '상징적' 기의를 갖는 언어적 표현물을 가리킨다는 점이다. 결국 상징적 표현으로서 상징은 기의1, 즉 일상적 의미를 갖되, 2차적인 간접적·상징적 의미(기의2)를 갖는 언어들을 가진다는 점이다. 이것이 상징의 구조적 특징인 것이다.

그 다음으로 '상징인식론'에서 언급되어야 할 것은 상징의 출현 영역들이다. 무수한 영역들은 언급할 수 있겠지만, 리쾨르의 상징이 언어적 특징을 가지는 만

---

18) DI 19-23 [45-51].

큼, 그는 다음 세 가지 담론 영역에서 등장하는 상징들을 언급한다. 종교적 고백 및 성스러움 체험 영역(구약 및 엘리아데의 종교현상학), 꿈의 영역(프로이트의 정신분석학), 시적 상상의 영역들.[19] 이런 상징의 출현 영역들을 가로지르며 등장하는 상징 인식의 특징이 더 중요하다. 우리는 리쾨르의 많은 언급과 분석들 중에서 그 특징을 '구속적'(拘束的, lié), '동화적'(同化的, assimilé)이라는 두 형용사에서 그의 상징적 특징을 잡고자 한다.

> 상징은 이중적 의미에서 구속적이다. …에(à) 구속적이면서 동시에 …을 통해서(par) 구속적이다. 상징은 1차적, 문자적, 감각적 의미에 구속되어 있다. 이것이 상징의 불투명성을 만든다. 반면, 문자적 의미는 바로 그 자신에 거주하는 상징적 의미를 통해서 구속된다. 이것이 상징의 비은폐적(계시적) 능력을 만드는 것이며, 상징이 가진 불투명성에도 불구하고 그것이 상징의 힘을 만드는 것이다.[20]
>
> 나는 1차적 의미에 의해 이끌려 지지만, 2차적 의미에로 향한다. 우리가 외부에서 객관적으로 고려할 수 있는 모종의 유사성(similitude)과는 달리, 상징은 우리로 하여금 유사성을 지성적으로 장악하는 것이 아니라, 상징된 것에 우리를 지향적으로 동화시키려는 1차적 의미의 운동 그 자체이다.[21]

상징은 구속적이면서 동화적인 한에서 우리에게 무엇인가를 생각하도록 강제하는 것이다. 구속적이면서 동화적인 상징의 힘은 도대체 무엇을 말하는가? 우선 상징이 기본적으로 의미의 이중적 또는 다중적 구조를 가지는 언어표현이라는 점에서 "구속적"인 것은 1차 의미와 2차적 의미 사이의 결속(結束)적 관계를 말한다. 반드시 일상적 의미를 지니되, 그 일상적 의미에 비일상적, 비범한, '다른' 의미가 더해지고 중첩되어지는 구조를 가진 것이 상징이라는 것이다. 형식논리학의

---

19) DI 23-24 [51-53].
20) DI 39 [77]. 강조는 나의 것.
21) DI 26 [55]. 강조는 나의 것.

'기호'나 기술공학적 '기호'의 경우, 그것이 상정되거나 협약된 것 이상의 다른 의미를 가질 수 없다는 점에서 아무것도, 누구도 실존적으로 구속하거나 결속하지 않는 기호 표현이라고 볼 수 있을 것이다. 반면 상징은 1차적 의미에 거주하는 2차적 의미를 반드시 이끌고 들어와, 소위 2차적 의미인 상징적 의미를 통해, 더 이상 공허하지 않는, '또 다른 의미를' 구속/결속하는 언어표현이 되는 것이다. 윤동주의 「서시」에 등장하는 '하늘', 제사장이 제의(祭儀) 속에서 민중의 기원과 소원이 향하게 하는 지평으로서의 '하늘'은 '눈에 보이는 가시적인 푸른 하늘'(기의1)만을 뜻하지 않는다. 반드시 또 다른 의미, 즉 '우주적 질서'(기의2)를 결속시키는 것이다. 리쾨르는 이런 상징적 언어를 가리켜 "충만한 언어", "구속적 언어"(langage plein, lié)라고 말한다.[22)]

결국 우리가 던지는 질문은 이렇다. 의미(기의1)와 의미(기의2)를 결속시키는 상징은 우리를 어떻게, 무엇에 구속시키고 결속시키는가? 그의 대답은 이렇다.

> 2차 의미에로 나를 이끌어 향하게 하는 [상징의] 운동이 나를 상징적으로 말해진 것에 동화시키는 것이며, 나에게 선포된 것에 나를 참여(paricipation)시키는 것이다. 상징의 힘이 거주하면서 동시에 상징의 비은폐(계시적) 능력이 기원하는 유사성은, 내 앞에 노출된 관계로서 내가 파악할 수도 있는 일종의 객관적 닮음(ressemblance)이 아닌 것이다. 오히려 그것은 유비의 운동을 통해 나의 존재를 존재에 실존적으로 동화시키는 것이다.[23)]

3.2. 상징존재론

상징인식론을 통해 우리는 '상징'을, 1차적인 의미를 넘어서서 2차적 의미에

22) DI 39 [77].
23) DI 40 [78]. 강조는 나의 것.

로 우리로 하여금 향하게 하는 언어적 운동과 힘, 그리고 능력을 가진 것으로 정리했다. 심지어는 2차적 의미라는 것이 결국엔 '상징된 것'(le symbolisé), 즉 '하늘'이라는 상징에서 보면 '우주적 질서'를 가리키는 것으로 파악해 본다면, 그리고 이것에 '나의 존재가 실존적으로 동화'되는 것을 목표로 삼는다면 상징은 단순히 의미들 간의 관계나 구조를 다루는 의미론적 차원만을 가진 것이 아니라, 이를 넘어서는 또 다른 차원을 갖는 것이다. 상징에는 비(非)의미론적인, 정확히 말하자면 초(超)의미론적인 계기가 있는 것으로 봐야 할 것이다. 따라서 "상징이 사유를 불러일으킨다는 것"은 이런 의미론적 차원의 해명과 파악을 통해, 즉 이중적이거나 다중적 의미를 해명하는 해석의 작업을 통해, '나의 존재'를 더 고차원의 '존재'(예를 들어, 우주적 질서)와 연관 짓는, 구속시키는, 동화시키는 존재론적 차원으로 나아가는 것을 뜻할 것이다. 1차적이거나 물리적인 "때"나 "얼룩"은 "인간의 상황, 즉 성스러운 그 무엇 앞에서 때 묻고 더러워진 인간의 상황"을 가리킨다는 것이다. [24] '물'로 세례를 주는 경우, 그것은 목마름의 욕구를 채우는 그것, 아침의 세면 시 수도관을 통해 나오는 그것만을 가리키지는 않는다. 이전의 위반, 탈선, 악행, 죄와의 단절, 그것의 제거를 통해 새로이 존재론적 전환을 맞이하게 되는 의례에서 정화의 기능을 하는 '물'인 것이다. 리쾨르는 『악의 상징』의 말미에서 상징 존재론의 내용을 다음과 같이 압축한다.

> 만일 상징을 단순히 자아의식을 드러내는 것으로 보면, 상징의 존재론적 기능을 무시하게 된다. '너 자신을 알라'는 말을 흔히 반성 차원의 문제로 알지만 실은 존재 안에 자리를 잘 잡으라는 충고다. (…) 결국 상징이 말하는 것은 삶의 터인 존재 한 가운데 처한 인간의 상황이다. 그러므로 상징의 인도를 받는 철학자는 자아 인식의 담을 헐고 반성의 특권을 제거해야 한다. 상징은, 코기토(Cogito)가 존재 안에 있는 것이지 그 반대가 아니라는 생각을 불러일으킨다.[25]

24) SM 18 [28].
25) SM 331 [329].

여기서 물어야 할 것은 왜 상징의 해석을 통해 우리는 그런 존재론적인 전환의 계기를 마련해야만 하는가? 상징의 의미론적 풍부성과 존재론적 함의의 측면에서 굳이 시작하지 않고 철학의 내재적 요구와 궁핍의 측면에서 찾는다면 어떻게 되는가? 그 자체로 전(前)철학적이고, 다양한 역사와 문화 전통에 의존하는 상징에 대한 해석은 왜 요구되는가? 실상 철학은 이제 스스로의 내용과 진로에 새로운 방향성을 부여하기 위해 상징(및 신화)에 의존해야 할 내재적인 이유들을 축적해왔는지도 모른다. 철학은 오랫동안 반성(反省, réflexion) 내지 반성적 활동으로 파악되어 왔다. 멀리 소크라테스까지 거슬러 올라갈 수도 있지만, 서양의 근대 철학은 인간 주체의 자기(自己) 반성이 그 핵심을 이루어 왔다. 이런 반성 활동의 시발점은 늘 참된 인식을 갈구하는 주체의 자기 정립(position du soi)이었다. 이 자기 정립이야말로 데카르트를 시작으로 칸트·피히테·헤겔, 심지어는 후설에 이르는 유럽 철학의 반성적 전통의 제1진리였다. 한마디로 자기 스스로가 스스로를 (대상 인식과 대상 파악의) 토대와 근거로서 정립하는 진리였다. 주체의 존재와 주체의 (사유) 활동은 동시에 정립된다. 다시 말해 (인식 주체인) 내게서 존재한다는 것은 사유하는 것이며, 나는 내가 사유하는 한 존재한다. 하지만 데카르트를 비판하며, 말브랑슈(Malbranche)는 주체의 이런 직접적인 자기 포착과 정립은 명석하도고 판명한 관념이 아니라 "하나의 느낌"(un sentiment)에 불과하다고 비판했다.[26] 더 나아가 칸트는 우리의 모든 표상 활동에 자아(Ego)의 통각(統覺, aperception)이 동반한다는 것을 날카롭게 발견했다. 이건 분명 데카르트에 비해 큰 진보지만, 이런 자아의 통각은 사물 인식의 주체 내재적이고 선험적인 조건에 불과한 것으로서, 인간이 자신에 대해 가지는 자기 이해와 자기에 대한 앎이라고 보기는 어렵다. 후설의 용어로 말해보자면, 생각하는 자아의 존재는 필증적(必證的, apodictique)이지만 반드시 충전적(忠全的)인 것은 아니다. 이와 유사한 맥락에서 프로이트의 발견을 반성 철학적으로 풀이해본다면 다음과 같을 것이다. '내가 그렇다고 여기고 생각

26) DI 51 [92].

하는 나의 모습과 실제로 존재하는 나의 모습에는 괴리가 있다.' 이는 반성 철학 전통이 지녔던 반성의 추상성, 공허함, 심지어는 기만성을 비판적으로 지적하는 말이다. 그렇다고 우리가 반성 자체를 버릴 필요는 없을 것이다. 푸코의 초기 철학이나 들뢰즈의 입장은 철학이 더 이상 반성은 아니라는 것이지만, 리쾨르는 반성의 구체성과 해석을 통한 의식의 자기 배움의 길을 포기할 필요는 없다고 보는 것이다. 따라서 "내가 사유한다", "나는 사유한다"라는 근대적 정초나 토대의 길을 가기보다는 상징 언어의 (의미론적) 충만성이 오히려 인간에게 그 의미를 사유하도록 자극하는 해석의 먼 길을 택한다는 것이다. 인간은 상징적 언어들의 의미 충만성에 의해 "불려 세워진 주체"(sujet interpellé)[27) , 또는 "소환된 주체"(sujet convoqué)[28)]가 되며, 자신의 기호와 상징에 대한 해석을 매개하거나 거치지 않은 방식, 즉 데카르트가 『철학의 원리』에서 말하는 "직접적인 (자기) 파악"[29)]의 방식은 더 이상 유효하지 않다는 것이다.

인간 주체의 자기반성에 살과 피를, 내용과 충만함을 채울 사유의 질료를 어디서 구할 수 있을까? 인간의 실존하려는 열망과 노력을 증언하는 상징과, 이 상징들의 의미 있는 엮음으로 만들어진 신화야말로 그 원재료가 아닐까? 철학은 오랫동안 자신의 출발점, 시발점 또는 아르케(arche)를 찾으려고 경주해왔다. 그 아르케를 무엇으로 삼든, 출발점을 찾는 게 잘못된 것이 아니라 전제 없는—하이데거적으로 말하자면 선이해의 지평을 고려하지 않는—출발점을 상상하는 것이 문제다. 해석학을 통해 서양철학이 상징(과 신화)를 그런 전제로 받아들일 수 있게 되었다면 과장된 말일까? 철학이 이렇게 상징과 신화에 밀접한 상관성을 갖기 시작하면, 그 철학은 상징과 신화의 시공간적 태생과 기원에 따르는 문화적 우연성과 다의적 언어들, 그리고 심지어는 이를 해석하는 방식들 간의 갈등을 피해나갈

---

27) DI 39 [77].

28) P. Ricoeur, "Le sujet convoqué: à l'école des rècits de vocation propétique", *Revue de l'Institut Catholique de Paris,* oct-déc 1988, p.8.

29) R. Descartes, 「철학의 원리」, 『방법서설/성찰/정념론 외』, 김형효 옮김, 삼성출판사, 1990, p.316(1부 원리9).

수 없다. 우리는 리쾨르가 자신의 전 작품을 통해 신화를 해석한 모든 예를 상론할 수도 또 그럴 필요도 없다. 다만 그의 해석학적 관점이 부각되는 몇몇 지점만을 일별해보자.

4. 신화론

연대기적으로 봐서 리쾨르의 신화론은 그의 상징론과 거의 동시에 전개되었다고 볼 수도 있으며, 철학적 콘텐츠의 맥락으로 봐서도, 상징론과는 물론이지만, 이에 앞서는 의지론과도 일정한 유의미한 연관성 아래에서 살펴야만 할 것이다. 소쉬르와 그의 언어학의 철학적 및 사상적 버전인 구조주의가 프랑스 지성계 및 유럽 사상계를 평정할 무렵, 리쾨르는 프랑스식 백과사전을 대표하는 *Encyclopedia Universalis*로부터 몇 가지 중요 항목[30)]의 편찬과 집필을 의뢰받는다. 1971년부터 1973년에 출간된 그 항목의 제목은 단연 우리의 주목을 받을 만하다. “Liberté”(자유), “Langage (Philosophies du)”(언어 철학), “Mythe: L'interprétation philosophique”(신화-그 철학적 해석), “Ontologie”(존재론), “Signe et sens”(기호와 의미), “Volonté”(의지). 그의 초기 및 중기 철학의 전반을 아우르는 방대한 주제적 포괄성과 천착이 돋보이는 주제어들이다. 그의 신화론은 1960년 『악의 상징』, 그리고 1965년 『해석에 대하여: 프로이트에 관한 시론』에서 집중적으로 등장하고, 1971년 “Mythe: L'interprétation philosophique”라는 항목에서 다시금 비판적으로 조명된다. 특히나 이 세 참고문헌 중 마지막 글은 리쾨르 자신

---

30) “Liberté”, *Encyclopedia Universalis*, IX, Paris, 1971a, 979-985; “Langage (Philosophies du)”, *Encyclopedia Universalis*, XII, Paris, 1971b, 434-445; “Mythe: L'interprétation philosophique”, *Encyclopedia Universalis*, Paris, 1971c, 1041-1048; “Ontologie”, *Encyclopedia Universalis*, XII, Paris, 1972a, 94-102; “Signe et sens”, *Encyclopedia Universalis*, XII, Paris, 1972b, 1011-1014; “Volonté”, *Encyclopedia Universalis*, XII, Paris, 1973, 786-791.

의 신화에 대한 고유한 입장 자체를 담는 측면도 있지만, 당대의 신화 연구 전반에 대한 상당한 메타적 연구의 성격[31]을 갖는다는 점에서 우리의 주목을 끌기에 충분하다. 다만 그 메타적 연구들 중, 리쾨르가 가장 비중 있게 다루는 구조적 신화 분석을 여기서는 대표적으로 소개한 뒤, 리쾨르 자신의 신화론을 살피고자 한다.

---

31) 이 메타적 연구에 대한 상세한 소개는 윤성우, 『폴 리쾨르의 철학』, 철학과 현실사, 2004a의 제7장 「신화와 해석학, 그 만남의 전후(前後)」(pp.166-182)에 개진되어 있지만, 현재 본문에서 진행될 구조적 신화 분석과의 연관성에 대한 해명과 독자의 편의를 위해, 그 내용을 압축하여 아래와 같이 새롭게 기술하고자 한다. 실상 신화에 대한 전통적 연구들이 존재하는데, 이는 크게 보면 두 가지이다. 우선 더 발달되고 더 진보되었다고 하는 이성과 과학의 입장에서 신화를 바라보는 소위 진화론적 접근(evolutionnisme)과, 이런 가치 평가적 관점을 탈피하여 개별 신화가 그 사회 내에서 수행하는 역할과 기능의 측면에서 다루는 접근(fonctionnalisme)이다. 진화론적 접근이란 명칭에서 짐작할 수 있듯이, 인류학의 아버지들이라 할 수 있는 프레이저(J. G. Frazer)와 타일러(E. B. Tylor) 등이 제시한 관점으로서, 19세기를 전후로 여러 식민지를 거느렸던 국가의 연구가들답게, 선교사들이나 여행가, 식민지 행정가들이 보고하고 수집한 정보와 자료들을 체계적으로 분류하고 평가한 접근이다. 그들의 접근이 가진 핵심적 물음은 이런 신화들이 어느 정도의 수준에서 세계를 설명하는가를 가지고, 즉 신화의 지적 설명력을 가지고 신화를 평가했다. 원주민들의 신화가 세계를 설명하기 위한 원주민들의 나름대로의 지적 노력의 표현으로 이해되기도 했지만, 근본적으로 이런 접근은 유아기적이고 원시적이며, 비합리적 사고의 표출로서도 평가되기도 했던 것이다. 결국 초기 신화 연구가들이 사용했던 범주들과 기준들은 자연스럽게 서양의 로고스 중심적인 토양에 기반을 두었던 것이지, 그 신화를 몸소 체험하며 살아가는 원주민들을 현지에서, 그리고 그들의 관점에서 한 번도 제대로 연구해보지 못했던 접근법이라 할 수 있을 것이다. 진화론적 관점 이후엔 또 기능주의적 접근이 등장하는데, 그 대표자는 세계 1차 대전 당시 트로브리앙드 섬에서 몇 년을 보낸 말리노프스키(B. Malinowski)이다. 그에게 신화는 사어(死語)처럼 죽은 텍스트로서 아무에게도 이야기되지 않거나 말해지지도 않고 읊조려지지도 않는 신화가 아니다. 원주민들의 일상적 체험 속에서 회자되는 신화는 그들을 둘러싼 현실과 너무나도 밀착되어 있어서 서양 이방인 신화 속에서 발견할지도 모를 어떤 지적인 결핍이나 불충분성은 이 사람들이 자신의 환경과 어울려 살아가는 데 하등의 문제가 될 수 없었다. 이런 기능주의자들에게 오히려 원주민들의 사회 조직의 원천들을 구성하는 다양한 사회적 실천들과 관습들, 그리고 신념이나 믿음들을 정당화하고, 이를 시간에 흐름에 따라 더욱 강화하며, 결국에는 코드화해내는 기능을 수행하는 것이 신화라는 점이 부각되는 것이다. 모든 사회적 활동과 놀이도 신화의 작동과 결부되었다. 결국 이렇게 이해된 신화는 각 부분으로 쪼개진 채로가 아니라 그 전체로서 연구되기 시작하는데, 각 부분이 사회 체계 속에서의 자신의 기능과 위치를 찾게 된 계기를 열어준 관점이 바로 기능주의의 성과라고 볼 수 있을 것이다. 진화론적 및 기능주의적 접근 이후엔, 야콥슨의 구조주의 언어학을 인류학적 영역에 도입한 접근으로서 레비스트로스가 행한 신화에 대한 구조적 분석(analyse structurale)과, 마지막으로 리쾨르 자신의 해석학적 접근이 가능할 것이다.

4.1. 구조적 분석에 대한 비판적 접근

이 접근은 고대 인도-유럽의 신화들에 대한 구조적 분석과 연구의 선구자 듀메질(Georges Dumézil)과 "타자들에 대한 열정"으로 한평생을 살았던 레비스트로스의 그것이라 볼 수 있을 것이다. 신화에다가 그 어떤 기능을 부여하기에 앞서 그것이 지닌 고유한 속성들과 논리들을 추출하려고 노력해왔던 레비스트로스는 원주민들에게도 그들의 고유한 논리와 사유, 그리고 세계관이 있다는 사실을 주장하며, 신화 연구를 거의 신화학(mythologie) 또는 신화과학(mytho-logique)의 수준에 올려놓기에 이른다. 이는 그가 원용하고 있는 구조주의 언어학의 방법론적 전제들과 절차들을 활용했기 때문이다. 결국 구조적 분석은 신화가 특정한 순간(예를 들어 제의 기간)에 이야기되고 회자된다는 사실에 대한 의미 부여와 이해에 초점을 두지 않는다. 오히려 신화는 동일한 신화의 다양한 버전과 변양 속에서 그 신화의 통일성을 구축해내는 공시적 구조, "형식", 다시 말해 신화소(mythème)의 발견을 통해, 또 몇몇 신화소들 사이의 결합과 대립을 통해 구성되는 것이다. 이를 통해 구조적 분석에서는 원주민들의 친족 구조, 사회 구조, 동식물 및 사물의 분류들까지도 가능해진다고 보는 것이다.

우리는 앞 장에서 보여준 레비스트로스와 리쾨르 간의 가상 대담을 통해 구조적 분석에 대한 리쾨르의 비판적 시각의 실체에 접근할 수 있다.[32] 두 사람 간의 논쟁에서 핵심이 되는, 특히 의미를 둘러싼 쟁점들과 관련하여 리쾨르가 레비스트로스에 가한 비판이 드러내는 부분이 아주 중요하다.

4.2. 리쾨르의 해석학적 접근

결국, 리쾨르 해석학의 관점에서 보자면, 앞선 세 가지 신화 연구가 가진 결

---

32) 본서 pp.57-59 참조.

정적인 문제점은 그들의 신화론에선 신화가 무엇에 대해, 누군가에게, 무엇을 말하려는 부단한 노력이자 표현이라는 사실이 간과된다는 점이다. 이런 리쾨르의 관점은 그의 상징론에서 '상징'이 부단히 '상징된 것'이나 2차적 의미로 우리를 실존적으로 동화시키는 언어표현이라고 주장한 관점과 정확히 연장선상에 있는 관점이다. 당대 사회에서 신화의 기능에 대한 분석이나 신화적 담론의 형태에 대한 기호학적 분석이 신화가 말하려는 그 어떤 현실 또는 실재의 모습과 진상을 은폐해서는 안 된다는 것이다. 상징이 드러내는 바가 있듯이 신화가 드러내려는 바는 무엇일까? 신화의 의미는 무엇인가? 신화가 일의적(一義的) 의미만을 띤 언어로 구성되어 있지 않다는 것과, 또 신화는 논리학의 의미에서 논증하려고 하지 않는다는 점, 다시 말해 신화가 이중적이고 다의적이기까지 한 의미를 지닌 언어들—즉 상징들—로 구성되어 있다는 사실을 인정한다면, 우리는 세계의 창조와 종말, 인간의 출현과 기원, 동물 및 자연 일반과의 연계성, 이 세상에 존재하는 온갖 불평등과 금기, 규율의 출현, 인간의 죽음 및 질병의 기원과 초자연 세계 사이의 관계 등에 대한 어떤 존재론적 메시지를 신화에서 발견할 수 있을 것이다.

리쾨르 해석학이 해석해낸 두 가지 신화 해석의 핵심적 논점으로 가보자.

1) 오이디푸스 해석[33)]

소포클레스의 비극 작품인 『오이디푸스 왕』을 전통적으로 해석할 때, 다시 말해 비극에 고유한 고전적인 해석에 따르면, 이 드라마는 운명의 비극이다. 즉 신들이 부과하는 비극적 운명에 맞서는 불행한 영웅의 인간적인 노력의 허무함 사이의 대조와 대립에 기반을 둔 비극이다. 이런 고전적인 해석을 거의 처음으로 도전한 이가 프로이트다. 그에 따르면, 이 비극이 진정 우리에게 감동을 주는 것은 운명과 이에 맞서는 인간적 자유 사이의 갈등 때문이 아니라, 오히려 이 운명

---

33) DI 496-497 [723-727]. 이 부분에 대한 국내의 첫 논의는 앞서 언급한 윤성우, 『폴 리쾨르의 철학』의 제7장 「신화와 해석학, 그 만남의 전후(前後)」 (pp.166-182)에서 이미 전개된 바 있다. 여기서도 크게 그 논의를 벗어나 있지 않다.

의 성격이 문제다. 프로이트는 그의 주저 『꿈의 해석』에서 이 운명이 우리 자신의 운명일 수 있다는 것과, 유아기 이래로 우리가 지닌 오랫동안의 소망, 욕망 중의 하나를 실현시켰기 때문에 감동스럽다고 말한다.[34] 아마도 프로이트와 함께 우리는 소포클레스가 창작한 비극 속에는 유년기의 강렬하고 지속적인 꿈, 즉 유아기적 욕망 그 이상의 것은 없다고 말할 수도 있을 것이다. 반면 운명의 비극이라고 해석하는 것이 고전적이고, 욕망의 비극이 프로이트적인 해석이라면, '진리의 비극'이라고 명명할 수 있는 것이 리쾨르적인 해석이다. 독자나 관객에게 숨겨졌던 근친상간이나 부친 살해의 은밀한 욕망을 일깨우거나 발견하는 것이 더 이상 문제가 되지는 않는다. 소포클레스는 또 하나의 드라마틱한 심급(審級)을 만들어가는데, 바로 자기의식과 자기인식의 비극이 그것이다. 왕 오이디푸스는 또 하나의 범죄를 저지른다. 즉, 근친상간과 부친 살해가 첫 번째 범죄라면, 온 나라에 퍼진 역병의 이름 모를 책임자가 자신일 수 있는 개연성을 완전히 배제하고 도외시한 것이 두 번째 범죄다. 작품 『오이디푸스 왕』은 점차 이런 허위적 결백과 기만적 무죄추정의 요구를 해체해나가는 방식으로 전개한다고 볼 수 있다. 이 교만한 어림짐작의 고집과 완강함은 더 이상 어린 오이디푸스의 내밀한 욕망이 아니라 어른인 왕 오이디푸스의 오만불손과 건방이다. 어른이자 동시에 왕인 그의 잘못과 불행은 프로이트적인 리비도와 충동을 가지고 있다는 사실보다는, 그 자신이 결코 그런 범죄와 질병의 용의자일 리가 없다는 무지와 비진리의 열광에 빠져 있다는 사실에 있다. 오히려 진리를 일찍부터 직관한 이는 견자(見者)인 티레시아스다. 그는 육체적으로는 맹인이지만, 정신의 차원에서 진리를 보고 갈파한 사람이다. 반면 왕 오이디푸스는 육체로는 볼 수 있지만 정신적으로는 진리를 볼 수 없었다. 그가 자기인식, 즉 진리에 도달하게 되는 것은 자신의 눈에 칼을 들이댐으로써 가능해진다. 참다운 비극은 어린 오이디푸스의 욕망에 있는 것만은 아니다. 어른인 왕 오이디푸스가 무지와 오만의 상태에서 고통을 통해 자기발견으로 이행한

34) S. Freud, 『꿈의 해석』, 장병길 옮김, 을유문화사, 1997, pp.221-224.

다는 점에서 이는 더 이상 운명의 비극도, 욕망의 비극도 아닌, 진리의 비극인 것이다.

2) 악의 기원과 종말에 관한 신화 해석[35)]

플라톤은 종종 여러 대화편들에서 너무 빨리 단일성을 찾거나 너무 빨리 다양성을 찾는 싸움을 피하고 그 중간 지점을 찾으라고 우리에게 권면하는데, 리쾨르는 『악의 상징』에서 악의 처음과 끝을 이야기하는 신화들을 해석할 때 이런 플라톤의 충고를 충실히 따르고 있다. 리쾨르는 먼저 고대 근동의 수메르-아카드(신발생)신화, 성경의 아담 신화, 그리스 비극, 오르페우스 신화를 악의 문제를 접근하기 위해 차례로 분석·비교하고, 그 다음으로 이 다양한 신화들을 아담 신화를 중심으로 재배치한다. 이런 재배치는 각 신화들의 중요한 악에 관한 사유적 모티브들을 수용함과 동시에, 악의 문제를 접근하는 데 아담 신화가 보여주는 뛰어난 해석학적 순환성에 근거를 둔다.

수메르-아카드 신발생 신화는 악이 그 인간적 기원을 갖기 이전에, 악이 세상과 우주의 발생과 더불어 처음부터 있어 왔다는 관념을 심어주기에 충분하다. 구구절절한 부연 없이 창세기에 등장하는 뱀의 존재는, 고대 근동 신화에서 유래하는 악의 전(前)/비(非)인간적 근거이자 흔적이다.

반면 아담 신화는 본질적으로 악을 인간의 잘못과 죄로 인해 이 세상에 유입된 것으로 설명하는 신화다. 선악과에 대한 하나님의 금기는 유한한 피조물의 인간적 조건과 윤리적 유한성을 보여주지만, 뱀의 유혹과 연약한 인간성의 대변자인 이브의 타락은 인간적 유한성을 간과하고 스스로가 자기 자신의 창조자가 되려는 무한의 욕망을 대변한다. 또한 그리스 비극은 인간의 타락과 죄가 단지 인

---

35) 리쾨르의 『악의 상징』 제II부 「처음과 끝의 신화」의 내용을 우리의 목적에 맞게 압축하여 풀어서 기술하였다. 오이디푸스 해석과 마찬가지로 이 부분에 대한 국내의 첫 논의는 윤성우, 『폴 리쾨르의 철학』의 제7장 「신화와 해석학, 그 만남의 전후(前後)」 (pp.166-182)에 실려 있다.

간적 책임의 감당 아래에 있는 것이 아니라 선행하는 거대한 초월적 힘과 운명에 그 기원에 둔다는 점을 여실히 보여준다. 제우스의 명령을 어기고 불을 훔친 프로메테우스가 연출하는 운명과 자유의 변증법이 없었다면 비극은 없었을 것이다. 또한 구약의 욥기도 고난 받는 이런 비극적 영웅의 모습을 재현한다. 오르페우스 신화 또한 악의 선재성을 티탄이라든지 전생(前生)의 설정을 통해 보여주고 있다.

리쾨르는 처음에는 아담 신화가 악의 기원을 아담과 이브라는 인간의 축과, 뱀이라는 비인간적 축으로 분배한다고 보고, 윤리적 신관이 가장 공격적으로 도전을 받는 곳인 욥기를 통해, 세상의 온갖 불행과 악을 (욥에게) 허락하고 방임하는 비극적인 신의 모습인 '숨어 있는 하나님'(Deus Absconditus)을 정점에 세운다. 끝으로 그는 악이 존재의 결핍이 아니라 적극적인 존재의 범주요 실체라는 그동안의 (자신의) 관점을 극복할 수 있는 가능성을 그리스도론에서 찾고 있다. 그 이유는 하나님 자신이 고난 받는 종의 형상으로서 등장하고 예수를 통해 스스로 낮아지고 자기를 비움으로써 비극을 이루면서 동시에 제거하기 때문이라고 말한다.

5. 결론을 대신하며: 텍스트론

아마도 이중적 의미를 가진 상징의 영역과, 단순히 한 신화적 인물이 아니라 범례(範例)적 인물이자 인류 또는 인간성을 대변하는 대표 단수 기능을 하는 대변자들로서 인물들—아담·오이디푸스—을 담은 신화들의 영역만이 유독 코기토의 직접성과 불충전성을 매개하여 보다 구체적이고, 보다 진실된 인간의 자기이해[36]에 근접할 수 있다고 믿는다면 이는 좀 과장된 것이다. 그 이유는 인간의 언어활동의 층위가 그 만큼 다양하고 심원하기 때문이다. 리쾨르가 상징론과 신화론을 내세울 때마다 자신 논의의 저변에 깔고 의존한 언어학적 관점에서 보자면, 즉 인

---

36) 리쾨르는 "철학의 사명을 개념들을 통해 실존을 해명하는 것"이라고 까지 말하고 있다. VI 20.

간 언어를 구성하는 요소의 수준에서 보자면, 상징이 그 다양한 출현 영역과 무관하게 여전히 단어(mot) 차원의 언어 요소이다. 리쾨르가 상징을 넘어서 더 나아가 탐구한 신화는 구조언어학적 의미에서의 담화(discours) 또는 문장(phrase) 수준의 언어 요소이다. 결국 신화는 단어 수준의 상징들로 이루어진 초보적인 문장들의 결합체로 충분히 분석될 수 있을 것이다. 이런 관점에서 보자면, 리쾨르의 상징론과 신화론은 리쾨르가 철저하게 언어에 대한 실증적 연구로서의 구조언어학, 그리고 보다 총체적인 언어에 대한 민감한 자기의식 속에서 연구되었다고 볼 수 있다. 리쾨르의 상징론, 즉 상징 언어와 그 이해가 코기토에 우선하는 욕망과 존재의 정립을 말한다면, 그의 신화론은 인간과 세계의 실재에 대한 근본적 의미와 메시지를 담은 신화론, 즉 인간에 대해, 세계에 대해 늘 어떤 그 무엇을 말하려는 신화론을 말한다. 결국, 의지론을 넘어서 상징론과 신화론에 나아간 리쾨르 철학과 해석학은 어떤 의미에서 텍스트론을 준비하고 있는가? 리쾨르는 언어학의 연구 대상으로의 언어의 구성요소들의 변동과 그 층위를 보다 엄밀하게 주목하면서, 구조언어학에서의 "음소→형태소→어휘소"에로 발전에 상응하는 "단어→문장→복수문장의 결합"을 대면시키고, "상징→신화(담화, 은유)→텍스트"라는 코기토를 매개하는 언어적 요소의 장을 확장시켜왔다고 볼 수 있다. 그렇다면 상징론과 신화론에 걸맞은 텍스트의 의미는 무엇인가?

매개된 코기토의 매개 과정을 뒷받침하는 언어 요소가 텍스트로 확대됨으로써 그것이 인간의 자기 이해라는 리쾨르의 해석학적 지향점에 미치는 영향력은 훨씬 복잡해진 형편이다.[37)] "해석학적 우회의 확장"이라고 한마디로 규정할 수 있을 테지만, 텍스트에 비추어보거나 매개되지 않은 인간 주체의 직접적인 자기 이해나 직관적인 자기 인식이란 더 이상 신뢰할 수 없다는 점이다. 인간과 세계의 의미의 심급으로서 코기토나 자기 정립적 주체가 더 이상 과거의 지위를 누릴 수 없다면, 마찬가지로 텍스트의 의미에 대한 지배자나 주인 노릇하는 코기토가 아

37) 이 점에 대해서는 윤성우, 『폴 리쾨르의 철학』, 제4장 「언어와 주체: 텍스트 해석학을 중심으로」 참고.

니라, 오히려 텍스트 앞에서, 이것에 비추어 보아 자기 자신의 이해를 구하는 것이 더 근본적인 철학적 문제가 된다. 리쾨르는 그 새로운 문제적 상황의 주체를 "텍스트의 제자로의 자기"(le soi, disciple du texte)[38] 라고 명한다.

38) TA 54 [55].

제4장
리쾨르의 문학론

● 언어와 실재에 대한 탐구

1. 문학과 철학, 그리고 사유

철학이 왜 문학에 관심을 가지는 걸까? 철학적 담론과 문학적 담론은 어떤 식으로 관계 맺게 되는 것일까? 플라톤의 철학 작품을 우리가 대화편이라 부르고, 플라톤 이전의 철학자들의 글을 단편이라 부르는 이유를 한번 생각해보면 어떨까? 오늘날의 소위 철학적 글쓰기, 다시 말해 주장과 그 논거를 중심으로 삼고 글의 전체를 서론, 본론, 결론의 형태로 꾸며온 글쓰기는 플라톤의 제자 아리스토텔레스가 만들어낸 위업이자, 동시에 철학적 글쓰기에 가한 중대한 제한일지도 모른다. 단편은 한편의 시(詩)나 경구(警句)에 가깝고, 대화편은 뼈있는 대화록이지 한편의 논문이나 오늘날의 연구서와 같은 형태는 아니다. 분명 아리스토텔레스 이래로 분명 문학적 글쓰기와 철학적 글쓰기가 나뉘어져 내려온 것이 사실이다. 하지만 비록 그 형식과 형태의 면에서 문학과 철학의 담론이 그 유형을 달리한다 하더라도 일종의 사유를 담고 있으며 우리에게 생각하도록 권유하며 심지어는 강제한다는 점에서는 적어도 공통점을 지닌 것으로 봐야할 것이다. 철학적 담론이 문학적인 것을 두고, 문학적 글쓰기가 철학적인 것을 두고 시비를 거는 사람은 이제 더 이상 없는 듯하다. 사실 우리가 사유해야 하고 사유하도록 자극받아야 할 담론이 철학의 그것과 문학의 그것만은 아닐 것이다. 그런 점에서 푸코는 "오늘날 철학은 (…) 아주 다양한 인간 활동 영역들 속으로 산재(散在)하게 되었다"고 말한 바 있으며, 철학 속에서는 물론이지만 "소설과 판례와 법률, 심지어는 행정시스템과 감옥 속에서도 어떤 사유"가 엄존한다고 말한 바 있다.[1] 넓은 의미의 사유가 철학의 전유물이 아니라면 그림과 음악 속에서도 그것이 없을 수 없을 것이다.[2]

적어도 우리는 문학과 철학 사이에서 사유라는 고리가 매개되어 있음을 확인할 수 있었다. 초점을 좀더 좁혀 철학자 폴 리쾨르에서 철학과 문학이 보다 구체적으로 어떤 사유의 고리로 매개되고 연관되는지를 살펴보는 것이 지금 이 글의 핵심적 관건이자 목표이다. 그런데 이런 문제 설정이 알게 모르게 상정하고 있는 두 가지 정도의 철학적 전제들이 존재한다. 첫째는 리쾨르의 문학에 대한 관심은 철학과 문학을 아우르고 초월하는 언어(langage)라는 보다 보편적인 매개에 대한 관심과 분리되지 않는다는 것이다. 따라서 언어에 대해 리쾨르가 가졌던 관심의 발전 양상과 그 깊이에 대한 이해가 리쾨르의 문학론을 큰 틀에서 규정한다. 둘째, 언어에 대한 리쾨르의 관심은 그 언어가 말하고자 하고 관계 맺고자 하는 현실(現實) 또는 실재(實在)[3]에 대한 탐구 및 천착과 분리될 수 없다. 따라서 언어-실재라는 짝은 문학-실재라는 짝을 큰 틀에서 규정하게 될 것이다. 다시 말해 이야기하는 것은 말하는 것의 한 범주이고, 이야기가 관계하는 실재와 세계는 인간의 말함이 가리키는 궁극적 지향점인 실재와 세계의 한 범주로 파악되어야 할 것이다. 이 글은 리쾨르의 문학론을 밝히되 언어와 실재에 대한 관심과 탐구라는

---

1) M. Foucault, *Dits et Écrits,* I, Gallimard, 1994, p.597; 504.

2) 현대 철학자들 가운데, 음악에 관해서는 아도르노 정도가 저술을 남겼지만, 회화에 관해서는 거의 모두가 빠짐없이 언급하고 있는 것이 현대 철학의 큰 특징이다.

3) 흔히 세계(monde)라고도 부른다.

관점에서 접근하게 될 것이다.

보다 구체적으로는 리쾨르의 언어에 대한 관심은 상징, 은유, 이야기라는 언어적 요소들에 대한 관심으로 드러난다. 리쾨르의 문학론도 이런 언어적 요소에 대한 천착과 더불어 보다 분명하게 그려지게 될 것이다. 실재와 세계에 대한 관심도 상징, 은유, 이야기라는 이 세 요소에 대한 이해와 규명에 의존적이다.

2. 신화와 상징(象徵)

철학자 리쾨르는 사르트르가 소설과 희곡을 쓰고 문학 비평을 하듯이 그렇게 문학을 하지는 안았다. 또 리쾨르는 베르그송의 『창조적 진화』와 같은 노벨 문학상에 빛나는 뛰어난 묘사와 특출한 글쓰기를 보여준 것도 아니니다. 하지만 소설과 시를 직접 창작하거나 발표하지 않았다고 해서 문학론적 요소를 발견할 수 없는 것은 아닐 것이다. 문학을 무엇으로 정의하고 그 범주에 어떤 것을 포함시킬 수 있느냐에 따라 서로 다른 문학론이 주어질 수 있다는 점은 분명하다. 그 문제는 우리의 주제를 벗어나는 일이므로 넘어가자. 다만 분명한 것은 리쾨르에게서 문학의 대표적인 요소로 불릴 수 있는 첫 요소는 신화(神話)이며, 보다 구체적으로는 상징이라는 점이다. 상징은 따로 등장하지 않고 늘 신화 속에서 그리고 신화와 더불어 등장하는 법이다. 모던을 거쳐 포스트모던을 살고 있다고 자처하는 그 누구도 신화를 허황된 이야기나 근거 없이 꾸며낸 날조된 이야기라고 보지는 않는다. 마찬가지로 실증주의(實證主義)나 과학적 인식론의 세례를 받은 사람들조차도 더 이상 신화가 가지는 철학적 지위나 의미에 대해 함부로 말하지 않는 분위기가 되었다. 신화야말로 서구 사유가 19세기 말과 20세기 초를 거치며 발견한 타자들의 이야기이자, 서구가 자신의 역사 안에서도 자기를 새롭게 발견한 미지의 영역이기도 했다. 이런 신화 속에 등장해서 알듯 모를 듯 그 철학적 깊이와 의미

를 더 해주는 것이 바로 상징이며 상징적 언어이다.4)

리쾨르는 신화가 문학뿐 아니라 철학적 사유의 가장 초기 형태를 간직하고 있다는 점을 주목한다. 따라서 신화를 핵심적으로 구성하는 상징적 언어에 대한 관심은 너무나 당연한 것이다. 1960년에 출간된 리쾨르의 『악의 상징』(*Philosophie de la volonté II-2: La symbolique du mal:* SM)은 인간 '이야기'의 가장 원초적 모습인 신화와 그 상징 언어에 대한 리쾨르의 입장이 무엇인지를 극명하게 보여주는 저서이다. 그는 모종의 신화를 창작해거나 지어냄으로써 신화에 개입하지 않았다. 오히려 이미 신화들이 우리가 처한 현실과 우리 자신의 존재 조건에 대해 부단히 말해왔다는 사실을 먼저 주목한다. 따라서 우리가 인간과 그 난해한 삶의 문제를 묻고 또 따져 물어야 하고 고민할 때, 우리는 아무런 선이해(先理解)나 관점의 전제 없이 출발하지 않다는 점이 중요해진다. 다시 말해 우리가 때로는 저지르기도 하고 때로는 당하고 겪는 악의 문제와 물음이 이미 신화들 속에서 제기되고 나름의 답변을 찾아간다는 점이다.

신화가 이미 과학적 의미의 원인을 찾는 설명(explanation) 담론을 택하지 않기 때문에 오히려 신화란 무엇을 밝혀 드러내고 발견하고 말해주는 기능을 수행한다고 보는 것이 옳다. 그렇다면 악의 기원과 그 종말을 다루는 신화들과 상징들이 말하고 들추어내는 인간의 현실 또는 인간적 실재란 무엇일까? 리쾨르는 악의 문제를 사변적 형이상학이나 교리적 입장에서 찾는 노력은 더 이상 하지 않는다. 그러므로 악의 문제에 대한 접근은 철저하게 비교신화론적 관점이라 불릴 만한 입장에서 이루어진다. 리쾨르는 성서에 등장하는 아담신화와 욥기의 비극성을 다른 고대 근동의 수메르-아카드 (신발생) 신화, 그리스 비극, 오르페우스 신화 등

4) 필자는 리쾨르의 저서 『해석의 갈등』에 대한 일종의 해설서인 『해석의 갈등: 인간 실존과 의미의 낙원』(살림, 2005)에서 리쾨르의 상징(언어)에 대한 정의를 길게 다룬 적이 있다. 보다 상세한 참조는 해당 저서의 pp.94-98을 참조하길 바라고, 다만 여기서는 독자의 이해를 돕기 위해 간략히 그 일부만을 다음과 같이 옮긴다. "일종의 언어적 기호인 상징은 기본적으로 일차적이고 문자적이며 명백한 의미나 뜻을 가진 언어로서, 이 일차적 의미 안에 거주하는 이차적 의미를 가진 언어 기호, 이 일차적 의미를 통해 이차적 의미가 관련되는 언어 기호를 상징으로 리쾨르는 상징 개념으로 제안한다." p. 95.

각 신화들의 중요한 악에 관한 사유적 모티브들 수용하는 데 중요한 틀로서 파악한다.[5] 왜 그럴 수 있을까? 성서는 악의 문제를 인간 내재적 기원을 가진 것으로만 보지 않는다는 점이 중요하다. 다시 말해 성서가 그러한 인간 내재적인 기원을 찾아가는 경로를 탐색하는 동시에, 성서에는 인간 외재적인 기원도 드러나 있다고 보는 다중적인 구조를 가진 것으로 파악하기 때문이다. 이런 성서의 다중성은 나중에 리쾨르가 텍스트 해석학을 발전시킬 때도 중요한 논거가 된다. 성서가 사용하는 다양한 문학적 장르와 양식에 따라 초월자의 존재 의미와 개입 방식이 달라진다고 보기 때문이다. 어쨌든 수메르-아카드 (신발생) 신화와 그리스 비극, 그리고 오르페우스 신화가 악의 선재성과 악의 전(前)/비(非) 인간적 근거를 강조하는 신화인 반면, 선악과에 대한 하나님의 금기가 유한한 피조물의 인간적 조건과 윤리적 유한성을 보여준다는 점에서 아담 신화는 본질적으로 악을 인간의 잘못과 죄로 인해 이 세상에 유입된 것으로 이야기하는 신화이면서도 뱀의 홀연한 현존과 그 유혹적 본성은 인간의 연약한 윤리적 본성을 외재적인 악의 출처를 보여주는 단적인 흔적이라는 점이다. 성서가 여러 비극 신화들의 이면을 담고 있다고 여겨지는 때는 우리가 욥기에 나오는 욥이 겪는 비극의 비인간적 기원을 접할 때이다. 내가 저지르지 않았는데 내게 생기는 불운과 비극을 내가 어떻게 받아들여할까? 인과응보의 조밀한 윤리적 잣대로 이해되지 않는 비극을 당하자 욥은 처절하게 자기 자신이 악의 이유이자 주인공이라는 내면적 점검을 하기에 이르고, 드디어 그런 고백을 하고서야 "이미 존재하는 악의 문제, 시험하는 타자의 문제"를 만나고 발견하게 된다.[6]

과연 신화와 상징은 우리로 하여금 무엇을 사유하도록 강제하는 걸까? 그것들이 어우러져 만들어낸 인류 최초의 이야기들은 인간의 어떤 현실과 실재를 주목하게 하는 걸까? 악을 존재의 결핍, 온전한 존재의 결여로서 이해하는 것이 악

---

5) 이 점에 대해 각 신화들의 내용을 아주 간략하게 정리하면서 논한 것은 윤성우, 『폴 리쾨르의 철학』, pp.179-180.

6) SM 301 [302].

을 이해하는 통상적인 길이었다면, 리쾨르의 시도는 다른 어떤 이해를 열어주는 걸까? 결국 악이란 우주 안에 인간의 책임과 능력 밖에 존재하는 혼돈(chaos)이며 하나의 수수께끼 같은 것으로서 더 이상 그에 대한 비밀을 파헤쳐 나아가려는 인간적 노력에 저항하는 것이 아닐까? 완결되고 빈틈없는 방식으로 인간과 역사의 의미를 파악하려는 노력에 저항하는 수수께끼가 아닐까? 이런 의미에서 분명 악은 신학에게만 도전이 아니라 철학에게도 심각한 도전이 될지도 모른다.

3. 은유와 지시 관계

리쾨르의 문학론은 언어가 의미를 전달하고 또 그 의미를 넘어서서 실재, 세계 등을 품어내는 언어적 요소에 대한 천착과 항상 함께 간다. 따라서 순수하게 독립된 상징에 대한 연구 또는 은유에 대한 연구는 찾아보기 힘들다. 상징이 제아무리 심오한 의미를 농축시킬 수 있다 하더라도 상징은 그 언어학적 단위의 입장에서 보자면 여전히 형태소(形態素), 즉 단어 차원에 머무는 의미론적 요소에 지나지 않는다. 의미론적 맥락과 배경으로서 신화와 같이 보다 상위의 언어학적 길이를 가진 단위에 의존적일 수밖에 없다는 것이다.[7)]

그런데 언어가 읽어내야 할 새로운 의미의 담지자의 총체라면, 상징을 뒤이은 그 의미 단위에 대한 연구가 등장할 것임에 틀림없다. 리쾨르에게서 바로 그것은 은유(隱喩, métaphore)이다.

아마도 이야기(récit) 개념과 더불어 리쾨르 문학론의 핵심적 주제가 은유일 것이다. 상징 언어에 대한 연구에서도 카시러(E. Cassier)의 상징 개념이나 전통적인 유비(analogy) 개념 비판을 통해 독자적인 상징 개념을 구축했듯, 은유에 대한 리쾨르의 접근도 전통적인 은유론을 비판하면서 시작된다. 『살아 있는 은

7) 신화를 제외한다면 상징적 언어는 다양한 방식, 다양한 때에 거행되고 축복되는 제의(祭儀), 곧 탄생식, 성인식, 결혼식, 장례식, 신년 등에서 선포되거나 반복되었다.

유』(*La métaphore vive*: MV)에 등장하는 리쾨르의 논의 따르면, 전통 수사학은 우선 은유를 하나의 명사를 다르게 이름을 붙이는, 다시 말해 색다른 "명명"(命名, dénomination)을 하는 작업으로 보고 있다.[8] 하지만 예를 들어 "슬픔의 망토"에서처럼 슬픔을 망토에 비유하고 슬픔을 망토로 색다르게 명명하는 것을 은유의 본질로 보아서는 안 된다.[9] 왜냐하면 "슬픔의 망토"는 '슬픔이 망토와 같이 그를 감싸 안았다'와 같이 전제적으로 완결된 하나의 문장 내에서 이해되어지고 발언될 때 그 은유는 제대로 파악될 수 있는 것이다. 그러므로 슬픔이 망토가 되는 것이 아니라, 슬픔은 '망토와 같은' 것이다. 그렇다면 은유의 본질은 명명 현상이 아니라 "술어 현상"(prédication), 다시 말해 어떤 A를 그것과는 다른 B로 파악하거나 규정하거나 발견하거나 드러내는 현상인 것이다. 은유가 정말 그러한 것이라면 아직 발견되지 않았던 현실과 실재의 어떤 측면을 강조하거나 부각시키는 존재론적 역할을 그것에 부여할 수 있지 않을까?

또 전통 수사학은 은유에서 색다르게 명명되는 측면만을 강조하다 보니 은유를 단어의 문자적이고 일차적인 의미(sens)를 일탈시킴으로써 그 명명된 단어의 의미를 확장하는 것에만 은유를 국한시킨다. 하지만 슬픔과 망토라는 두 개의 명칭이나 이름 또는 개념 사이에서 의미론적 변화나 일탈이 일어난다고 보기는 어렵다. 왜냐하면 망토를 특정의 옷감들로 만든 옷으로 받아들이는 일차적이고 문자적인 해석과, 슬픔이 한 현존재를 덮어 감싸듯이, 망토를 한 현존재 전체를 덮어 감싸는 것과 같은 것으로 파악하는 또 다른 은유적인 해석 사이에서 발생하

8) MV 30. 필자는 『해석의 갈등: 인간 실존과 의미의 낙원』에서 은유와 명명 사이를 다음과 같이 풀이한 바 있다. "주로 고전주의 수사학의 한계는 은유라는 의미 생산적 메커니즘의 결과를 단 하나의 단어(명사 또는 이름)을 바꾸고 변경하는 데서 유래한다고 생각한다. "한강은 서울의 동맥"이라는 은유에서 "대동강은 평양의 동맥"이라는 또 다른 은유를 복사해내면서 명사들의 교환으로 은유의 메커니즘을 이해할 수 있을 것이다. 리쾨르는, 이런 접근은 은유를 단어나 명사에서 일어나는 의미론적인 우발적 사건으로 규정하고, 실재에 대한 모종의 어떤 인지적 위상을 부여하는 것과는 거리가 먼, 단순히 언어를 보기 좋게 치장하는 결과를 낳게 한다고 비판한다." pp.179-180.

9) P. Ricoeur, *Interpretation theory: discourse and the surplus of meaning*, Texas Christian University Press, 1976, p.50; 『해석이론』, 조현범·김윤성 옮김, 서광사, 1996, p.93.

는 긴장, 일탈, 심지어는 모순이야말로 은유의 본질이기 때문이다. 따라서 단어 차원의 두 개념이나 이름 사이의 의미적 일탈이 문제가 아니라, 문장 차원에서 술어적으로 기술될 수 있는 두 가지 해석사이에서 의미 파괴나 변환이 은유의 본질인 것이다.

더 나아가 전통 수사학은 은유를 문자적 의미와 비유적 의미 사이의 대체나 교환을 가능케 하는 유사성(類似性, ressemblance)에 근거한 것이라고 성급하게 간주해버린다. 하지만 사정은 좀 더 복잡하다. 은유 현상에 유사성이 존재한다는 것을 부인하는 것이 아니라 이 유사성이 처음부터 눈에 띄게 드러난 것을 두 명사나 두 이름 또는 두 개념 사이에서 단순하게 결합시키거나 연합시키는 것이 아니라는 점이다. 오히려 논리학에 말하는 "범주 오류"와 같은 것을 의도적으로 발생시켜 그 동안 아무런 관계없이 존재하거나 또는 어울리는 것이 허용되지 않았던 범주들 사이에서 새로운 의미 관계가 발생하는 것이 은유의 본질인 것이다.

예를 들어 셰익스피어가 "시간을 거지라고"(time as a beggar) 말했을 때와 같은 현상이 바로 유사성의 새로운 발견으로서의 은유의 현상을 말한다는 것이다.[10] 다시 말해 명사나 이름을 입고 등장하는 의미들이나 관념들의 대체 또는 교환의 문제가 의미들 사이의 긴장과 역전(逆轉), 심지어는 기존 의미의 파괴와 같은 것을 동반하는 것이 은유라는 것이다. 리쾨르는 이를 두고 은유는 "의미론적 불협화음의 해결"(résolution d'une dissonance sémantique)[11] 에 기반을 두고 있다고 말한다.[12] 의미들 간의 언뜻 보이는 부조화와 긴장을 넘어서 새로운 유사성의 발견이

---

10) Ricoeur, *Interpretation theory: discourse and the surplus of meaning*, p.51; 『해석이론』, p.95.

11) P. Ricoeur, "Parole et symbole", *Reuve des Sciences Religieuses*, 49, 1975, p.148.

12) 리쾨르는 "의자 다리"(the foot of chair) 같은 은유는 죽은 은유라고 일컫는다. 왜냐하면 살아 있는 은유는 유사성을 새롭게 발견하여 의미를 발명하기 때문에 새로운 의미 확장이 일어나는데, 죽은 은유는 그렇지 못하기 때문이다. 너무 흔해져서 어휘 사전에까지 실리게 되는 은유가 바로 죽은 은유라고 말하면서 사전에 실리는 살아 있는 은유는 없다고 말한다. Ricoeur, *Interpretation theory: discourse and the surplus of meaning*, p.52; 『해석이론』, p.97 참조.

야말로 은유를 새로운 의미 창조의 언어적 단위나 매체로 보는 궁극적 이유일 것이다.

전통 수사학에 대한 이런 비판적 언급을 통해 새롭게 이해된 은유는 상징이 그랬듯이 과연 우리로 하여금 무엇을 사유토록 하는 걸까? 적어도 두 가지 결론적인 사실이 강조되어야 할 것이다. 먼저 더 이상 은유를 단어(명사/이름) 차원의 언어적 대체 현상이 아니라 문장 차원의 의미 창조 현상으로 본다면 은유에 대한 직역(mot-à-mot)은 불가능할 것이다. 따라서 문자적 의미만을 복원하는 번역은 불가능할 것이다. 이 말은 은유를 다르게 바꾸어 표현하는 것이 불가능하다는 것이 아니라 그 과정이 무한하고 끝이 없다는 것이다.

두 번째로 전통적 문학론이나 수사학에서 은유는 타인의 마음에 정서적인 감동을 주어 설득을 보다 수월하게 하는 언어적 장식물이나 데커레이션으로 이해되어 온 것이 사실이지만, 이제는 은유를 더 이상 그렇게만 보아서는 안 된다. 달리 말하면 전통 수사학에서 은유는 현실에 대한 새로운 정보를 전달하는 가치를 지니지 않았다고 파악해 왔다. 하지만 은유가 근본적으로 새로운 의미 확장과 생산을 통한 술어 현상으로서 이해된다면, 은유는 현실과 실재에 대한 새로운 무엇을 이야기해준다고 봐야만 한다. 왜냐하면 은유를 명명 현상으로 보고, 단순하게 이름이나 명사가 말하는 바와 그것이 가리키는 바에 만족한다면 은유는 단순한 대상(objet)을 가리키고 지시하는 것에 국한될 것이기 때문이다. 반면 은유를 새로운 술어 현상으로 본다면 은유적 발언이나 은유적 언표가 뜻하는 바와 지시 관계는 훨씬 복잡해진다. 단적으로 말해 은유의 지시체나 지시 대상은 단순한 대상이 아니라 "사태"(l'état des choses) 전체라고 봐야만 한다는 것이다.[13] 이때 사태란 단순한 사물이 아니라 그 사물들과 인간들의 어울림과 관계 맺음에서 형성되는 그 무엇이 아니고 무엇이겠는가? 그렇다면 진정한 은유는 실재를 그려내고 발견하고 또 새로이 형성해나가는 언어적 단위와 매체라고 불러야 되지 않을까?

---

13) MV 276.

그래서 리쾨르는 은유를 "미니어처 시(詩)"(poème en miniature)로 규정하기에 이른다.[14] 만약 은유가 한편의 축소된 시와 같다면 시가 나름의 진리와 세계를 가지듯 은유 또한 나름의 진리와 세계를 가지게 될 것이다. "시간은 거지" 또는 거지와 같은 시간이라는 은유는 우리에게 시간의 무심함과 망각을 겪어내는 인간들에게 자신이 처한 현실과 실재에 대해 무엇인가를 말하는 하나의 시(詩)적 작품이 아닐까? 리쾨르는 더 나아가 과학적 발견과 그 절차에서 "모델"(modèle)이 수행하는 유사한 역할과 기능을 은유가 문학적 언어 및 그 묘사에서 수행한다고까지 말한다.[15] 왜냐하면 현실에 대해 설명력을 상실한 부적절한 과학적 현실 해석을 파괴하고 새로운 상상의 허구적 발상을 통해 보다 적합한 과학적 현실 해석과 기술을 가능케 하는 것이 바로 과학에서의 모델의 임무이듯, 은유도 부단히 인간 현실에 대해 그 동안 유통되어온 낡은 형용과 서술을 뛰어넘어 새로운 재(再) 기술과 발견을 선사하는 역할을 하기 때문이다.

결국 이와 같은 맥락에 우리는 은유가 이미 상징과 더불어 세계를 의미하고 세계를 말하는 하나의 탁월한 언어적 매체로 간주해야 할지도 모른다.

4. 이야기와 세계

리쾨르는 그 어디에서도 자신의 문학론을 체계적으로 그리고 주제적으로 탐구한 적은 없다. 일찍부터 신화와 상징에 대한 의미론적 탐구를 통해, 더 깊숙이는 은유에 대한 해석학적 성찰을 통해, 보다 결정적으로는 『시간과 이야기』(*Temps et récit*: TR)(전3권)에서 전개된 이야기론(論)을 통해 자신만의 문학론의 핵심을 구성했다고 볼 수 있다. 논의 전개에 예민한 독자들은 리쾨르 문학론의 알맹이를 구성하는 언어의 단위들이 점차 확대되고 있다는 느낌과 인상을 가지게 될지도 모른

14) MV 279.
15) MV 302.

다. 적어도 리쾨르는 1950~60년대에서 본격적으로 시작된 프랑스 언어학의 연구 경향과 연구 성과를 일정하게 주목하며 자신의 언어에 대한 관심과 성찰을 진행해온 것이 사실이다. 다시 말해, 언어학의 연구 대상으로의 언어의 구성요소들의 변동과 그 층위를 적극 고려하는 구조언어학을 참조하면서 '음소→형태소→어휘소'로의 발전에 상응하는 '단어→담화(문장)→텍스트(복수문장의 결합)' 순서로 연구를 진행해 왔으며, 본격적인 철학의 영역에서는 '상징→은유→이야기'의 발전 양상을 거치면서 문학론을 전개시켜 왔다고 볼 수 있을 것이다.

리쾨르를 1980년대 현대 (프랑스) 철학의 무대로 전면적으로 복원시켰던 저작인 『시간과 이야기』에서 이루어지는 주제들의 깊이와 폭에 비해 여기서 우리가 그 저작을 접근하는 방식은 아주 제한적일 것이다. 철학적 저작들을 빛나게 하는 아우라가 있다면 분명 그것은 철학자들의 사태와 실재를 말하고 지칭하기 위해 빚어내는 개념들의 아우라일 것이다. 개괄의 오류를 무릅쓰고 이 저작을 빛나게 하는 개념들을 몇 개만 뽑아보다면 아마도 이런 것들이 아닐까? 미메시스 I(전(前)형상화), 미메시스 II(형상화), 미메시스 III(재(再)형상화), 이야기적 동일성(identité narrative) 등등. 리쾨르 문학론의 핵심을 구성하는 몇 개념 군(群)들을 여기서 만난다고 해도 과언은 아니다. 여기서도 우리는 언어에 대한 리쾨르 본연의 관심과 또 언어가 실재와 관계 맺는 방식과 그 효과를 중시해온 지금까지의 입장과 관점에 입각해서 위에 제시한 개념 목록들을 통해 리쾨르 문학론의 정수(精髓)를 개관해보고자 한다.

4.1. 미메시스(mimésis)

리쾨르의 문학론을 다루는 맥락에서는 물론이고, 그의 철학을 다루는 데서도 그동안 별 주목하지 않았던 것 사실 중에 한 가지는 다음과 같은 것이다. 『살아 있는 은유』(1975)와 각각 1983년, 1984년, 1985년 출간된 『시간과 이야기』 1, 2, 3권은 동시에 구상(構想)되어 앞서거니 뒤서거니 하며 출간된 "쌍둥이 저작들"이라는 점이다.[16] 그 두 저작들 사이를 쌍둥이처럼 탯줄로 연결하고 있는 끈은 과연 어떤 내용의 끈일까? 리쾨르는 어디에선가 이렇게 말한 적이 있다. "언어가 전부라고 말할 순 없다 하더라도 인간 체험의 모든 것은 그것이 언어에로 다가갈 수 있다는 전제 하에서만 의미의 영역에로 들어온다. 여기서 '체험을 언어에로 다가가게 한다'는 것은 인간의 말함이 인간의 전부를 뜻하지는 않는다 하더라도 인간됨의 첫 번째 조건이 됨을 뜻한다."[17] 인간 삶에서 언어의 중요성을 새삼 강조하는 맥락으로도 이해할 수 있지만, 앞서 언급한 두 저작 사이의 상관성의 관점에서 말해본다면, 은유와 이야기가 인간의 체험을 언어에로 가져와 주는 문학적 작업물로 간주될 수 있다는 것이다. 더 중요한 사실은 다음과 같은 것이다. 은유와 이야기 같은 문학 작품은 의미만을 지니는 것이 아니라, 이 의미를 통해 그것이 무엇인가를 지시한다는 것, 다시 말해 지시 관계(référence)를 가진다는 것이다. 이때 그 작품이 지시하는 것, 가리키는 것은 "언어에로 가져갈 수 있는 인간의 체험이며, 그 작품 전개시키는 (작품) 세계와 그 세계의 시간성"[18] 이라는 점이다.

상징 언어가 그러했듯이 리쾨르에게서 은유와 이야기는 결코 그 스스로만을 위해 어떤 세계를 구축하는 법이 없다. 언어란 자기 자신만을 가리키거나 지시하는 것이 아니라, 자신을 넘어서서 다른 어떤 것에 대해, 자신의 타자에 대해, 다시 말해 그 언어가 품는 세계에 대해, 이야기해야 할 어떤 것에 대해, 그리고 다른 이들과 공유하고자 하는 체험에 대해 항상 말하는 어떤 것이다. 결국 언어는 (자신 아닌 다른 것) 지향적이다. 무언가에 대해 말하지 않는 언어는 없다. 따라서 은유는 은유의 세계를 담고 있고, 이야기는 이야기의 세계를 말하고, 텍스트는 텍스트의 세계를 가지는 법이다.

『시간과 이야기』를 이루는 근본적인 출발점 같은 것이 있다면 다음과 같은

---

16) TR-I 11 [7].

17) P. Ricoeur, "Approches de la personne", *Esprit*, mars-avril 1990, p.120. 강조는 나의 것. 또한 "Poétique et Symbolique", *Initiation à la pratique de la théologie*", sous la direction de B. Lauret et F. Refoulé, tome 1, Cerf, 1982, p.37를 보라.

18) TR-I 119 [173]. 번역은 다소 수정.

두 가지이다. 첫째, 만약 인간의 체험이 언어화될 수 없다면, 다시 말해 이야기될 수 없다면, 그 인간적 체험이란 불투명하고 맹목적이며 지리멸렬할 정도로 혼란스럽다. 더구나 소통불가능하기까지 하다는 점이다. 둘째, 인간이 시간을 체험하는 방식은 여러 가지일 수 있지만 가장 인간적인 방식은 그 혼란스러운 시간 체험이 이야기의 방식과 형태로 분절되고 표현될 때이며, 그리고 이야기 또한 그 자신의 온전한 의미를 획득하게 되는 때가 바로 이야기가 인간의 시간적 실존의 조건이 될 때이다. 그래서 리쾨르는 이야기가 시간의 갸르디앙(관리자, gardien du temps)이라고 말한다. 과연 어떤 의미에서, 이야기의 어떤 장치를 통해, 또한 어떤 현존하는 이야기를 통해 "시간(성)과 이야기(성)"(서사(敍事)성, narrativité)의 이런 긍정적인 순환성을 보여줄 것인가가 리쾨르 문학론을 논하는 우리의 마지막 작업이다.

시간과 이야기의 이런 긍정적인 상호성은 아무런 과정과 장치 없이 저절로 획득되거나 확보되는 것은 아니다. 바로 삼중(三中)의 미메시스(triple mimésis) 이론이 이런 역할을 맡는다.

하이데거는 1927년의 주저 『존재와 시간』에서 존재의 의미를 시간(성)이라는 지평에서 해명하려고 시도한다. 그는 시간이야말로 존재 의미의 해명에 본질적이라고 보고, 존재를 탁월하게 이해하는 우리 자신인 현존재(*Dasein*)의 존재 의미를 염려(souci, *Sorge*)라고 규정한다. (인간) 현존재는 자신의 존재 가능성이 자신 아닌 다른 그 무엇에 의해 결정지어 지지 않는다는 의미에서 여전히 생성적, 운동적, 그래서 시간적 존재이다. 존재의 의미가 형이상학적으로 물어진 적이 없다고 본 하이데거는 존재 의미가 시간의 지평에서 해명되어야 한다고 보았다. 여기서 리쾨르는 한발 더 나아간다. 그 자체로는 혼란스럽고 어두운 시간 체험은 이야기(récit)의 지평에서 해명되어야 한다는 것이 리쾨르의 주장이다. 따라서 그에게 진정한 시간은 사물들의 물리적 시간이 아니라 느끼고, 체험하며, 행위하고, 그 행위를 되받는 인간의 시간이되, 동시에 이야기된 시간(temps raconté)이라는 것이다. 인간은 다행히 자신의 시간적 경험 및 체험에 인간적 의미를 부여할 수 있는 풍부한 언어적 자원들, 특히 이야기는 삼중적 미메시스라는 장치와 과정을 통해 인간 삶과 체험을 조율(調律)하고 조형(造形)해 나간다고 볼 수 있다.

본래 미메시스 개념은 플라톤에서는 단순한 모방에 지나지 않지만, 아리스토텔레스에서는 소설이나 허구의 줄거리 또는 줄거리 짜기(la mise en intrigue)로서 문학성 또는 서사성 자체를 만들어 내는 특권적인 장치와 과정으로 등장한다. 삼중적 미메시스들 중에서 문학 작품을 구성하는 내재적인 요소들(인물, 줄거리, 배경 등)과 이것들이 결합하는 고유한 원리와 법칙들을 통해 하나의 그럴듯한 세계를 만들어 내는 작업이 바로 미메시스 II이다. 리쾨르는 이것을 "마치~ 같은 것으로 이루어진 왕국"의 등장으로 부르기도 한다.[19] 또한 미메시스 II 단계를 리쾨르는 형상화(形象化, configuration)의 단계라고 부른다. 시간과의 관련 하에서 보자면, 문학적 허구가 가능케 하는 시간과의 다양한 상상적 놀이들을 거치며 일상의 주체가 체험하거나 행위를 하면서 가지는 시간의 차원들과 동일한 수준에 있지 않는 다른 시간적 지평들을 누리게 되는 단계이다. 문학적 허구의 본질적인 요소인 이런 시간과 놀이는 그것만이 줄 수 있는 자유과 해방의 공간을 제공하는 것이 아닐까?

형상화 단계가 아리스토텔레스의 시학이론에 가깝기 때문에 리쾨르의 미메시스론을 아리스토텔레스 미메시스론의 확장으로 볼 수도 있겠지만, 리쾨르의 삼중적 미메시스의 특색은 정작 다른 곳에 있다. 그러한 미메시스 II가 전제하지 않을 수 없는 토대(미메시스 I) 또는 형상화를 가능케 하는 것에 대한 논의가 이루어지고 있다는 점, 그리고 미메시스 II의 궁극적 목적(미메시스 III) 또는 그것의 효과까지 성찰하고 있다는 점이다.

미메시스 II가 문학적 형상화의 단계이기에, 미메시스 I는 전(前)형상화(préfiguration), 미메시스 III은 재(再)형상화(refiguration)의 단계라 불린다. 문학적 형상화나 철학적 개념화가 이루어지기 전에 일상적 행위의 실천적 경험이나 체험의 단계가 바로 전(前)형상화(préfiguration)의 단계다. 형상화는 한마디로 인간 행위를 문학적으로 재현하는 것일 텐데, 이것은 인간 행위를 먼저 선(先)이해하지 않

19) TR-I 101 [147].

고는 불가능하다. 독자와 저자가 모두 공히 준거하고 있는 의미 지평으로서 삶의 세계가 미메시스 I이다. 비록 문학적 형상화가 되기 이전의 인간의 행위 영역과 시간 경험으로서 덜 조직화되어 있고 산발적일 수 있지만,[20] 이 인간 행위들은 이야기되어지기를 요구하고 이야기될 준비 단계의 행위와 경험들이다.[21] 문학적 재현과 그 작품이 읽혀질 수 있고, 정도는 다르지만 우리 모두에게 이해될 수 있는 것은 바로 이 선이해의 차원 때문일 것이다.

이런 점에서 리쾨르의 삼중적 미메시스론은 아리스토텔레스의 문학 이론적 차원을 포함할 뿐만 아니라, 해석학적 접목을 실현하고 있다고 말해야 옳을 것이다. 또한 그의 미메시스론의 완결과 완성은 형상화 단계, 다시 말해 텍스트 내부의 고유한 텍스트성이나 문학성의 구성과 창안에서 멈추지 않는다고 말해야만 한다. 전형상화가 문학적 재현과 문학성의 해석학적 가능 조건이라면 미메시스의 마지막 단계인 미메시스 III(재형상화)는 형상화 단계의 해석학적 효과로서 등장한다. 한때 구조주의적 관점은 텍스트 또는 이야기를 그 자체에 갇혀 있는 것으로 보고 독자와의 만남 외부에 존재하는 것으로 파악했다는 점에서 그들에게 텍스트의 철학적(또는 존재론적) 지위는 내재적 초월성에 머무는 것으로 파악할 수밖에 없었다. 만약 텍스트를 그렇게만 본다면 독자의 지평과 텍스트 지평, 보다 구체적으로 말하자면 독자의 세계와 텍스트 세계의 만남 또는 융합을 이론적으로 해명할 길은 없다.[22] 그래서 그런 관점은 정작 소설을 매번, 매일 읽고 자신의 삶과 지

20) 이때의 시간 경험은 형상화되기 이전의 경험으로서 무형태적이고, 덜 조형적인 것으로서, 비록 미메시스 II의 이야기하는 활동(la fonction narrative)이 개입되기 이전이라 해도 이 행위 지평에 아무런 구조도, 형태도, 의미도 없다고 말해서는 안 된다. 선(先)이해의 지평이라고 해서 무(無)이해 내지 비(非)이해의 지평이 아닌 것이다. 리쾨르는 인간의 행위의 "구조적, 상징적, 시간적" 특성을 제시함으로써 미메시스 I의 단계를 전개한 바 있다. TR-I 88 [129].

21) 이미 한나 아렌트(H. Arendt)는 인간 행위의 이런 이야기적이거나 전(前)이야기적인 특성을 인간의 또 다른 조건들인 "작업과 노동"으로부터 인간의 행위를 분리시키는 결정적이고도 중요한 특성으로 논한 바 있다. 『인간의 조건』, 이진우·태정호 옮김, 한길사, 1996, pp.235-249 참조.

22) 여기서 주목할 것은 텍스트의 세계이지 작가의 세계가 아니라는 점이다. 독자와 작가가 만

평에서 녹아내리는 일을 겪는 독자에게 얼마나 낯선 관점이 되겠는가? 하지만 구조적 분석과 유형화는 독자가 텍스트를 직관적, 그리고 주관적으로만 이해하는 경로를 객관적으로 잘 매개하여 보다 근거 있는 읽기와 해석을 유도하는 역할을 하게 될지도 모른다.

어쨌든 문학이 가지는 재형상화의 단계는 독자의 문학 수용 단계를 지칭하는 것으로 이해할 수 있다. 문제는 독자가 그 자신의 고유한 읽기를 통해서만이 문학 작품과 텍스트의 의미가 완결된다는 것이다. 문학은 독자에 의해 읽혀질 때 마찬가지로 그 문학 읽기를 통해 독자가 자신의 삶을 다시 조형(造形)할 수 있을 때 재형상화는 완결된다고 볼 수 있다.

4.2. 이야기적 동일성(identité narrative)

허구 이야기에 고유한 상상적 변양화(variations imaginatives)가 일으키는 효과들 중에는 인간의 시간 체험이 갖는 혼란을 정리할 수 있는 가능성을 점치게 한다. 다시 말해 사라져 버렸지만, 그렇다고 없다고 말할 수 없는 과거를 재구성해내며, 아직 오지 않았지만, 그렇다고 결코 지금-여기와 무관할 수 없는 미래의 도래를 기획해내는 이 작업이 이야기의 형상화와 재형상화 작업에 주어져 있다. 따라서 이야기 속에서 과거는 더 이상 조작 불가능한 벽이 아니며, 미래는 그 어떤 형체도 짐작할 수 없는 미궁이나 미로가 아니다. 시간 체험의 형성 및 해명에 중요하게 기여하는 개념인 "이야기적 동일성"을 둘러싼 다양한 의미들 가운데 가장 중요한 것은 이야기를 통한 (독자의 자기) 동일성일 것이다.[23] 본래 identité personnlle/personal identity 문제는 시간 t1 과 t2 사이에, 즉 이런 시간의 경과

나는 것이 아니라 독자(의 세계)와 텍스트(의 세계)가 만난다는 것이다.

23) 특히 윤성우, 『폴 리쾨르의 철학』, pp.214-222의 논의를 집중적으로 참조할 것. 필자는 그 저서에서 이 개념에 대한 세 가지 의미론적 분석을 다음과 같이 시도해 보았다. 1) 이야기(자체)의 동일성, 2) 이야기 속의 (인물의) 동일성, 3) 이야기를 통한 (독자의 자기) 동일성.

에도 불구하고 무엇을 통해 하나의 개체(인격) 동일한 인격으로 남느냐의 문제를 다루는 것이므로 시간성을 배제할 수 없는 인간 실존에 관한 물음이 아니다. 그러나 여기서 문제는 이야기의 개입을 통해 동일성 문제에 어떤 변화가 생기느냐를 묻고 답해 보는 것이다.[24] 이미 한나 아렌트는 누구의 이야기가 바로 그가 누구임을 드러내는 유일한 매체임을 주장한 바 있다. 우리가 소크라테스의 철학적 견해에 대해서는 그의 유고(遺稿)가 없기에 플라톤이나 아리스토텔레스보다 잘 알지 못하는 것이 사실이다. 하지만 그럼에도 우리가 "소크라테스가 누구인가를 더 잘 그리고 자세히 알고 있다"고 말할 수 있는데,[25] 그것은 우리가 그가 주인공으로 등장하는 이야기를 알고 있기 때문이라는 것이다. 누구임을 묻는 질문이 시간을 배제한 채 무엇임을 묻는 본질주의적이고 실체 중심적 물음이 아니라면, 시간의 변화와 경과를 통하면서 한 사람의 삶을 이야기하는 것이야말로 그가 누구임을 밝히는 것이 아닐까?

4.3. 울프, 만, 프루스트

아주 구체적인 문학 작품 분석을 위해 긴 우회로를 마련하는 것이 마땅하지만, 시간에 대한 허구적 체험을 담은 이 세 작가에 대한 중요한 소설들(『댈러웨이 부인』, 『마의 산』, 『잃어버린 시간을 찾아서』)을 통해 리쾨르가 지향하고자 하는 철학적 핵심으로 가보자. 리쾨르는 아우구스티누스의 현상학적 내면적 시간론을 화음적 불협화음(discordance concordante), 다시 말해 현재에 대한 긴장과 집중을 통해 지나간 과거와 도래할 미래를 다소 불안하게 통합하는 모델로 보고 있다. 시간의 이론적 아포리아에 대해 문학적 응수와 대응의 길을 아리스토텔레스의 이른바 '줄거리 짜기'(mise en intrigue)에서 찾는다. 다시 말해 줄거리 안에 다양한 시

---

24) 바로 이런 이유에서 이야기적 동일성(identité narrative)이라는 독특한 리쾨르의 개념이 등장한다.

25) 한나 아렌트, 『인간의 조건』, p.247.

간적 체험의 변화와 변수, 그리고 급변, 사건 등을 통합할 수 있는 불협화음적 화음(concordance discordante)의 능력을 리쾨르가 보았기 때문이다. 과연 허구적 시간 체험을 다양한 방식으로 기술하는 토마스 만, 버지니아 울프, 프루스트 작품들에서 인간의 이야기하는 활동(fonction narrative)은 어떻게 시간의 아포리아를 감당해낼까?

이 세 소설의 공통점을 여러 각도에서 볼 수 있지만, 무엇보다도 그것은 역사적 시간, 연대기적 시간을 배경으로 허구적 시간 체험을 전개해 나간다는 데 있다. 『댈러웨이 부인』, 『마의 산』, 『잃어버린 시간을 찾아서』는 앞서거니 뒤서거니 하면서 제1차 세계 대전을 전후한 시간 지표를 사용한다. 분명 세 소설은 이 분명한 역사적 시간의 지표를 다르게 사용하지만 허구의 시간이 연대기적 시간에 눌린다든지 그 아래에 종속된다던지 하는 방식은 절대 아니다. 역사적 시간은 분명하고도 일의적인 지칭 대상을 가지는 시간이지만 세 소설의 제1 대전은 역사학에서 말하는 연대기적 구속이나 질서를 따르지 않으면서 마치 중립적으로 등장해서 다른 이질적 시간 체험들을 위한 매개체로 활용된다는 점이다.

이제는 허구적 시간 체험을 세 소설들이 어떻게 서로 다른 방식으로 전개하는지에 주목하면서 한 발짝만 더 작품들안으로 다가가 보자. 『댈러웨이 부인』의 경우 허구적인 시간 체험은 빅벤의 주기적인 종소리—역사적 시간의 한 모습—와 각 인물들의 숙명적인 내면적인 시간의 불협화음적 구조로 대별된다. 하지만 하나의 대표되는 시간 경험이 등장하는 것은 아니라는 점이 중요하다. 왜냐하면 대표적인 인물인 클라리사, 피터 등등의 시간 체험이 서로 인접하여 통로를 만들면서 결코 동일하지 않으면서 상호적으로 공명하고 울려주는 시간 체험을 만들기 때문이라고 한다.[26]

『마의 산』의 경우, 리쾨르가 가졌던 시간과 이야기 사이의 근본적인 입장을 다시금 확인케 하고 있다. 아우구스티누스는 시간 양태들 사이의 부조화를 현재

26) TR-II 167 [233-234].

를 통해 통합하려는 노력을 통해 화음(concordance)에 우위를 두지만 『마의 산』은 시간의 아포리를 한 단계 업그레이드 시켜 버리기 때문이다. 다시 말해 신의 영원성 안에 한 개인의 죽음을 포섭시키는 중세의 거장의 방식이 아니라 주인공은 죽음의 반복적이고 동일자적인 영원성과 호해를 이루지 못한 채 오리혀 아이러니를 통해 무관심해버리는 작전을 구사하기 때문이다.[27] 물론 스토아적인 해결책을 닮은 그런 무관심은 승리일지는 몰라도 늘 불안정할 수밖에 없는 것이다.

『잃어버린 시간을 찾아서』는 리쾨르가 가장 많은 지면을 할애하고 있는 작품이다. 이미 들뢰즈가 『프루스트와 기호들』[28]에서 이 작품을 시간에 관한 이야기로 다루기보다는 기호 체득과 진리 추구에 관한 다룬 적이 있다. 하지만 리쾨르는 이 중요한 소설이 시간에 관한 이야기라는 점을 별 어려움 없이 논증하고 있다. 이 시간 이야기를 읽는 두 가지 초점을 제공하는데, 그 첫째가 바로 흔히 '추억들의 덩어리'라 불리는 잃어버리는 시간이다. 바로 이 시간 안에서 감각적인 기호들의 체득과 해석, 그리고 번역이 이루어진다. 두 번째 초점은 이른바 되찾은 시간이다. 비의지적인 기억과 우연들에 의해 불러 일으켜진 행복한 순간들의 영원성을 작품 속에 고정시킴으로써 잃어버린 시간을 되찾는 시간을 뜻한다. 그런데 리쾨르에 따르면 되찾은 시간의 최종적 의미는 삶의 편린들이 흩어 놓았던 잃어버린 시간들을 바로 글쓰기—문학이라고 바꾸어도 무방하다—을 통해 되찾는 것에 있다고 한다.[29] 따라서 되찾은 시간은 문학의 초시간적인—허구적, 상상적—성격을 통해 잃어버린 시간의 복원과 재현을 표현하는 것이다. 만약 그렇다면 『잃어버린 시간을 찾아서』는 여러 층위의 시간 체험이 가지는 불협화음적 요소를 넘어서 글쓰기와 이야기함을 통해 새로운 화음의 가능성을 시도한다는 점에서 앞서의 작품들과 차이를 주목하게 하는 작품으로 평가할 만 할 것이다.

---

27) TR-II 192-193 [272-273].

28) G. Deleuze, *Proust et Les Signes*, PUF, 1964; 『프루스트와 기호들』, 서동욱·이충민 옮김, 민음사, 2004b.

29) TR-II 223 [313].

5. 문학 읽기와 독자의 문제

우리는 앞에서 언어와 실재에 대한 관심과 천착이라는 보다 상위의 관점에서 살핀다면 리쾨르의 문학론을 더 잘 이해할 수 있다는 하나의 작업가설을 제시한 바 있다. 상징 언어나 은유적 문장, 이야기를 담고 있는 텍스트 등 이 모두는 언어라고 하는 전체적인 현상을 이루는 중요한 요소와 같은 것이다. 이런 중요한 언어의 알맹이들에 대한 리쾨르의 분석을 가로지르다 보면 리쾨르가 언어에 대해서 가지는 근본적인 통찰을 엿보게 된다. 그 통찰은 다름 아니라 언어가 세계[30]와 관계 맺으려 하고, 부단히 (세계) 지향적이라는 것이다. 여기서 분명히 짚고 넘어가야 할 것이 있다. 언어가 세계를 지시하되 그 지시하는 방식과 수준이 문제다. 아마도 가장 덜 지시적인 시(詩)의 언어조차도 1차적 의미—다시 말해 사물과 대상을 직접 가리킨다는 의미에서—의 지시 대상을 넘어서 다른 무엇인가를 가리키지 않는다고 말하는 사람은 없을 것이다. 우리가 흔히 '플라톤의 세계', '아리스토텔레스의 세계'라고 말할 때 그 말이 가리키는 바는 플라톤 작품의 세계, 아리스토텔레스 텍스트 세계일 것이다. 실상 플라톤의 대화편에 등장하는 인물들 중 그 누구도 현존하지 않았다는 점에서 그 대화편은 직접적인 지시 대상을 가진 텍스트라고 보기 어렵다. 그렇다면 문학작품에 등장하여 허구적인 시간 체험을 공유하는 모든 인물들과 주인공, 화자들도 마찬가지 운명이다. 그렇다면 상징이나 은유, 이야기가 가리키는 세계가 직접적인 지시 대상으로서의 세계가 아니라면, 더 정확히 말해 직접적으로 지시가능하며 오감(五感)으로 확인 가능한 세계가 아니라면 과연 어떤 세계일까? 그것은 우리가 눈으로나 손으로 조작하거나 촉지할 수 있는 대상들과 사물들의 총체로서의 세계가 아니다. 오히려 텍스트를 통해서, 그리고 그것에 의해서 열리고 발견되는 세계가 아닐까? 우리가 그 안에서 우리 삶과 관련된 다양한 기획과 제안을 시사 받고 자극 받는 세계가 아닐까? 하

30) 현실 또는 실재라고 바꾸어 이해해도 좋다.

이데거의 표현 방식대로 말해본다면, 나의 가장 고유하고도 본래적인 존재 가능들 중에 하나를 선택하도록 내가 살도록 제안하는 그런 세계가 아닐까?

여기서 '나'는 누구인가? 그런 텍스트의 세계에 초대받고 그렇게 살도록 권유 받은 '나'는 누구인가? 텍스트의 세계를 잠재적 상태에서 끌어내어 현재화하는 사람들은 누구인가? 사실 그동안의 논의에서 상징 언어, 은유, 이야기는 하나의 문화적 산물로서 이미 우리에게 전통을 이루고 있는 "쓰여진 것", "글쓰기" 영역에 속하는 것이었다. 남은 문제는 그 "글쓰기"를 누가 그리고 어떤 방식으로 각자의 삶에 가져가느냐이다. 이런 점에서 리쾨르가 문학 작품의 온전한 의미는 "텍스트에 의하여 투사된 세계와 독자의 삶의 세계가 교차하는 지점"에서 획득된다고 말하는 것은 대단히 시사적이다.[31]

여기서 두 세계의 교차와 만남이 일어난다. 이 교차는 어떤 의미일까? 상징 언어, 은유, 이야기에 등장하는 언어들이 단순히 사물이나 사태의 기술(記述)이나 묘사를 지향하는 언어가 아니면서도, 그렇다고 해서 분명 이러 저러한 삶이 더 나은 삶이라는 기준과 원칙 그리고 규범을 제시하는 윤리학적 담론의 언어들도 (아직) 아니라는 점에서 그 문제는 분명히 제기되어야 한다. 또한 그런 활발한 교차를 가능하게 하는 것은 무엇일까? 독자의 (텍스트) 읽기라고 아주 간명하게 말할 수 있을지도 모른다. 하지만 이것은 문제에 대한 정답이라기보다는 또 하나의 새로운 물음의 지평의 시작과 출발에 가깝다.

31) TR-II 234 [328].

제5장
리쾨르의 회화론

● 실재에 대한 또 다른 탐구

1. 실재에 이르는 또 하나의 길[1)]

철학자들은 어떤 자격으로 미술 또는 예술에 대해 논하는 것일까? 마치 프로이트가 창안한 정신분석학 분야의 이론 체계들과 실천적 작업들에 대해 거의 대부분의 현대철학자들이 어떤 입장을 가지는 것과 마찬가지지로, 철학하는 사람들치고 '그림'에 대한 이야기를 하지 않고 지나가는 사람을 찾기란 매우 어렵다. 자신의 철학적 입장과 논점을 확증하거나 추인하는 사례들을 미술에서 발견하는 것일까? 아니면 감상자는 물론이고 제작자인 화가들이 읽어내지 못 하는 측면을 발견해내고 해석해주기 위한 작업일까? 아니면 철학자 자신이 개념적 언어를 통해 제기해 나가는 독특한 체험과 그에 따른 물음 제기와 근본적으로 유사한 구조와 형식을 미술가들에서 발견하고 이에 공명(共鳴)하는 일환으로서 '그

1) 앞 장에서 필자는 문학 전반에 관한 리쾨르의 관심이 언어와 실재를 탐구하고자 하는 그의 열정에서 나왔다는 점을 보여주려고 했다. 리쾨르의 화화론을 다루는 이글도 그런 의도애서 벗어나고 있지 않다는 점을 미리 밝혀 두고자 한다.

림'을 거명하는 것일까?[2] 당장 답을 찾지 말고 철학과 회화, 철학자와 화가 사이에 대해 우리가 제대로 묻고 있는지만 자문해 보자.

여기서 다루려고 하는 철학자 리쾨르는 자신의 회화론이나 예술론 일반을 그 어디에서도 체계적인 방식으로, 구체적인 작품의 예를 들어가며 일관되게 기술하거나 정리해 놓은 적이 없는 것처럼 보인다. 그것은 특정 문제나 특정 주제, 특정 상황에 대한 총체적이고 확정적인 해석이나 평가를 내리지 않으면서 그것들을 둘러싼 다양한 학적 담론들 간의 대화와 논쟁을 통해 하나 또는 여러 개의 수렴점을 찾아 나서는 리쾨르 특유의 접근 방식과 태도에서 기인할지도 모른다. 그가 자신의 철학적 여정에서 키워드 개념과 그 담론으로 주장했던 주체 물음(question du sujet)과 자기 해석학(herméneutique du soi)에 대해서도 그는 "단편적이고"(fragmentaire), "탐색적인"(exploratoire) 스타일을 유지하겠다고 명시한 바 있을 정도였다.[3] 자신의 핵심적인 철학적 문제제기에 대해 비(非)총체적, 비확정적 태도를 취하는 이상, 그가 다른 문제 영역에 대해서도 그런 태도를 견지하는 것은 그다지 놀랄만한 일이 아니다. 리쾨르 스스로가 일관된 방식으로, 그리고 체계적으로 자신의 화화론 또는 그림론을 전개한 적이 없는 만큼 그 주제에 대한 우리의 접근도 다소 산발적이고 암중모색적일 수밖에 없을지도 모른다. 우선 우리는 리쾨르가 자신의 주요 저서들 가운데 언급하고 있는 회화론을 역사적 순서에 따라

---

2) 필자는 졸저 『들뢰즈, 재현의 문제와 다른 철학자들』(철학과 현실사, 2004b)에서 하이데거, 푸코, 들뢰즈의 회화론을 아주 간략하게 비교하며 다음과 같이 언급한바 있다. "우리가 하이데거의 예술철학이라고 불릴 만 한 것을 찾으려 할 때, 늘 그것은 자신의 존재론, 존재물음의 연장선상이거나 그것의 확장된 변형임을 감지하게 되는 것은 결코 우연이 아니다. 존재 진리의 발생 사건으로서의 예술과 존재자의 존재나 존재자의 진리의 담지자로서의 예술작품이라는 해석의 틀을 가지고 작품 외부에서 작품을 관통하는 것이 하이데거라면, 작품들을 구성하는 내재적 원리들(유사성과 상사성)의 발견과 구별을 통해 작품을 해석하는 것이 푸코일 것이다." pp.31-32;"하이데거에게는 예술철학이 그의 존재론의 외투 같아 보이지만, 푸코의 그것은 자신의 존재론의 속옷 같아 보인다." p. 49;"예술을 존재론과 연관시킨다고 해서 들뢰즈가 하이데거의 방식을 따르는 것은 아니다. 들뢰즈의 차이의 존재론은 존재론에 복무하는 예술의 방향이기보다는, 오히려 예술적인 것과 예술작품론이 차이의 존재론과 쌍생아처럼 움직이는 철학이라 부를 수 있을 것이다." p. 51.

3) SA 32 [38].

검토해보고자 한다. 이런 과정을 거치면서 그의 회화론에 등장하는 공통적 입장과 태도가 있다면 그것이 무엇인지를 밝혀보고, 결국에 가서는 언어와 마찬가지로 화화도 실재에 이르는 여러 길들 중에 하나라는 것을 드러내보고자 한다.

2. 프로이트와 미술

『해석에 대하여』(*De l'interprétation. essai sur Freud*: DI)는 리쾨르가 프로이트의 전(全) 작품을 대상으로 해석학자로서의 능력과 자질을 단번에 입증해 보인 저작이다. 물론 이 저작 이전에 『악의 상징』에서 아담 신화를 중심으로 악에 대한 거대한 신화들을 재조직하고 재조명해내는 탁월한 성과를 보인 바 있다. 하지만 저작의 규모와 연구 주제에 대한 천착의 정도와 깊이에 볼 때, 『해석에 대하여』는 다른 그의 저서들에 비해 주목을 끌기에 충분하다. 우리가 이 저서를 언급한다고 해서 사실 리쾨르가 본격적으로 자신의 회화론을 그곳에서 전개한다고 보기는 어렵다. 리쾨르의 의도는 프로이트의 방법론적 틀(지형학, 역학, 경제학[4])을 예술 일반에 적용할 때 있을 수 있는 성과와 문제점, 그리고 그 의미를 다루는 것이지, 리쾨르 본인의 회화론을 명시적으로 전개하는 것이 아니기 때문이다. 더구나 프로이트가 문학을 포함하여 예술 일반을 다루고 있기에 프로이트 자신의 화화론을 따로 떼어내어 리쾨르가 자신의 철학적 해석으로 그것을 주제화시키지도 않았다. 따라서 우리의 작업가설은 리쾨르가 프로이트의 예술론을 다룰 때, 리쾨르 자신의 화화론[5]이 어느 정도 오버랩되어 있다고 간주하고 그것을 추적해보는 것이다.

기본적으로 프로이트가 꿈에 대한 해석을 정신분석으로 가는 "왕도"(王道)라고 말한 사실은 널리 알려져 있다. 프로이트는 더 나아가 우리가 밤에 꾸는 꿈의

4) 이 세 가지 개념에 대해서는 『정신분석 사전』, 임진수 옮김, 열린책들, 2005을 참조할 것.
5) 좁게 말하여 회화론이지 지금의 문맥에서는 리쾨르의 예술론이라고 해도 무방할 것이다.

낮의 등가물을 예술 작품이라고 본다. 리쾨르는 여기서 꿈과 예술 작품의 중요한 공통점과 차이점을 드러낸다. 공통점이란 인간은 자신의 욕망을 직설적으로 드러내기보다는 위장된 방식으로, 즉 일종의 형상화의 방식으로 실현시킬 줄 안다는 것이다.[6] 인간이란 자신의 욕망을 그 자체로, 그리고 있는 그대로 포기하지 못하며 그 충족과 만족의 방식을 변형시키며 살아간다는 것이다. 반면 꿈과 예술 작품 사이에는 무시할 수 없는 중요한 차이점 존재한다. 꿈이나 신경증은 여전히 "억압된 것의 회귀"(retour du refoulé)의 모습을 가지고 있지만 예술 작품의 경우 위장된 만족이 없지는 않지만 그 방식은 강박적이지도 신경증적이지도 않다는 것이다.[7] 따라서 예술 작품을 단순히 무의식적 표상들의 외적 표현이나 과거 외상(trauma)의 증후는 아닌 것이다. 무엇이 결정적으로 밤의 꿈과 낮의 꿈인 예술 작품을 나누게 하는 것일까?

리쾨르는 아주 명료하게 다음의 두 가지 차이점을 밝혀낸다.[8] 예술 작품에는 첫째, "부재(결핍)에 대한 통제"(maîtrise de l'absence)를 발견할 수 있다. 둘째, 연대기적 시간의 순서와 질서를 무시하며 등장하는 무의식적 징후들과 달리 예술 작품에서는 "시간적 각인(刻印)"(estampille temporelle)을 발견할 수 있다 는 것이다.

미켈란젤로의 모세 조각상에 대한 프로이트 언급은 제쳐두고 불후의 명작 다빈치의 <모나리자>에 대한 이야기로 가보자. 프로이트는 어머니의 부재를 겪는 아이가 보이는 "fort-da" 놀이에서 어느 정도 그 결핍에 대해 능동적으로 반응하는 아이의 예를 제시한 바 있다. 프로이트는 다빈치의 유년 시절에 대한 전기(傳記) 조사를 통해 어릴 때 어머니가 집을 떠나게 되었고 그런 어머니가 어린 다빈치에게 긴 포옹과 입맞춤을 남겼으며 모나리자의 미소 속에 생모의 미소를 재현하기에 이르렀다고 분석한다. 그런데 리쾨르에 따르면 문제는 다빈치의 <모나리자>에 등장하는 지오콘다의 미소를 까발려서 그 배후에 어머니의 미소가 숨어 있다

6) DI 164 [248].
7) DI 167 [253].
8) DI 167 [253-254].

는 것을 드러내는 데 있지 않다는 것이다. 다시 말해 다빈치의 붓끝에서 어머니에 대한 어렴풋한 추억을 재창조해냈다는 것이 중요한 것이 아니라는 것이다. 오히려 역사적으로 그 존재가 불투명한 어머니의 미소는 즉물적인 현실적 차원에서 그 마땅한 자리를 차지할 수 없기에 회화적 형상화의 차원에서만이 상징적 방식으로 존재할 수 있게 된다는 것이다. 다시 말해 어머니의 미소는 지오콘다의 미소의 방식을 빌어서만이 발현되는 "상징화 가능한 부재"(absence symbolisable)로서 기능하고 존재한다는 것이다.[9] 뿐만 아니라 단지 색과 구도(構圖)를 통해서만이 현존하게 된 지오콘다의 미소 또한 "비실재적"(iréel)인 기호이기는 마찬가지라는 것이다. 이를 가리켜 리쾨르는 하나의 부재가 또 다른 부재를 가리키는 "기호들 간의 지시 놀이"라고 말한다.[10] 그렇다면 어머니의 부재가 단지 상처나 트라우마로만 기능한다고 말할 수 있을까? 그 결핍이나 부재는 신경 증후적 발병 요인으로 작동하는 것이 아니라 회화적 형상화를 통해 극복된다고 말할 수 있지 않을까?

프로이트와 리쾨르가 공히 주목하는 예술 작품의 "시간적 각인(刻印)"의 요소는 다음과 같은 것이다. 예술 작품 안에는 탈시간적인 무의시적 표상의 반복이 드러나는 것이 아니라 "시시각각의 인상이 주는 현재, 유년의 과거 그리고 기획의 실현이 가져다주는 미래가 서로 통합"될 수 있다는 것이다.[11] 다시 말해 신경증과 꿈에서 발견되는 퇴행(regression)의 징후만이 드러난다면, 예술 작품에서는 전진과 승화의 모티브가 발견된다는 것이다. 이 점에 대해 리쾨르의 말을 직접 들어보자.

> 이런 예술 작품들이 새로운 창작품인 것은 그것들이 예술가들의 내면적 갈등들을 단순하게 투사했기 때문이 아니라, 그 갈등의 해결책을 모색하고 있기 때문이다. 꿈이 뒤쪽을 바라보고, 유년 시절을 바라보고, 과거를 바라본다면, 예

9) DI 174 [264].

10) DI 177 [268]. 어머니의 부재를 겪는 어린아이들의 놀이가 비교적 단선적이고 직접적인 반면, 어른인 예술가들이 보여주는 놀이는 이중 또는 다중적이고 간접적인 특징이 있다고 볼 수 있을 것이다.

11) DI 168 [254].

술 작품은 예술가 자신보다 더 앞질러 나아간다. 다시 말해 예술 작품은 예술가의 해결되지 못한 갈등의 퇴행적 증상이라기보다는 그 사람의 인격적 통합 및 미래를 전망하게 하는 하나의 상징(symbole)인 것이다.[12)]

지금까지 우리는 『해석에 대하여』에 등장한 리쾨르의 프로이트 예술론(회화론)에 대한 해석을 아주 대략적으로 살펴보았다. 여기서 우리가 너무 성급하게 리쾨르의 회화론의 단초나 씨앗을 발견했다고 말해서는 안 될 것 같다. 다만 앞으로 이어질 논의를 위한 몇 가지 논점들을 예감해보는 것으로 만족해보자. 그것은 대강 이러하다.

작품과 작가 사이의 관계,[13)] 작가의 자기 정체성의 문제, 예술 작품의 특이한(singulier) 존재론적 지위의 문제.

3. 렘브란트 자화상과 자기 정체성[14)]의 문제

리쾨르가 『해석에 대하여』 이후에 『해석의 갈등』(*Le conflit des interprétations: essai d'herméneutique*: CI)(1969)이라는 저작에서 「예술과 정신분석」이라는 글을 다시 싣고 그 관계를 재론하지만 1965년 저작의 관점을 벗어나거나 넘어서 있는 것은 없어 보인다. 「렘브란트 자화상에 관하여」(“Sur un autoportrait de Rembrandt”) [15)]

---

12) DI 176 [266-267].

13) 이는 조금만 확장해 생각해보면 언어(표현물)와 인간 사이의 관계를 묻는 물음의 축소판임을 짐작할 수 있을 것이다.

14) 필자는 그동안 identité 개념을 사물의 그것과 이야기하는 존재인 인간 현존재의 그것을 동시에 포괄하는 용어인 ‘동일성’으로 좀 고집스럽게 사용해왔다. 하지만 지금의 문맥에서는 정체성이라는 용어로 화가 자신의 정체성과 그 감상자의 정체성 문제를 다루는 것이 명백하므로 굳이 고집할 필요가 없을 것 같다. 보다 자세한 논의는 윤성우, 『폴 리쾨르의 철학』, 철학과현실사, 2004a의 제9장 「리쾨르의 자기동일성 이론, 그 의의와 한계」를 참조할 것.

15) 1987년에 쓰인 이 글은 *Lectures 3*, Seuil, 1994, pp.13-15에 실려 있다.

를 쓸 당시 리쾨르는 『시간과 이야기』(전3권. 각각 1983년, 1984년, 1985년에 출간)을 마치고 얼마 있지 않았을 때였다. 3쪽 남짓한 압축적인 분량에 매우 난해한 이 글은 자화상(自畵像)이라는 회화의 한 양식이 전제하는 하나의 관념을 문제 삼는다. 즉, 자화상은 그 본성상 그 그림을 그린 이와 그 그림에 재현된 인물이 동일인이라는 것을 전제를 한다. 하지만 리쾨르는 그것이 그다지 자명하지 않아 보인다는 것을 <렘브란트 자화상>(1660년)을 가지고 언급한다. 다시 말해 "그 그림에 등장한 얼굴과 화가의 얼굴이 동일하다고 말할 수 있는 근거는 무엇일까"라고 묻는다. 물론 일상적으로는 자화상의 외부에 나타나는 다양한 지표와 정보, 즉 그림에 관한 문헌상의 설명들, 심지어는 화폭 내부에 화가의 서명과 그 연월일 등등은 자화상을 알아보는 데 중요한 정보이다. 하지만 이것은 자화상을 그린 화가의 이름과 성명만을 말할 뿐이지 재현된 인물의 이름을 말하는 것은 아닐 것이다. 왜냐하면 "자화상에 재현된 인물의 이마에 그의 이름이 쓰여 있지 않기" 때문이다.[16] 따라서 화가의 전기(傳記)나 미술관의 관계자들, 화랑이나 갤러리의 수집가들과 책임자들이 주는 정보도 여전히 쓸모 있을 것이다.

그런데 문학에서는 물론이고 예술의 영역에서 작가가 자신의 작품에 의미를 부여하는 최종적인 심급(審級)의 자리를 더 이상 차지할 수 없는 지금에도, 그리고 작품 자체가 자신의 의미를 독자와 함께 찾는 것이 대세인 요즘에도 여전히 자화상은 자화상의 인물과 그 인물을 그린 작가와 같은 사람임을 확인하고 증명해내기를 요구한다. 하지만 리쾨르가 보기에 두 인물의 동일성은 그다지 자명한 것이 아니며, 오히려 "구성"(construire)해내야 한다고 말한다.[17] 그 이유는 렘브란트라는 화가가 실존한 인물이 맞지만 지금은 죽어 부재하기 때문이고, 캔버스의 저 깊숙이 자리 잡도록 겨냥된 인물 역시 비실재적이기는 마찬가지 운명이기 때문이다. 두 개의 부재하는 인물들끼리 동일성을 요구하는 진풍경이 자화상에서 벌어지는 것이다. 이런 두 부재들의 동일성을 보증하기 위해 리쾨르는 1660년 자화상

16) Ricoeur, "Sur un autoportrait de Rembrandt", *Lectures 3*, p.13.
17) Ricoeur, "Sur un autoportrait de Rembrandt", *Lectures 3*, p.14.

작업 당시에 54세의 나이로 늙어가면서 가세(家勢)가 기울어져가는 렘브란트 전기적 요소가 필요할 뿐만 아니라, 긴 삶에서 불우한 인생의 한 단면의 이야기가 어떻게 초상화라는 부동의 공간에 응집되는지를 당대의 화풍과 양식에 의거하여 설명하는 것이 동시에 필요하다는 것을 기꺼이 인정한다.

벌어져 버린 두개의 부재를 이어줄 방법으로 리쾨르가 제시하는 길은 스스로 "상상 속에서 (렘브란트라는) 화가가 그 자신을 그려내는 (자화상) 작업을 다시해 보는 일"[18] 이다. 이미 늙어가고 있으며 대중에게 버림받은 렘브란트는 거울이라는 도구를 이용하여 처음에는 자신에 대한 시각적 이미지를 그려내려고 했다는 것이다. 그 뒤 그는 거울 치워버리는데, 그 이유는 실상 그가 거울을 그리는 것이 아니기 때문이라는 것이다. 리쾨르는 렘브란트가 이미 거울을 통해 얻은 자신의 이미지가 자신의 것이라고 여기면서도 이 이미지의 인물에게 도대체 어떤 인간이냐고 묻는다는 것이다. 다시 말해 늙고 불우한 자신의 처지를 걱정하는 화가이기에 앞서, 자신이 그려내는 인물을 통해 "자기 자신을 알고자"(curieux de se connaître) 했다는 것이다. 바로 여기서 작품과 작가 사이의 관계, 작가의 자기 정체성을 찾는 물음의 문제에 대한 리쾨르 고유의 답변의 시도가 시작된다.

리쾨르에 따르면 나르시스가 물속에 비친 자신의 이미지를 에로틱한 사랑으로 여과 없이 사랑했다면, 오히려 렘브란트는 자신의 이미지에 대해 거리를 두고 애증(愛憎) 없이 "자기 점검"(자기반성)(s'examiner)을 시도했다고 본다.[19] 자기 자신에 대해 제기된 여러 물음들에 유일한 답변으로서 그 자화상을 내놓았다는 것이다. 자신을 점검해본다는 것이 렘브란트에게는 스스로를 화폭에 그려보는 일이라는 것이다. 다시 말해 렘브란트는 거울 속의 자신의 이미지를 화폭 속에서 재창조하면서 해석하고 있다는 것이다. 거울 속에 즉자적으로 현존하는 이미지는 "자아"(moi)라는 이름을 가지는 반면, 화폭 속에 옮겨져 읽혀진 재현된 인물은 "자기"(soi)라는 이름을 가지는데, 이 둘이 서로 다른 운명을 따로따로 가지 않고 연결

---

18) Ricoeur, "Sur un autoportrait de Rembrandt", *Lectures 3*, p.14.
19) Ricoeur, "Sur un autoportrait de Rembrandt", *Lectures 3*, p.15.

되어 동일성을 확보하게 되는 근거적 활동이 바로 자화상을 그리는 활동이자 그림 그리는 일인 미술이라는 것이다.[20] 영멸(永滅) 하는 것은 실제의 거울 속에 등장했던 화가의 이미지이지만 영속(永續)하는 것은 렘브란트가 죽어 없어져도 우리 곁에 남아 오히려 우리를 쳐다보는 그 자화상이 아닌지?

해석학자 리쾨르가 오래 전부터 지녀왔고 줄곧 변하지 않고 유지해 왔던 중요한 철학적 입장이 있다면 다음과 같은 것이다. 인간은 자기 자신의 이해와 파악을 위해 더 이상 의식의 직접적이고도 직관적인 명증성에 의존해서는 안 되며, 오히려 인간의 진정한 자기 파악이나 자기 이해는 "그 자신을 대상화해 주는 표현물, 행위들, 작품들, 제도들, 기념물들을 통해 매개"되고 해석되어야만 그 진정성에 이를 수 있다는 것이다.[21] 이런 그의 입장은 인간의 의식을 축 소하거나 부정하는 태도라기보다는 인간의 진정한 자기 자각이 저절로 주어지거나 자연의 소산이 아니라, 고되고 긴 해석의 여정을 거쳐야 한다는 것으로 이해되어야 한다. 사실 그의 학문적 여정을 살펴볼 때 그가 주로 집중해온 인간 의식의 매개물들은 주로 언어와 관련된 것이 대부분이었다. 상징, 신화, 은유, 이야기, 텍스트 등이 그렇다. 여기서 문제는 그의 해석학적 입장의 일반적인 원칙을 구체적인 그림이나 회화에 적용하여 인간에 대한 보다 구체적인 해석을 이끌어 내어, 보다 나은 인간의 자기 이해에 도달할 수 있느냐는 것이다. 상징, 신화, 은유, 이야기, 텍스트 등은 언어적 표현물이고, 회화나 그림은 비언어적 표현물이라는 일반적인 반론이 제기될 수 있기 때문이다. 사실 이런 반론은 해석의 적용 가능 영역을 확장할 때 당연히 제기될 수밖에 없을 것이다. 여기서 우리의 논점을 너무 확대하여 나가지 말고 리쾨르의 회화론 안으로 좀더 들어가 보자.

리쾨르는 『해석에 대하여』에서 "예술 작품이 증상(症狀)이자 동시에 치료(요법)"이라고 말한다.[22]

---

20) Ricoeur, "Sur un autoportrait de Rembrandt", *Lectures 3*, p.15.
21) DI 51 [92].
22) DI 175 [266].

이것은 예술가나 화가의 작품이 그 개인의 과거사적 외상을 형상적 방식으로 담고 있으면서도 그 외상이 남긴 지극히 개인적일 수 있는 문제들에 대한 현재적인 또는 미래지향적인 대답이나 해법으로서 기능하고 있다는 뜻일 것이다. 다시 말해 화가들의 붓은 어머니의 키스에 대한 추억, 자신의 불행과 불운에 대한 회한(悔恨)을 그대로 담아내는 것이 아니라 특정의 관점과 방식으로 창조하는 것이다. 인간이면 누구나 자신에게 고유한 문제와 물음을 가지게 마련이다. 그것이 출생에 관한 것이든, 유년기의 것이든, 사랑에 관한 것이든, 불운한 가정사에 관한 것이든 그 문제를 풀어갈 운명을 지니고 있는 존재가 바로 인간이다. 결국 한 인간의 고뇌와 물음을 표현한 것이 작품이자, 그 고뇌와 스스로 대결한 것의 답을 표현한 것이 작품이라는 것이다.

4. 미적 체험에 대한 대담

리쾨르는 1995년 『비판과 확신』(*La Critique et la Conviction*: CC)이라는 제목을 단 대담집을 출간한다. 여기서 그는 긴 대담의 마지막 주제로 "미적 체험"(expérience esthétique)을 택한다. 왜 마지막 순서에서 그림과 조각, 음악 등등의 주제를 논하는 것일까? 형이상학이나 존재론이 뿌리이고 사회철학이나 정치철학이 줄기이고, 가장 화려 하고도 빛나는 꽃 부분이 예술철학이나 미학 정도로 생각하는 전통적인 철학관의 반영일까? 자신의 현상학적 또는 해석학적 입장의 예술적 함의나 추인을 논하는 자리여서 맨 마지막에 놓인 게 아닐까? 그 부분의 대담을 자세히 들여다보면 이전의 중요 저서에서 나왔던 개념들을 원용함으로써 자신의 화화론이나 예술관을 피력하고 있는 부분이 나오기도 한다. 이 대담에 등장하는 많은 중요한 주제를 모두 언급할 필요는 없으므로 그의 회화론이나 그림론에 관련된 입장들을 중심으로 재론해보자.

현대에 들어서 더 이상 그림을 "자연의 거울"로 보는 이는 없을 것이다.[23] 자연의 풍경을 두고 '한 폭의 그림' 같다는 사람들의 평가나 인상은 그림이 얼마나 그동안 자연을 담아내는 중요한 통로이자 표현이었는지를 잘 보여준다. 하지만 우리가 더 이상 그림이 자연의 거울이 아니라는 점을 십분 인정할 수 있음에도 불구하고 그림이 여전히 무엇인지, 그리고 그림이 무엇을 말하고 무엇에 대한 것인지의 논의는 아직 정답이 없는 상태이다. 하지만 오히려 리쾨르는 더 이상 그림이 구상적(具象的)(figuratif)이지 않게 된 20세기 들어서야 그동안 아주 평면적 차원에서만 수용되어온 "미메시스"(mimesis)에 대한 진정한 이해의 지평을 넓힐 수 있다고 말한다.[24] 그는 이미 『시간과 이야기』에서 미메시스 I, II, III이라는 개념을 동원해서 이야기의 출현의 선(先)조건, 그 생성의 내적 조건과 그 사후적 파급을 심도 있게 다룬 바 있다. 하지만 이 방대한 저서에서 자신의 그 분석틀이 그림이나 회화 일반에까지 확장될 수 있는 여지에 대한 언급이나 시사를 하지 않은 게 사실이었다.

그런데 미적 체험을 주제로 한 이 짧은 대담에서 리쾨르는 언어 기호와 회화적 표현 사이에 일정한 유비를 지적하고 있다. 예를 들어, 소설 속에서 언어들은 자신만의 고유한 기법을 통해 일상적인 사물을 지시하는 기능으로부터 후퇴해서 스스로의 공간 안에 머물며 상상의 세계를 만들어내고, 또 그 언어들은 독자와의 만남을 통해 독자들의 현실적인 기대 지평을 "뒤흔들고, 부인하고, 리모델링하면서 독자들의 세계를 재구조화"한다는 것이다.[25] 이와 마찬가지로 더 이상 우리에게 익숙한 사물들을 알아보는 데 그림의 기능이 있지 않다면, 그림 역시 철저하게 일상적인 현실의 공간으로부터 후퇴해서 자신만의 독특한 색감과 구도를 통해 그 작은 캔버스 안에서 일상의 현실 아닌 다른 세계를 만들어 내는 역할을

---

23) E. H. Gombrich, 『서양미술사』, 백승길·이종숭 옮김, 예경, 2013, p.314. 이 명작의 20장 제목이 바로 "자연의 거울"이다.

24) CC 260 [319].

25) CC 260 [319].

수행한다고 볼 수 있다. 그런 독자적인 회화의 공간을 통해 그림은 우리에게 무엇을 전하려는 걸까? "현실에 대한 새로운 암시"[26], "우리의 체험 속에서 아직 드러나지 않은 미지의 측면을 발견"[27]하게 하는 그런 힘을 지닌 것이 화화가 아닌가 하고 리쾨르는 묻고 있다. 여기서 한 가지 흥미로운 점은 리쾨르가 이런 언어관 또는 이런 회화론을 언급하면서 "실재와의 일치"(adéquation au réel)로서의 고전적인 진리관이 재론될 수밖에 없다는 점을 지적한다는 것이다. 소설의 언어나 화화적 표현과 어울리는 진리관은 과연 어떤 것일까? 대응이나 일치의 진리관이 아니라 발견의 진리관이 아닐까? 이미 이런 진리관은 그의 저서 『살아 있는 은유』(*La métaphore vive*: MV)에서 새롭게 제기된 "창조와 발견"으로서의 진리관을 닮아 있는 것은 아닐까? 은유가 사태나 사물의 새로운 측면과 양상을 발견할 뿐만 아니라 오직 그런 표현을 통해서만이 새로운 세계의 모습이 드러난다는 점에서 발견과 창조의 진리관을 말했기 때문이다.[28] 하지만 사실 리쾨르는 시적 및 유적 표현과 회화적 표현 사이에 공유될 수 있는 진리관을 말하는 것 같지만, 언어적 표현과 비언어적 표현의 차이가 엄연히 존재하는 상황에서 어떻게 유사한 진리관이 공유될 수 있는지 말하는 것 같지는 않다.

대담의 진행 중에 대담자는 앙드레 말로의 유명한 말—"위대한 예술가는 세계를 그대로 옮겨 적는 사람이 아니라 그런 세계를 대적하고 경쟁하는 사람이다"—을 인용하고 있다.[29] 리쾨르는 긴 답변을 하며 좀 역설적인 문제를 던지기 시작한다. 리쾨르는 예술이 단순히 현실의 걱정이나 회피의 수준에 머물러 버리고 우리 현실의 깊숙이 침범하지도 않고 "우리의 현실 세계로 다시 쳐들어오는"(faire retour au monde) 일을 하지 않는다면 별 의미 없는 예술이 될 것이라고 말한다.[30] 그런 진정한 예술성이 가장 두드러지는 때는 작품이 일상적 현실을 재현하고 그

26) CC 261 [320].
27) CC 260 [319].
28) MV 310.
29) CC 262 [322].
30) CC 263 [323].

것과 가지는 지시적인 관계성을 가장 멀리 할 때라는 것이다. 특히 비(非)구상 회화와 음악의 경우가 그러한데, 그림이 더 이상 (현실)기술적이지 않고, 그것과의 거리가 심화될수록 "우리의 체험 세계를 물어뜯는 힘"이 강화된다는 것이다.[31] 이런 리쾨르의 입장을 좀 단순화해서 말해본다면, 일상적 현실 속의 그 무엇을 그리는지 우리가 알 수 없으면 없을수록 그 그림의 현실 파괴력이 증가된다는 것으로 받아들여도 될까?

리쾨르는 계속된 대담에서 생빅투아르(Saint-Victoire) 산(山)을 계속해서 그렸던 세잔(Cézanne)을 언급한다. 그가 세잔의 그 그림들에 대해 묻고 있는 핵심은 "왜 그가 같은 각도에서 그 산을 다시 그리느냐?"이다. 그것은 흔히 일반적으로 그 산에 대해 말하거나 가지게 되는 것과는 다른 것, 다시 말해 그 산이 그때, 그 시간에, 그 빛 아래에서 그 산이 가지는 "독특성"(singularité)을 그리고자 했기 때문이다.[32] 만약 사정이 그렇다면 화가인 세잔의 눈에는 같은 생빅투아르 산은 없는 것이다. 그래서 화가들이란 특정의 상황과 특정의 기회에 노정(路程)되는 특정의 양상을 특정한 방식으로 포착하는 사람이 되는 것이다. 하지만 바로 그 시간에, 바로 그런 조도(照度) 아래에 노출되어 그런 독특한 상황에 직면하게 되는 사람은 예술가를 제외하고도 많다는 것이다. 따라서 예술가들의 천재성이란 그런 특이한 경우와 특이한 문제 상황에 대해 "긴박한 부채감"과 "믿기 어려울 정도의 의무감"을 가지고 예술적으로 부응하고 응답하는 능력이라는 것이다.[33]

더 흥미로운 점은 화가들이 자신의 작품을 통해 이룩하는 그런 독특성 안에 보편성(universalité)의 요소가 들어 있다고 리쾨르가 주장한다는 것이다. 작가들이 대상 세계 속에서 가지는 원초적 체험 자체는 그 자체로서 소통 불가능하고 오직 그 예술가만을 개입시키고 참여시키는 체험일 수 있다. 아직 거기에는 소통의 여지는 적다. 하지만 그 생경한 체험이 작품화될 경우, 다시 말해 "가시적인

31) CC 264 [324].
32) CC 267 [327].
33) CC 268 [329-330].

작품 안에 비가시적인 것, 즉 그 유일하고 당황스런 작가의 체험을 물질화시키는(matérialise)" 경우,[34] 바로 그때 보편적 소통의 가능성을 획득한다는 것이다. 그래서 리쾨르는 다음과 같은 미적(美的) 패러독스를 내놓는다. "독특성의 요구에 끝까지 따라 가보는 것이야말로 그 독특성으로 하여금 보편성을 획득할 수 있는 가장 큰 행운을 가져다 줄 것이다."[35]

이미 프로이트 예술작품론에 대한 리쾨르의 해석에서 우리는 어느 정도 그의 회화론의 가장 기초적인 윤곽을 짐작할 수 있었다. 개인적인 트라우마와 문제를 형상적(形相的) 방식으로 표현한 것이자 이에 대한 마찬가지 방식으로 대답한 것이자 답변이라는 것이다. 리쾨르 회화론의 이런 특징은 그가 렘브란트나 세잔 등을 해석할 때도 크게 다라지지 않았다는 점을 우리는 확인할 수 있었다.

5. 화가 장 바젠[36]과의 대화

1997년 화가 장 바젠을 중심으로 리쾨르, 미학자 앙리 말디니(Henry Maldiney) 등이 참여한 화보집 대담이 꾸며진 바 있다.[37] 여기서 그는 다른 몇몇 참가자와 더불어 바젠과 대화를 나누었는데 그 제목은 "l'insoluble"이었다. 바젠은 자신이 그린 그림들의 원동력을 설명하면서, "부재", "모든 생각으로부터 자유로워져서 불가능을 추구하는 열정", "해답될 수 없는 것을 명확하게 받아들이는 자각 속에서 끝없는 기대를 품는 열정" 등을 언급하고 있다.[38] 리쾨르는 바젠의 말을 되받으면서 오히려 부재나 불가능 같은 것을 언급하지만 화가는 "화가로서

---

34) CC 269 [330].

35) CC 270 [331].

36) 장 바젠(Jean Bazaine, 1904-)은 일명 '파리유파'(L'école de Paris)의 중요한 대표화가 중의 한 사람으로 샤갈과 미로의 친구이기도 하며 구상과 추상 사이의 절묘한 지점을 찾았다는 평가를 받고 있다.

37) R. Lesgards, *Jean Bazaine: couleurs et mots*, Le cherche midi éditeur, 1997.

38) Lesgards, *Jean Bazaine: couleurs et mots*, p.67.

실재적인 어떤 것(un réel)을 생산한다"[39]고 말한다. 리쾨르의 긴 설명을 한번 따라가 보자.

> 당신[바젠]은 볼 만한 어떤 것을 그려내는 사람입니다. 그러나 아마도 사람들은 그림을 볼 때 자신들이 무엇이 실재(현실)(le réel)인지를 모르고 있다는 것을 자각하게 될 겁니다. 또한 사람들이 실재를 모방하고, 복사하는지, 또는 그것으로부터 멀어지거나 그것을 추상(抽象)해내야 하는지 모르고 있다는 것을 자각하게 될 겁니다. 하지만 과연 무엇을 우리가 추상해내야만 하는 것일까요? 당신은 앞에서 라캉의 말—"실재 그것은 불가능적인 것이다"—을 인용했습니다. 이 말은 제게 아주 충격적이었습니다. 들판(campagne)을 한번 예를 들어 보렵니다. 도시인에게 그 전원의 풍경은 농부와 달리 결코 경작지로서의 들판이 아닙니다. 아마도 자신이 일하는 공간에 대한 성찰을 시도하는 드문 기회가 아니라면 농부에게는 전원의 풍경이란 존재하지 조차 않을 것입니다. 그가 들판에서 늘 묻는 물음은 "내가 여기서 뭘 해야 되지?"라는 것일 겁니다. 반면 과학자에게 실재(현실)란 계산될 수 있는 모든 것입니다. 인상주의자들은 자연의 순간적인 인상을 간직하고 있다고 강하게 생각합니다. 그렇다면 실재란 다소 거칠고 교육받지 못한 인상들의 소산인가요, 아니면 화가에 의해 이미 형성되고 있는 하나의 시선 같은 것인가요? 우리에게 전원의 풍경이 라는 것이 있게 된 것은 우리가 라위스달(Ruysdael), 코로(Corot), 푸생(Poussin) 같은 화가들의 풍경(그림)을 보았기 때문일 겁니다. 그래서 지금의 우리는 자연 그 자체 안에서 그림을 보게 되는 것이지요. 그러나 다음과 같은 세 가지 용어의 대립을 다시 이야기 해보지요. 즉, 실재. 추상, 구상(또는 비구상). 사람들은 흔히 우리가 어떤 점에서 이 세 용어들을 둘씩 대립—구상 대(對) 추상, 추상 대 실재—시켜보는지를 안다고 상정합니다. 그런데 이런 용어상의 대립을 중지해봅시다. 화가 우첼로(Uccello)를 한번 봅시

39) Lesgards, Jean Bazaine: couleurs et mots, p.68.

다. 그가 그린 말(馬) 그림은 힘이나 능력 같이 일종의 거의 절대적인 대상에 도달하려는 투쟁을 증언하고 있습니다. 그러나 바로 그런 점에서 그는 추상적이지요. 그 그림은 결코 (현실의) 복사가 아닙니다. 그는 말들을 창조해낸 것이지요. 이런 관점에서, 대상의 현시, 즉 대상들의 직접적인 현시가 아니라 그림이 존재하게 되는 이상, 진정한 혁명과도 같은 것은 없습니다. (대상들이) 그림으로 이행한다는 것은 이미 탈실재(hors-réel)인 것이자, 동시에 우리가 실재라 부르는 것을 쇄신(renouvellement)하는 것이지요. 라스코 동굴에서 이미 일상적 현실과 진부함에 대해 거리두기를 한다는 점을 사람들이 관찰할 수 있다고 말씀하셨지요…….[40]

우리는 이 긴 리쾨르의 언급에서 무엇을 얻어낼 수 있을까? 바젠은 계속되는 대화에서 "집요한 불만족", "결핍감", "도달 불가능한 것"(l'inaccessible) 등이 예술적 추구의 진정한 모티프라고 말하며 다음과 같이 지적한다. "창작이란 '바로 그것'이라는 것으로 향하는 사이사이의 공간에서 일어나는 것이지요. '바로 그것'이란, 아주 다행스럽게도, 도대체 적중할 수 없는 것입니다."[41] 사실 리쾨르나 바젠이 서로 다른 용어들로 말하고 있다 해도 그들이 말하고자 하는 바는 같은 것을 지향점으로 삼는 것이 아닐까? 사물을 언어로 바꾸어 말하고 언어를 통해 사물의 새로운 양상들을 발견해내는 인간, 그냥 주어지는 사물들의 인상에 만족하지 않고, 그 너머에서 회화의 방식이 아니라면 현재화될 수 없는 것을 그려나가는 인간들이 말하는 실재란 무엇일까? 우리가 진정한 세계의 모습을 찾아나가고 추구해 나간다고 한다면, 그것은 실재가 날 것인 상태로 그냥 주어지는 대상들의 집적이 아니기 때문일 것이다. 부정적으로 말하자면 실재란 우리의 손아귀에서 빠져나와 늘 도망 다니는 것이기 때문이고, 긍정적으로 말하자면 실재란 "무궁무진한 것"(un inépuisable)이기 때문일 것이다.[42]

---

40) Lesgards, *Jean Bazaine: couleurs et mots*, p.68.

41) Lesgards, *Jean Bazaine: couleurs et mots*, p.73. 원문은 이렇다. "La création, c'est ce qui se passe dans l'espace intervalle du vers cela: le cela étant, fort heureusement, hors d'atteinte."

42) Lesgards, *Jean Bazaine: couleurs et mots*, p.73.

6. 무궁무진한 세계

계속 되는 대화의 와중에 리쾨르는 "인간이 된다는 것은 우리가 죽을 수밖에 없는 존재인 것을 아는 것뿐만 아니라 결여(manque) 속에 살아간다는 것이다"라고 말한다.[43] 완전한 충만함 속에 인생을 마칠 수 없는 근본적 한계와 조건을 극명하게 언표한 말일 것이다. 하지만 결여나 결핍은 우리를 무한히 상상적으로 자극하기 마련이다. 구체적인 대상과 사물을 획득함으로써 채워지는 결여는 1차적인 의미의 결여일 것이며, 또한 그 대상의 부재라는 수동적 상황에 대한 반응일 것이다. 이런 차원을 넘어서서 일상적 대상의 현존이 만족시켜주지 못하는 결여가 있다면, 그것은 근본적 차원의 결여일 것이다. 근본적으로 결여적인 존재인 인간을 포함하는 세계와 실재는 근본적으로 '완결적인'(achevé) 상태에 이르지 못할 것이다. 어떻게 보면 기표와 기의 사이가 서로 잘 안착(安着)해서 오해 없고, 혼선 없는 소통 가능성을 소망하는 것이 늘 성공적이지 못한 것은 기표와 기의 자체의 내재적이고 태생적인 운명 때문만은 아닐 것이다. 기표와 기의로 이루어진 언어적 기호가 과녁으로 하고 있는 것이 바로 실재일 것이다. 화살은 시위를 떠나 과녁을 향해 가지만 과녁은 때로는 조금씩 미동하기도 하지만 때로는 크게 요동치기도 한다. 그때, 그 순간, 그곳에서 그것을 포착하려고 떠난 화살이 언어적 기호들만은 아닐 것이다. 음악, 그림, 조각 등등 인간의 모든 예술적 표현물들이 다 그러할 것이다. 그렇다면 모든 종류의 인간적 기호들의 불완전함과 그 극단적인 다양성을 탓해야 할까?

만약 인간적 기호들의 모든 목록과 그 각각의 리스트가 한편에 존재하고 그것들이 대응하거나 담당하는 실재나 세계의 모든 다양한 양상과 측면이 마주서게 된다면 그 화살들이 과녁을 정확히 맞히는 일들이 생기게 될까? 어떤 특정하고도 유일한 그 음악—또는 그런 장르의 음악—만이 불현듯 우리에게 공급해주

43) Lesgards, *Jean Bazaine: couleurs et mots*, p.69.

는 감동과 정서, 또는 무드(mood)와 맥락이 있다는 점을 부인하기 어렵다. 그런 사정은 특정의 그림, 특정의 언어적 표현에서도 마찬가지일 것이다. 따라서 인간적 기호들의 모든 리스트를 선험적으로 만든다는 것은 완전한 언어를 선험적으로 꿈꾸어 보는 일만큼이나 허황된 일이 것이다. 사실 모든 인간적 기호들의 불완전성만이 그런 작업을 맹목적이게 하는 것은 아닐 것이다. 더 근본적으로는 실재나 세계가 그런 것을 허용하거나 가능하게 하지 않을 것이기 때문이다. 다시 말해 실재나 세계는 그 본성상 "무궁무진"(inépuisable)하기 때문이다.[44]

음악이나 회화는 그 무한함의 특정한 한 양상을 포착할 뿐만 아니라 그것을 각자의 방식으로 변형한다. 그 변형은 실재나 세계의 질적 변화를 가져다준다. 마르셀 뒤샹(Marcel Duchamp)이 남자 변기를 <샘>이라는 이름으로 전시한 후, 워홀이 가정용 세제 박스를 <브릴로 박스>라고 전시한 후에 사람들은 더 이상 변기와 박스를 일상적 눈으로만 쳐다 볼 수 없게 된다. 미술 개념 자체에 대한 형이상학적 반성을 불러일으킨 팝아트 계열의 작가들의 작품만이 실재나 세계의 증가나 쇄신을 가져다 준 것은 아닐 것이다. <오베르 쉬르 와즈의 교회>(L'Eglise d'Auvers-sur-oise)의 소재가 되었던 오베르 쉬르 와즈 마을의 교회와 들판을 떠올려 보자. 우리는 고흐의 작품과 따로 떨어져서 그 풍경과 교회를 볼 수 없게 되었다. 우리의 눈은 고흐 작품의 그 전과 그 후로 나누어지게 된 것이다. 바르비종과 밀레도 마찬가지가 아닐까?

사실 우리는 리쾨르의 회회론을 다루며 몇 가지 중요한 논점의 결론을 내지 않았다. 바로그의 미메시스론의 문제와 그의 해석학적 틀을 비언어적 표현까지 확대하는 문제이다. 이 두 문제는 분리된 문제는 아니다. 미메시스 개념의 출발점이던 플라톤적인 용법과 쓰임은 그 자체가 예술적이었지만 리쾨르에게서는 철저하게 이야기라고 하는 상상적 공간의 전후를 다룰 때 나왔던 개념으로서 직접적으로 예술 자체를 그 적용 대상으로 삼지 않았었다. 리쾨르는 몇 군데서 그 개념의

---

44) PV 147.

예술적 적용을 시사(示唆)하고는 있지만 시사 이상을 넘어서지는 않고 있는 게 사실이다. 다양한 담론들의 경계를 마구 뒤섞지 않으려는 지적 금욕주의라고 할까?

마찬가지로 상징, 은유, 이야기 또는 단어, 문장, 텍스트라고 하는 언어(학) 단위를 철저하게 해석학적으로 고려하던 리쾨르에게서 비언어적 표현인 화화에 자신의 해석학적 틀을 곧바로 적용하기가 쉽지 않았었을 수도 있다. 그림도 텍스트와 마찬가지로 읽기와 독해의 대상이 된다면 리쾨르가 그림을 말하기 위해 해석학적 확장의 이론적 장치의 필요성을 느꼈을 것임에 틀림없다. 하지만 그런 시도의 흔적을 발견하기란 쉽지 않다. 그런 사실이 그를 비난할 만한 점이 되는지는 분명하지 않다. 혹시 하이데거와 고흐(또는 클레), 푸코와 마그리트, 들뢰즈와 베이컨을 강하게 묶어 놓고 이것을 철학자의 이론 및 그 적용의 사례들로 보려는 사람에게는 그럴지도 모른다.

제6장
리쾨르의 기억론과 이야기

모든 슬픔은 말로 옮겨 이야기로 만들거나,
그에 관해 이야기를 한다면 참을 수 있다.
— 아이작 디네센(Isak Dinesen)

1. 두 방향의 문제 제기—기억에서 (역사)이야기까지 그리고 기억의 정당한 사용법

신(神)이 자연을 만들었다면 인간은 역사를 만들어 간다는 신념은 지금과 같은 포스트모더니즘 시대에는 오히려 낡은 생각이 되어가고 있는지도 모른다. 특히 거대서사로서의 총체적 역사(Histoire)의 주인공이자 화자(話者)로서, 인간이 그것을 만들어 간다는 관점에 전적으로 동의하는 사람은 모더니즘의 화두에 여전히 사로잡혀 있다는 혐의를 받을 것이다. 그럼에도 불구하고 연대기적 사건들의 기록 또는 재구성의 의미에서의 역사술(historiographie)은 여전히 살아남은 인간 세대의 몫임에 틀림없다. 한 발 더 나아가보자. 그렇다면 지금은 사라져 부재한 그 어떤 것으로서의 과거의 사건을 가지고 인간은 어떻게 역사(또는 문화)를 만들어 가는 걸까? 현존하지 않고 사라졌다고 믿어지는 것들의 위상이나 자리는 무엇이어야 하는가? 물론 인간 삶에서 부재(不在, absence)의 영역이 역사적인 것의 영역만이 있는 것은 아닌 게 분명하다. 문학적 상상의 영역, 몽환의 환상적 영역, 정치적 유토피아(utopie)[1]등이 대표적인 부재의 영역임에 틀림없다. 하지만 역사가 담당하고 짊어질 부재는 독특할지도 모른다. 이미 앞서 일어났던 일과 사건이 눈앞에서 사라졌다는 의미에서, 그것은 역사의 부재의 영역일 텐데, 그것에 대해 당시 가졌던 기억(mémoire)이 개입하지 못하거나, 지금 그것에 대해 우리가 이야기(récit) 하지 않을 때, 이 영역이 진정 끝까지 부재로 남아 있게 된다는 점에서 독특하다. 그럼에도 불구하고 기억과 이야기가 개입한다면 그 부재의 영역은 당당히 우리에게 정당한 역사의 장(場)에 편입되는 것이 아닐까? 하지만 부재의 영역이 아무런 대가 없이, 기록으로서의 역사의 무대에 등장하고 기입되는 것은 아니다. 나름의 독특한 비용이나 노력을 치른다고 봐야 한다. 그렇다면 과연 어떤 부담을 치르고 역사에 등록되는 것일까? 우리는 상상에 대해서 그것이 사실(事實)의 참된 것에 저촉된다고 비난하지는 않는다. 오히려 상상은 제한 없이 더 상상되어지고 꿈꾸어지도록 허용되고 권고되기까지 한다. 더 정확히는 사실적이지 않은 것, 현존하지 않는 것을 상상하도록 요구받는 것이 상상 활동의 본질인 것이다. 하지만 기억은 지나간 것과 일어난 것에 충실하고 그것이 진실되어야 한다고 주장하며 그럴 때라야 우리는 기억을 신뢰할 수 있다고 말한다. 다시 말해 기억은 독특한 진리 요구의 부담을 지는 것이다. 한 개인의 진실 되고자 하는 기억이 어떤 과정을 통해 보다 공공적으로 인정받는 다중(多衆)의 역사 이야기까지 이르게 되는 걸까?

왜 우리는 기억하려는 걸까? 마치 기억이 없다면 그 어떤 것도 불가능한 듯, 그 어떤 것도 앞으로 기획될 수도 없는 듯이 말이다. 작게는 한 사람의 생일을 기억하고 회갑을 잊지 않고 기념하며, 크게는 국가적으로 기념에 필요한 모든 법적 및 재정적 뒷받침을 해가며 기념일을 제정하고 잊지 않으려고 애쓴다. 3.1절, 6.25, 8.15 광복절, 10월 3일 개천절 등등. 마치 그런 사건들에 대한 기억만이 오늘날의 우리를 그리고 우리의 현재를 만들어온 듯 그렇게 기념(기억)한다. 이런 맥락에서 발터 벤야민(Walter Benjamin)은 우리가 이러 저러한 이유로 경험적 차원에서

1) 유토피아는 희랍어로서 어원상 이미 *u* (없는) + *topos* (장소, 공간, 땅)의 결합으로, 지상적 현실 세계에서는 '없는 곳'이라는 의미이다.

어떤 사건을 기억하지 못할 수도 있는 가능성은 상존하지만, 그 사건의 성격상 본질적으로 기억되기를 요청하고 요구하는 사건들이 있음을 언급한 적이 있다.[2] 기억의 의무라고 까지는 말하기는 어려워도 기억됨직한 사건들이 분명 존재한다는 것이다. 분명 저절로 잊어버려지는 일들이 비일비재한데도 우리는 왜 잊지 않고 기억하려는 걸까? 최근의 기억과 망각을 둘러싼 거대한 문제 제기와 논쟁의 중심적 용의자이자 피고로 지목될 수 있는 히틀러조차 종종 기억에 호소했다는 점은 아주 흥미롭다. 그는 1차 세계대전 후 다분히 독일에게 굴욕적으로 가해졌던 베르사유 조약을 독일 국민들이 기억해야 한다고 선동했었다.[3] 누구도 그 조약이 그의 정치적 부활 및 전후 독일의 군사적 재무장의 동력이었다는 사실을 부인하지 못하고 있는 형편이다. 과연 그가 기억을 정당하게 사용했었다고 말할 수 있겠는가? 기억을 제대로 사용한다는 것이 무엇일까? 기억의 정당한 사용에서 망각과 용서가 등장하고 개입하는 맥락과 상황은 어떤 의미에서일까? 우리는 이런 물음들에 대한 나름의 답변을 리쾨르를 통해 일부나마 답해보려고 한다.

---

2) W. Benjamin, 「번역자의 과제」(*Die Aufgabe des Übersetzers,* 1923), 『언어 일반과 인간의 언어에 대하여/번역자의 과제 외』, 최성만 옮김, 길, 2008, p.123.

3) 왜 독일에게 굴욕적이었을까? 베르사유 조약은 1919년 6월, 독일과 연합국 사이에 맺어진 제1차 세계대전의 강화조약인데 군사적인 측면에서 주요 내용은 이렇다. 1. 독일 제국은 전 대륙의 모든 식민지를 포기하며, 국제 연맹이 결정한다. 2. 독일 제국은 공군과 잠수함을 금지하며 전차는 36대를 남기고 나머지는 연합군이 차지한다. 육군과 해군은 10만 명으로 단축하며 군함은 36척으로 한정한다. 3. 독일 제국은 전쟁을 불러일으켰기 때문에 배상금 1,320억 마르크를 10년 이내에 지불해야 한다. 4. 탄띠씩 기관총의 개발 및 배치를 금지한다. 단, 탄창식 경기관총은 허용되었다. 5. 새로운 전차의 개발 및 배치를 금지한다. 6. 군대는 육해군을 합쳐 10만 명으로 제한하며, 항공 전력은 금지한다.

2. 리쾨르의 답변의 시도들

2.1. 기억과 역사 이야기

리쾨르(1913-2005)는 1960년대 프랑스 파리를 중심으로 거세게 일어났던 구조주의의 광폭한 흐름과 유행의 물결 아래에서 잠시 자신의 걸맞은 인정과 대접을 받지 못하고 비껴난 적이 있었다. 하지만 그에게 걸맞은 철학적 위상과 의미를 주고 그를 다시금 복원시켰던 그의 저작들이 있는데 그중의 하나가 바로 그것이 『시간과 이야기』(*Temps et récit*: TR)(전3권. 각각 1983년, 1984년, 1985년에 출간)이다. 짧은 지면에 다 말 할 수 없는 많은 주제들을 지닌 깊이 있는 저작이지만 우리는 아주 제한적으로 접근해 보고자 한다.

이 방대한 저작에 등장하는 여러 가지 논점들 중에 여기서 중요한 것은 소설의 허구적 이야기와 역사의 사실적이고자 하는 이야기가 구조적으로 동일한 양상을 지닌다는 점이다. 다시 말해, 역사 이야기가 즉물적 사실들의 연대기적 배열과 단순한 총합이 아닌 이상, 소설의 이야기와 마찬가지로 역사의 이야기는 사건만을 가지는 것이 아니라 인물과 반전, 우연과 목적 그리고 핵심적으로는 이 모든 이질적인 것들을 하나의 일관된 흐름과 맥락으로 엮어 내는 줄거리를 가진다는 점이다.[4] 따라서 한때 실증주의가 유포했던 (사실적 이야기로서의) 역사와 (허구적) 소설 이야기 사이의 인식론적 단절은 환상에 가깝거나 상당히 과장된 것이라는 점이다. 역사학이 물리학이나 화학 같은 엄밀 과학의 지위를 누릴 수 없는 이상, 역사 이야기는 일종의 언어적 재구성의 한 유형으로 볼 수 있다. 특히 기억을 근간으로 하는 구술사(口述史)는 두 말할 나위가 없다. 예를 들어 위안부 할머니들의 역사는 그들의 구술의 노력이 없었다면 이미 진정한 역사적 자리매김 없이 우리 인식의 무대에서 사라졌을지도 모른다.

---

4) 비슷한 관점을 지닌 전문 역사가의 견해를 참고하려면 F. Dosse, 『역사: 성찰된 시간』, 김미겸 옮김, 동문선, pp.64-65를 보라.

『시간과 이야기 3』에 나오는 대목을 잠시 살펴보자.

> 하지만 잊어서는 안 되는 범죄들이 있고, 고통의 대가로 복수보다는 이야기되기를 호소하는 희생자들도 있을 것이다. 오로지 잊지 않으려는 의지만이 그러한 범죄가 더 이상 일어나지 않도록 할 것이다.[5)]

위의 글에서 이미 상당한 시사점들이 주어졌다고 볼 수 있다. 기억과 역사 이야기, 심지어는 망각과 용서의 문제까지도 어느 정도 암시되고 있다. 느낌이든, 인상이든, 감흥이든, 직관이든, 의미이든, 사건이든 지금 눈앞에 없는 사라진 것들을 언어적으로 재현하면 역사와 문학이 되고, 회화적·조형적(造形的)으로 재현하면 미술이 되고, 음악적으로 재현하면 음악이 되고, 개념적으로 재현하면 철학이 된다는 다소 중립적인 인간학적 진실을 여기서 끄집어 낼 수도 있겠지만 그 작업은 접어두자. 우리가 앞서 제기한 문제, 즉 한 개인의 체험적 기억이 어떻게 역사 이야기와 역사 담론의 중추의 자리를 차지하느냐의 문제로 다시 돌아가 보자.

철학자 리쾨르는 개인의 사적인 기억에서 역사에 이르는 과정에 두 개의 징검다리를 놓는다. 개인의 기억이 다중의 공적 역사의 필요조건임에는 틀림없지만 그것이 자의적이고 주관적인 망설(妄說)이어서는 안 되기에, 리쾨르는 최소한의 객관성을 확보하는 노력을 잊지 않고 있다. 첫 번째 징검다리는 증언(證言, témoignage)이고 두 번째는 문서 기록(document)이다.[6)]

리쾨르는 증언이 일상생활에서뿐만 아니라 법정과 역사 이야기 등등에서도 중요하게 등장하는 대화의 한 범주라고 말한다. 그 이유는 어떤 사람이 그가 누구인지를 질문 받거나 무슨 일이 일어났는지를 말해 달라고 요청받았을 때 진실하고 신뢰할 만한 이야기로서 제시되는 것이 바로 증언이기 때문이다. 증언은 본

---

5) TR-III 275 [365].

6) P. Ricoeur, "Définition de la mémoire d'un point de vue philosophique", in *Pourquoi se souvenir*, 1999, Grasset, pp.28-32.

질적으로 개인의 체험에 근거해서 그것으로부터 '그것이 … 그랬다'(cela fut)라고 말하는 선언이다. 여기서 중요한 세 가지 요소의 발견이 이뤄진다고 리쾨르는 말한다.

1. "내가 거기에 있었다" (J'y étais)
2. "나를 믿어요" (Crois-moi)
3. "당신이 내 말을 믿지 않는다면 다른 사람에게 물어봐요"
(Si vous ne me croyez pas, adressez-vous à quelqu'un d'autre)

"내가 거기에 있었다"는 증언의 첫 요소는 기억의 진리 요구와 주장의 핵심적 알맹이이자 대체할 수도 없는 유일한 기억을 가리킨다. 당시 체험을, 그때의 고통을 처음으로 언어화한 일성(一聲)이다. 하지만 여기서는 체험의 주관성, 체험의 1인칭 시점이 강조되어 있는 반면, 아직 타자성이나 공적 특성이 드러나 있지는 않다.

"나를 믿어요"라는 증언의 두 번째 요소는 개인의 기억이 증언을 듣는 타자와의 신뢰관계를 형성하려는 장(場)으로 이동하고 있다는 것을 뜻한다. 이때부터 기억은 한 개인의 사적인 자기 보존을 벗어나서 타자와 공유되기 시작하는 것이다.

증언의 마지막 요소인 "당신이 내 말을 믿지 않는다면 다른 사람에게 물어봐요"는 증언이 가질 수밖에 없는 고립성과 주관성, 그리고 자의성을 극복할 수 있게 하는 요소다. 증언이라는 것은 보고 겪은 것을 말로 옮기는 것이고, 더구나 그것을 상호 신뢰의 장에서 인정받으려는 시도라는 점에서 현장에 있었던 다른 사람들의 또 다른 증언들과의—때로는 우호적인 때로는 비판적인—대면을 피할 수는 없을 것이다. 이렇게 되면 증언들 사이의 비판적인 조우를 통해 기억은 역사의 한층 더 가까워지게 된 것이 아닐까?

증언의 차원을 넘어서서, 개인의 기억이 공동체의 (집단적) 기억으로 결정적으로 업그레이드되는 것은 문서 기록을 통해서이다. 개인의 기억은 문서 기록의 언어들을 통해 공동체의 기억에 끼어들며 등록된다. "네가 그때 태어났다"는 한 개인적 증언을 넘어서 한 통의 출생증명서는 개인의 기억을 공동체의 기억에 붙박게 하는 중요한 근거가 되는 것이 아닐까? 예를 들어, 외국으로 입양된 한국 아이들의 출생증명이나 미아(迷兒) 신고서, 또는 발견 당시를 알게 해주는 사진들 등등은 미아 주변의 인물들이나 그 아이 당사자의 개연적인 증언을 넘어서 일종의 제도적 차원의 증언이자, 그 아이의 의사(意思)에 반하여 제공될 수 있다는 점에서 '비의지적' 차원의 증언이라고도 볼 수 것을 것이다. 역으로 공동체 기억은 이런 개인적 기억들을 외화해서 가짐으로써 유지되는 것이 아닐까?

그렇다면 증언과 문서 기록의 조합과 재구성, 그리고 보강으로 역사 이야기에 근접하게 된 개인적 기억은 이제 역사와 어떤 관계를 가지게 되는 걸까? 그 기억은 역사에 의해 대체될 수 있는 걸까? 그렇지는 않다. 오히려 역사는 그 개인적 기억을 공간적으로 그리고 시간적으로 확장한다. 공간적 확장은 다양한 기념관, 박물관, 묘지 등의 형태로, 시간적 확장은 기념일, 축일, 축제 등의 형태를 띠게 되는 것이다. 확장의 또 다른 양식, 다시 말해 개인적 기억을 확장하되 그 생생한 체험의 수많은 갈래를 따라 확장하다보면, 미술사가 되고, 음악사가 되고, 정치사가 되고 이른바 문화사가 되는 것이 아닐까?

2.2. 기억의 비판적 사용

앞에서 우리는 『시간과 이야기 3』의 한 대목을 잠시 인용했었다. 역사의 과정 속에서 악한 소행들이 생겼고 그 소행에 대한 형사적 처벌을 더 이상 시도하기가 불가능해진 경우가 허다하다. 그 범죄를 저지른 자가 죽어서 형사책임을 원천적으로 물을 수 없는 경우도 있고, 분명 상처와 그로 인한 아픔은 뚜렷이 현존하지만 범죄자와 그 처벌을 객관적으로 매개하고 중재할 제3의—정치적 및 법적—기관을 찾기란 매우 어려울 때가 많다. 이렇게 되면 직접적인 희생자들은 "과도한 기억"(le trop de mémoire)으로 고통스러워하고, 가해자 쪽 사람들은 되도록이면

부끄러운 과거가 드러날까 전전긍긍하며 "과도한 망각"(le trop d'oubli)이나 기억의 결핍 증세를 겪을지 모른다.[7] 전자는 위안부 할머니들을, 후자는 이들의 존재를 시종일관부인하는 현재의 일본 국민들로 지칭할 수 있을 것이다. 한국과 일본은 '미래 지향적 동반자적 관계'라는 온갖 정치적인 수사를 달고 다니지만, 한국은 개인적 및 집단적 기억의 형태로 존재하는 아픔에 아직 이별을 고하지 못한 상태이고 일본은 아직 가해자된 부채와 부담으로부터 해방되지 못한 상태이다. 과잉과 결핍으로 벗어나 균형 잡힌 기억의 자리를 찾는 일, 그리고 과거와 미래 사이에서 적절한 변증법적 지양의 상태에 도달하는 일이 어떻게 가능할까? 이것은 남은 세대들—특히 역사가—에게 주어진 임무 중의 하나임에 틀림없다.

기억과 관련된 이런 곤혹스런 상황에 대한 해결적인 대안으로서 리쾨르는 "기억의 비판적 사용"(un usage critique de la mémoire)을 제안한다. 이를 위해 리쾨르는 프로이트가 1914년 지은 글 「회상, 반복, 그리고 철저 작업」(*Erinnern, Wiederholen und Durcharbeiten*)을 참조한다.[8] 프로이트에 따르면, 1차 세계대전 후 전쟁의 피해에 시달리는 환자들은 회상을 잘 해내는 대신에 반복 강박적 행태를 보인다고 한다. 전쟁의 참상을 차츰 기억해내어 언어화해야만 치료가 될 터인데 그렇지 못했던 것이다. 그래서 프로이트는 이렇게 기억해내고 회상하는 일을 환자의 "저항을 뚫고"(*durch*) 이루어지는 고된 "작업"(*Arbeit*)이라고 규정하기에 이른다.[9] 이때 프로이트는 환자에게 자신의 병적 상태를 스스로에게 숨기지 말 것을 부탁하며 오히려 직시하길 권고한다. 계속해서 프로이트는 환자가 자신의 병을 자신의 일부로 간주하면서, 그리고 무시하지 않으면서 존중받아 마땅한 상대 적수로 간주하고 초대하라고 한다. 그래야만 병적 상태로부터 차후의 삶을 위한 중요한 보고(寶庫)를 길어낼 수 있다고 보았기 때문이다. 만약 그럴 수 없다면 억압

7) P. Ricoeur, *La Mémoire, l'histoire, l'oubli*, Seuil, 2000, p.I.
8) 정신분석학 개념들에 대한 번역은 J. Laplanche & J.-B. Pontalis, *Vocabulaire de la psychanalyse*, PUF, 1997; 『정신분석 사전』, 임진수 옮김, 열린책들, 2005 참조.
9) 프로이트는 "저항을 뚫고"(*durch*) 이루어지는 고된 "작업"(*Arbeit*)이라는 의미로 "철저 작업"(*Durcharbeiten*, 영어로는 working through)이라고 표현하고 있다.

된 것과의 화해를 영원히 이루어 낼 수 없다고 보았다. 결국 억압된 것에게도 그것에 걸맞은 정당한 발언권을 주라는 말이다.

본론으로 돌아와 "기억의 비판적 사용"은 어떻게 가능할까? 개인의 정신적 질병을 다루는 맥락에서 보자면, 저항하는 것에게 그리고 억압된 것에게 발언권을 주는 것이 바로 기억의 비판적 사용이라 부를 수 있을 것이다. 또한 그것은 치료의 중요한 시작과정이기도 했다. 보다 확대해서 공동체 차원에서는 어떻게 이루어지는 걸까? 리쾨르의 핵심적 아이디어는 바로 이것이다: "과거의 이야기들(과거의 역사들)을 지금까지와는 다르게 이야기해보는 것, 그리고 (나의 관점에서가 아니라) 타자—타인, 내 친구 또는 내 상대 적수—의 관점에서도 과거의 사건들을 이야기하게 하는 것." 이것이 그가 말하는 기억의 비판적 사용의 핵심이다. 예를 들어 일본인들이 과거사를 그들의 관점에서 이야기할 것이 아니라 타자인 피해자의 관점에서 이야기를 하게하고 또 듣게 될 때 비로소 그들의 일방적인 기억의 굴레에서 벗어나게 될지도 모른다는 것이다. 5.18 광주 민주화 운동이라는 과거사도 한 때는 "폭동", "내란음모"라는 당시 지배 세력의 일방적인 이야기의 굴레에서 벗어나지 못했었다. 그것은 가해자의 일방적 관점이 만들어낸 부분적 역사임에 틀림없다.

나의 기억을 다르게 이야기함으로써, 그리고 타자의 관점에서 이야기함으로써, 더 나아가 다른 기억들에게 말을 시킴으로써 우리가 얻게 되는 것은 무엇일까? 그래서 과거와 미래 사이의 변증법에는 어떤 일들이 생기는 걸까? 우리는 오랜 동안 과거는 이미 과거지사라는 닫혀져 있으며 규정된 어떤 것이라는 편견과 함께, 마찬가지로 미래만이 열려 있으며 아직 미(未)규정적이라는 그만큼이나 강한 편견을 가지고 있다. 하지만 프로이트가 말하는 "회상의 작업", "철저 작업", 리쾨르가 말하는 "다르게 그리고 타자의 관점에서 이야기하기"를 통해서 보면 그런 편견은 편견에 불과한 것이다. 물론 지나간 과거의 사실을 지우개로 지우듯 지울 수는 없다. 반면 우리가 저지른 일이건, 우리가 당한 일이건 적어도 우리에게 일어난 일의 '의미'만은 아직 그렇게 단정적이거나 규정적이지 않은 것이다. 과거

사건들을 다르게 이야기해보고 다른 이의 입장에 서서 말해보면 그 과거 사건들의 의미는 다르게 다가오지 않을까? 그래서 과거의 사건들이 새로운 해석들에 개방적이라면, 과거가 짊어진 도덕적 무게와 부담이 바뀌게 될 것임에 틀림없다. 그렇다면 과거가 짓누르는 지금 현재와 도래할 미래도 다르게 변화하게 되지는 않을까?

3. 용서와 망각의 문제[10)]

기억의 작업을 통해, 과거사를 다르게 이야기하는 작업을 통해 과거의 의미 자체가 뒤바뀌게 된다면, 그런 작업들은 과거가 행사하는 압박과 부채감으로부터 해방의 가능성을 열어줄 수 있다는 점에서 용서의 길을 예비하는 것일 수도 있다. 과거의 부담과 짊을 감당하지 못할 때, 특히 가해자는 부정적인 망각과 책임의 부담 앞에서 회피하는 망각을 보여줄 수도 있다. 이미 잊혀서 망각되어 버린 것은 용서할 수는 없는 일인 반면, 기억된 것만을 용서할 수 있다는 점에서 용서의 정반대와 대척점은 바로 회피하는 망각, 부정적인 망각이 아니고 무엇이겠는가? 고백되지 않은 범죄를, 자신의 잘못을 고백하지 않는 죄인을 용서할 수 있다는 것이 말이 되는가? 더구나 범죄의 심각성과 이미 회복하거나 복구할 수 없는 그 과거적 성질에 비해, 그에 대한 처벌이 가져다주리라 기대되는 효과 사이에는 심각한 불균형과 비등가성이 존재할 수밖에 없다. 이런 심각한 비대칭성과 파괴된 형평성 앞에서 인간은 무엇을 할 수 있을까? 이런 어려운 물음에 대한 리쾨르의 궁극적인 답변의 시도를 잠시 말해보자. 그는 2000년 『기억, 역사, 망각』(*La*

---

10) '망각의 권리', '잊힐 권리'(The Right to be forgotten, Le droit à l'oubli), 그리고 디지털 시대의 새로운 망각의 의미에 대해서는 유럽에서 활발히 논의된 바 있고 최근 한국에서도 본격적으로 논의되고 있다. 망각권에 대한 문제제기는 본고의 맥락과는 일정한 거리가 있긴 하다. 그것은 디지털 시대에서 인간의 생물학적 죽음으로도 끝나지 않는 한 개인의 디지털적인 흔적과 자취에 대한 중요한 물음을 던지는 것으로 볼 수 있다.

Mémoire, l'histoire, l'oubli)라는 자신의 거의 마지막 저서이라 할 수 있는 그 책의 결말에서 복잡한 논의를 통해 다음과 같은 결말적인 개념을 제시한다. "행위자를 그 행위로부터 해방시키는 것"(délier l'agent de son acte).[11] 다시 말해, 행위자를 그 행위로부터 분리시킨다는 것인데, 이는 문제의 소지가 있는 행위자의 행위는 비난하고 책임을 물으면서도, 그 행위자에게는 용서를 주고 또 그를 용서한다는 것이다. 더 나아가 이런 용서가 궁극적으로 향하는 것은 문제의 행위를 저지른 바로 그 (과거의) 행위자—즉, 여러 가지 이유에서 역사의 시공간적 무대에서 종적을 감춰버릴 수도 있는 행위자—를 직접적으로 용서하는 것이라기보다는 응분의 책임을 질 (나중의/ 미래의) 또 다른 행위자를 용서한다는 것이다. 그래야 용서가 익명적으로, 암행(暗行)으로, 그리고 불현듯 올 수 있다는 것이다. 1970년 12월 9일 빌리 브란트 서독 총리가 폴란드 바르샤바에 있는 유대인 희생자 추모비 앞에서 비를 맞으며 무릎을 꿇었던 모습을 떠올려 보자. 빌리 브란트가 과거 독일의 만행에 대한 현재적 대표성을 지닌 정치인으로 용서의 무대에 등장했다 해도, 그가 독일에서 자행된 유대인 학살에 대한 직접적인 과거 행위자가 아닌 상황에서, 과연 피해자들의 용서는 어디로 향하는가? 과거의 사건과 그 의미를 새롭게 전향시키고자 하는, 용서를 청하는 자로서의 빌리 브란트에게로 향하는 것이 아닐까? 이러한 "용서의 암행적 도래"(l'incognito du pardon)를 말하는 리쾨르의 핵심적 논거는 다름 아닌 바로 이것이다. 도덕적 인간이 지니는 참여의 능력과 가능성은 세계의 구체적인 역사의 흐름 속에서 무참히 다 소진되어지거나 낭비되지는 않는다는 것이다. 인간이 가진 자기회복과 재생의 원천에 대한 리쾨르의 이런 믿음은 다음의 경구 속에서 잘 드러난다: "당신은 당신의 행위보다는 나은 존재이다."(Tu vaux mieux que tes actes)[12]

가해자와는 다르게 고백된 기억은 용서의 필요조건이지 충분조건은 아니다.

---

11) Ricoeur, *La Mémoire, l'histoire, l'oubli,* pp.637-638.
12) Ricoeur, *La Mémoire, l'histoire, l'oubli,* pp.642.

실상 용서는 가해자가 피해자에게 부탁하는 것이지 피해자의 의무사항이 아니기 때문이다. 가해와 피해 사이의 불균형과 비대칭성만이 존재하는 것이 아니라, 잘못의 고백과 용서의 주어짐 사이에는 어떤 수직적 격차가 존재하는 것이 분명하다. 용서의 길에서 가해자는 피해자에게 용서를 구하되 그가 거절할 수도 있다는 각오를 해야만 한다. 결국 기억은 정의 관점에서, 그리고 상호적 관점에서 비판적으로 공유되어져야 하지만, 용서는 자비의 관점에서 그냥 선물로—(par)don—로 주어지는 것임에 틀림없다. 따라서 피해자가 가해자의 악행을 가해자와는 다르게 말해보고 또 가해자가 자신의 악행을 고백하게 될 때, 피해자가 그냥 선물로 잊어주는 "능동적 망각"이 아닐까? 한 인간이 다른 한 인간에게 용서를 선사할 수 있다면 이것은 인간의 위대한 정치적인[13] 역량과 능력임에 틀림없다.

13) 여기서 정치적이란 말의 쓰임은 한나 아렌트가 『인간의 조건』에서 사용하는 의미이다. 즉, 인간의 (위대한) 행위의 일환으로서 다원적 및 복수의 인간들 사이에서 주장되거나, 변론되거나, 토론되거나, 심지어는 요청되어지거나 결행될 수 있다는 의미에서 정치적이다. 물론 용서의 최고 형태가 종교적인 것이라는 점을 부인할 수 없지만 여전히 그것의 기원은 인간 외재적인 것이다.

제7장
현대 생명의료 윤리학에서의 신체 문제

● 현상학과의 비판적 대면을 통하여

1. 주제의 한계 설정

본 장의 목적은 현대 중요한 철학적 담론들 중에 하나로서 자리 잡은 생명의료 윤리학(biomedical ethics)에서[1] 신체 문제를 어떻게 이해하고 다루고 있는지를 밝혀내되, 현상학과의 비판적 대면을 통해서 수행하는 것이다. 본격적인 논의에 들어가기 전에 먼저 중요 문제들을 접근하는 데 있어서 경계나 한계를 설정하는 것이 중요할 것이다. 왜냐하면 비록 제한된 철학의 연구 영역—윤리학이나 현상

---

1) 국내에 소개된 이 분야의 여러 관련 저서들의 제목을 보면 생명윤리학(Bioethics) 개념도 다양하게 쓰이고 있다. 초기에는 '생명윤리학'으로 사용되다가 생명공학뿐만 아니라 실제로는 의학(및 그 실천)에서 다루어지는 문제들과 쟁점들을 윤리학적 관점에서 접근한다는 점에서 지금은 합성어인 '생명의료윤리학'이 함께 사용되고 있는 실정이다. 주요 저서들을 살펴보면 T. A. Shannon & J. J. DiGiacomo, 『生医倫理學이란?』, 황경식·감상득 옮김, 서광사, 1988; 김상득, 『생명의료 윤리학』, 철학과 현실사, 2000; 구인회, 『생명윤리의 철학』, 철학과 현실사, 2001; 구영모 엮음, 『생명의료윤리』, 2004, 동녘; 구인회, 『생명윤리, 무엇이 쟁점인가?』, 아카넷, 2005; P. Singer & H. Kuhse (ed.), 『생명윤리학 I』, 변순용·강미정·홍석영·조현아 옮김, 인간사랑, 2005 등이 있다.

학—에서 이루어지는 논의라 하더라도 모든 문제를 모든 각도에서 다룰 수 없고 또 그럴 필요성도 없기 때문이다.

적어도 3개의 중요 개념군(群) 또는 문제군이 등장한다. 생명의료 윤리학, 신체(문제), 현상학이다. 이 개념들을 개별적으로 다루는 것이 본 연구의 목적은 아니므로 서로 연관되고 상호 참조하는 방식으로 전개될 것이다. 먼저 생명의료 윤리학에서 일반적으로 제기되는 문제들을 살펴보자. 구영모는 다음과 같이 기술하고 있다.[2)]

· 의사는 불치병에 걸린 환자에게 '당신은 곧 죽을 겁니다'라고 말해주어야 할 도덕적 의무가 있는가?
· 환자의 개인 의료기밀(medical confidentiality)을 유출하는 것이 도덕적으로 정당화될 수 있는가?
· 안락사(euthanasia)가 도덕적으로 정당한 일인가?
· 대리모(surrogate motherhood)가 도덕적으로 정당한 일인가?
· 낙태를 제한하는 법률을 제정하는 사회는 정당화될 수 있는가?
· 의사 조력 자살을 금지하는 법률을 제정해야 하는가?
· 한 개인이 자기 의지와는 상관없이 타인들에 의해 정신병원에 수용될 수도 있음을 법률로 정해야 하는가?

사실 생명의료 윤리학에 대한 일반적이고 개괄적인 위의 언급에서 본 연구의 중심적 관건인 신체의 문제가 직접적으로 기술되고 있다는 인상을 받기는 어렵다. 그 이유는 특정의 윤리학과 현상학을 매개하는 본 연구의 문제틀인 신체 문제가 적어도 생명의료 윤리학내에서 은폐되어 있거나 암묵적인 방식으로만 전제되어 있기 때문이다. 그러나 사태를 좀더 들여다보면 만약 생명의료 윤리학 내

2) 구영모 엮음, 『생명의료윤리』, p.22.

에서 신체 문제는 좀 더 복잡한 차원을 가지고 전개되는 것으로 보인다. 그것은 생명의료 윤리학만이 신체 문제에 대해 유의미한 발언의 영역의 전부를 차지하는 것이 아니라 불가피하게 신체에 대한 다른 담론들을 참조하거나 관계하지 않을 수 없기 때문일 것이다.

따라서 사실 신체에 관한 입장이나 문제제기를 다루는 본 연구는 다음과 같은 몇 가지 논의를 포함할 것이다.

먼저 생명공학 및 의학(및 그 실천)에서 다루어지는 신체론이나 입장이 있다고 전제한다. 과학의 성립과 발전은 특정 대상에 대해, 특정의 방법론적 전제를 가져야만 가능하며, 바로 그럴 때 그 대상이 진정 연구의 대상으로 성립하기 때문이다. 다만 본 연구가 생물학의 철학이나 의료 철학적 논쟁을 주제화해서 다루는 것이 아니므로 이 부분은 본 논의의 진전을 위해 최소한으로 언급될 것이다.

둘째로, 생명과 의학 연구 및 실천의 현장에서 다루어지는 신체의 문제를 생명의료 윤리학이 비판적으로 다룬다고 보고, 그동안 명시화되지 못했거나 주제화되지 못했던 생명의료 윤리학에서의 신체론을 들추어내고자 한다. 생명의료 윤리학이 인간 생명을 다루는 생명과학 및 의학(및 그 실천)을 윤리학적 관점에서 비판한다면 그 나름의 신체론을 전제한다고 보고 그것을 가능한 한 드러내보고자 한다.

마지막으로 신체에 대한 과학적 연구 입장과 이를 윤리학적 시각에서 비판적으로 바라보는 생명의료 윤리학의 신체론은 현상학적 신체론과의 상관관계에서 비판적으로 검토되고 탐색될 때 보다 분명한 철학적 위상과 의미를 가질 수 있다고 전제한다. 다만 본 연구가 현상학 자체의 내용을 탐구하는 것이 아닌데다가 현상학이라 불릴 수 있는 담론 자체의 계보 또한 매우 다양하고, 복잡하기 때문에 본 문제들의 진전을 위해 최소한으로 언급될 것이다.

2. 생명 공학 및 의학(및 그 실천)과 신체 문제

무엇보다도 먼저 생명을 과학적 및 의학적으로 다루는 분야에서 신체나 몸에 대한 입장이나 태도가 존재할 수 있다. 사실 생명의료 윤리학은 생명 및 의학 연구가 가지는 고유한 방법론적 전제나 틀 자체를 비판하는 것으로 보이지는 않는다.[3] 그것은 아마도 윤리학의 고유한 임무나 분야가 아닌 것으로 판단하는 것 같고, 다만 과학 고유의 방법적 접근이 발생시킬 수 있는 상호주관적 및 사회적 결과에 대해서 비판적으로 접근하는 것에 만족한다는 인상을 받게 된다. 나중에 좀더 상세한 논의를 하겠지만, 생명의료 윤리학의 4가지 원칙[4]을 언급하는 저자들에게서 볼 수 있는 것은 분리 불가능한 고유한 개체성을 가진 인간들 사이의 윤리적 문제를 따지는 것이지, 원자화되거나 조각난 (인간) 신체 그 자체를 들여다보는 시선과 관점 자체를 윤리적으로 문제시하지 않는 태도이다. 따라서 어떻게 보면 생명 및 의학 연구의 신체론과 생명의료 윤리학의 신체론적 접근이 같은 차원과 수준에서 대면하거나 충돌하지 않는다. 그것은 전자의 논의가 종결되는 지점에서 발생하는 결과를 가지고 후자의 논의가 시작하기 때문일 것이다.

『이것이 생물학이다』의 저자 에른스트 마이어 같은 학자에 따르면, 전통적으로 생명의 생물학적 본성에 관한 대표적인 철학적 입장은 생기론·기계론·유기체론 등으로 나누어진다.[5] 의학이나 생물학이 자연과학의 한 분야이기에 물리학의 중요한 방법—예를 들어 물리적 환원주의—이 생명 및 의학 연구 내에서 여전

---

3) 구인회, 『생명윤리, 무엇이 쟁점인가?』, p.155 이하 참조. 「과학기술과 책임」이라는 장에서 저자는 "현대 과학은 신체를 더 이상 장기, 조직, 세포 등으로 구성된 체계로 격하시켰으며 신체는 더 이상 단일체로 간주되지 않는다." 라고 지적하는 데 만족하고 더 이상의 방법론적 전제나 틀에 대한 성찰을 제기하고 있지는 않는다. 그것 역시 아마도 생명의료 윤리학 나름의 학문적 전제일 수도 있을 것이다.

4) 구영모가 소개하고 있는 원칙은 "자율성 존중의 원칙, 악행 금지의 원칙, 선행의 원칙, 정의의 원칙"이다. 구영모, 『생명의료윤리』, p.35 이하 참조. 피터 켐프(Peter Kemp)가 제시하는 원칙은 "자율성, 존엄성, 통전성, 취약성"이다. *Le discours bioéhique*, Cerf, Paris, 2004, p.99 이하 참조.

5) E. Mayr, 『이것이 생물학이다』, 최재천 외 옮김, 몸과마음, 2002.

히 유효하다는 입장이 기계론적 입장이라면, 이런 기계론적인 근접원인(proximate causations)만을 규명하려는 이런 방법으로는 생명 현상을 규명하기 어렵다고 보고 긴 역사에 걸쳐 발현하는 발생 과정과 진화 시간을 통해 개연적인 궁극원인(ultimate causations)을 밝히고 하는 유기체론이 있다고 한다.[6)]

한편 『의학 철학』의 저자들은 이미 의학이라는 포괄적 활동 내에서 실험실의 기초 과학 연구와 같은 수준의 '생물학적 의학', 신약물질의 검증 같은 공학 수준의 '임상 의학', 일반적인 처치와 처방을 기술적으로 담당하는 '임상진료'를 구분하면서,[7)] 의학이 다루는 질병의 생물학적 이론을 "기계론적 모델"로 간주한다.[8)] 그것은 이런 의학의 이론적 모델이 "질병을 생물학적 기계의 결함"으로 간주하기 때문이라고 한다.[9)] 하지만 저자들은 의학에서 질병을 밝혀내는 "인과 복합체"(effective causal complex)거론하면서, 기계론적 모델의 생산성을 의심할 수는 없다하더라도 "생물학적 한계를 훨씬 뛰어 넘은 원인, 징후와 효능"을 언급한다.[10)]

무리한 일반화의 오류를 무릅쓰고 말한다면, 현대의 생명 및 의료 과학이 물리주의적 기계론의 공헌과 한계를 지적함과 동시에 이를 극복하려하고 한다는 것은 그만큼 기계론의 기여가 여전히 유효하거나 적어도 그러했다는 사실을 반증하는 것이라고 볼 수 있다.[11)] 그렇다면 생명 과학 및 의학의 기계론적 방법론의

---

6) Mayr, 『이것이 생물학이다』, p.193 이하. 마이어는 대표적으로 생리학과 분자생물학은 근접원인에 어울리고, 진화생물학과 유전학은 궁극원인에 어울린다고 말한다. 마이어와 같은 진화 생물학자는 기계론의 최근 형태인 물리화학주의의 경직성과 동시에 생기론의 신비성을 동시에 비판하면서 유기체주의에로의 선회를 암시하고 있다. 예를 들어 생기론은 "유기체가 생명 없는 물질과는 완전히 다른 종류의 실체"라는 점을 밝히는 데 실패했다고 한다.

7) H. R. Wulff, S. A. Pedersen & R. Rosenberg, 『의학 철학』, 이호영·이종찬 옮김, 아르케, 1999, p.68.

8) Wulff, Pedersen & Rosenberg, 『의학 철학』, p.75.

9) Wulff, Pedersen & Rosenberg, 『의학 철학』, p.75.

10) Wulff, Pedersen & Rosenberg, 『의학 철학』, p.95. 예를 들어 저자들은 간경화 증상에서의 원인 복합체를 다음과 같은 단계와 상응 요소별로 나눈다. 사회적 문제/이혼/성격장애 → 알코올의 유용성/문화적 규범/우울증 → 알코올 섭취/유전적 구성 → 간경화. p. 103 참조.

11) 이런 맥락에서 한정선은 "서양의학과 생물학이 이해하는 신체는 유물론적·기계론적·해부론적·국소적 특성"을 갖는다고 말한다. 『기(氣)철학적으로 본 신체의 생명현상』, 『신학과

요청이나 전제를 신체의 문제의 측면에서 논해 본다면 어떤 중간적인 결론을 얻을 수 있을까?

1. 신체는 더 이상 하나의 단일체로서 다루어지지 않고, 신체보다 하위의 부분 및 요소—세포, 조직, 장기 등등—의 체계나 총합으로 파악된다.

2. 그 요소나 부분 등은 원칙적으로 대체 가능하거나 보수(補修) 가능하다.[12)]

3. 신체의 전체 기능은 그 부분의 기능에 의존하며, 그 부분 기능의 비정상적 상태를 질병으로 간주할 수 있을 것이다.[13)]

4. 신체는 연구 및 실험과 처치의 대상(對象)으로 다루어지되 철저하게 분할되어지고 파편화된 채로 다루어지며, 신체는 대상으로서의 용도와 쓰임새외에 주체로서의 그것은 정지되거나 극도로 제한된다.

생명과학과 의료 기술의 눈부신 발전은 한 인간의 탄생의 전후에서부터, 그 이후의 성장에서의 신체적 질병, 그리고 죽음에 이르는 긴 과정에서, 옛 사람들이 생각조차 못한 문제들을 제기하고 있다. 분명 이런 문제들은 유전자나 세포에서 시작하여 인간 신체, 적어도 그 초기 형태(배아/태아)에서부터, 질병을 가진 몸, 신체의 일부분(장기), 그 최후적 형태(시체)에 이르는 인간 신체에 대한 모종의 대우와 취급을 공통적으로, 그리고 불가피하게 전제한다. 생명 공학 및 의학의 담론 내에서 인간 신체는 세포나 유전자, 배아, 태아, 병든 신체, 장기, 시체 등으로 언급

세계』, 제40집, 2000, p.373.

12) 원칙적으로가 아니라, 실제적으로 대체나 보수 가능한 장기가 무엇이고, 그렇지 못한 장기가 무엇인지에 대한 논란이 발생할 수 있을 것이다. 예를 들어 뇌사의 판단 기준으로 널리 인정되고 있는 "대뇌, 소뇌, 뇌간을 모두 포함한 뇌 전체기능의 불가역적 상실"(구인회, 『생명윤리의 철학』, p.45)의 경우, 실제적인 대체 가능성의 문제는 아직 거론되고 있지 못한 형편이다. 그 대체 가능성이 개념적으로만 가능한 기술공학의 꿈으로 여겨야 할지 아닌지는 아직 밝혀지지 않은 상태이다.

13) 울프·페데르센·로젠베르그(Wulff, Pedersen & Rosenberg)는 "질병을 종(種)디자인(species design)으로부터의 편차"로 정의하고 있는데, 그렇다면 정상(normality)은 그 편차가 조정 및 극복되는 것일 것이다. 『의학 철학』, p.79.

되는데, 이는 인간 신체가 통전적(統全的, integral)으로 다루어지기보다는 생명 및 의료 연구의 한 대상, 더구나 조각나고 분할된 대상으로 다루어짐을 뜻한다.[14] 물론 이것은 생명 과학 및 의학의 방법론적 요청 자체에서 기인하는 측면이 크다.

철학사에서는 이미 데카르트가 아리스토텔레스적인 생물관을 비판하면서 연장(res extensa)과 기계로서의 신체론을 주장한 바 있는데, 흥미롭게도 그는 자신의 주저 여러 군데에서 자기의 철학이 "의학의 진보"와 "생리학의 발전"에 기여할 것이라고 공언하고 있다. 그의 기대와 확신은 그다지 빗나가지 않았고 해부학이나 의학 발전에 방법적인 틀을 제공했음에 틀림없을 것이다.[15] 다만 그런 기계론의 시작과 발전의 역사적 성과와 공헌을 여기서 논의할 필요는 없을 것이다.

여기서 우리의 연구 방향, 즉 생명의료 윤리학에서의 신체 문제를 현상학과의 비판적 매개를 통해 연구하는 것에서 관건은 기계론의 신체관이 지니는 철학적 함의일 것이다. 한 마디로 말한다면 기계로서의 신체, 대상으로서의 신체는 주체 외재적인 지위를 획득했다는 것이다. 만약 신체가 주체 내재적이라면 신체와 주체사이의 구분은 의미가 없으며, 신체가 곧 주체며, 주체 또한 신체일 것이기 때문이다. 따라서 주체 외재적인 신체는 주체 내재적인 신체가 지니는 속성과 성격을 상실하기 마련이다. 그 속성과 성격의 구체적인 내용이 무엇인지는 철학자들마다 다르지만,[16] 주체인 나의 노력, 나의 영향력, 나의 힘, 나의 욕망, 나의 의지 등과 분리 불가능하게 접속된 신체가 바로 주체 내재적인 신체 또는 나인 신체일 것이다. 이미 세계 내에서의 지향성(志向性) 또는 세계에로의 지향성이 상실된 신

---

14) 생물학적 환원주의의 한 형태인 유전자 결정론이 제기하는 복제인간의 문제에 대한 비판적 연구들에서 볼 수 있듯이, 유전자의 동일성이 신체 자체의 동일성, 더 나아가 개인의 자기 동일성을 확보하는 준거점을 제공하는지의 문제는 아직 의문이 많다. 이 점에 관해서는 맹주만, 「인간복제와 인간의 가치」, 『철학탐구』, 제12집, 2000를 참조할 것.

15) R. Descartes, 『방법서설/정신지도를 위한 규칙』, 이현복 옮김, 1997, 특히 「방법서설」제5부 「자연학적 문제들」이하를 참조할 것.

16) 후설 같은 경우는 "활동하는 지향성"(*fungierende Intentionalität*), 신체 자체에 대한 언급을 극도로 꺼린 하이데거의 경우, 현존재의 "빠져 있음"(*Verfallen*), 리쾨르의 경우 "의지의 기관"(organe du vouloir)으로서의 신체일 것이다.

체는 더 이상 내가 느끼거나, 누가 나의 느낌을 이해하거나 반응해주는, 다시 말해 우리가 체험하거나 겪는 신체가 아닌 것이다.

3. 생명의료 윤리학과 신체 문제

생명의료 분야에 대한 윤리학적 접근을 시도하는 생명의료 윤리학 내에 암묵적으로든 명시적으로든 신체론이나 그와 관련된 입장이 존재할 수 있을 것이다. 사실 인격, 자율성, 책임, 동의, 장기이식, 죽음 등등을 논하면서 인간 신체에 대한 모종의 입장을 전제하지 않기란 어렵기 때문이다. 하지만 좀처럼 그 입장은 명시적이지 않은 것 같다. 김상득은 『생명의료 윤리학』의 7장 「장기이식의 윤리」의 말미에서 "인간은 하나의 기계인가?"라고 물으며 다음과 같이 적고 있다.

> 인공장기 이식뿐만 아니라 모든 장기이식의 배후에는 인간에 대한 전혀 다른 입장이 전제되어 있다. 그것은 인간의 신체기관을 하나의 기계부품으로 여긴다는 입장이다. 이는 다분히 기계론적인 사고방식이다. 인간의 모든 신체기관이 하나의 부품이라면, 인간도 하나의 기계에 지나지 않는다. 이러한 비난에서 벗어나자면 우리는 다음의 물음에 긍정적으로 답해줄 수 있어야 한다. 장기이식이 가능하면서, 기계가 아니라 인격체로서의 인간 존엄성을 확보할 수 있는 길은 무엇인가?[17)]

여기서 저자는 장기이식에 반대한다는 적극적인 의사표현이 없다면 사체로부터의 장기 이용을 가능하게 하는 '네거티브 시스템'(negative system) 도입을 주장하는데, 이것은 생명의료 분야의 기술공학적 발전과 성과가 지니는 유용성과 필

---

17) 김상득, 『생명의료 윤리학』, pp.229-230.

요성을 충분히 인정하는 태도이다. 아마도 이런 입장은 생명의료 윤리학의 4원칙 중 하나인 '선행의 원칙'에도 부합하는 입장으로 보인다.[18] 하지만 여전히 기계가 아닌 인간 신체의 지위에 대한 답은 보류되고 있는 형편이다.

사실 장기이식만이 인간 신체에 대한 까다로운 윤리적 문제를 안겨주는 것은 아니다. 디디에 시카르(Didier Sicard)는 최근(2007년) 프랑스에서 나온 『신체사전』의 '생명의료윤리학' 항목에서 인간 신체가 개입되는 생명의료 윤리학의 근본 물음들의 내용을 이렇게 정의하고 있다.[19]

> 1. 인간 신체가 과학 및 의학 연구에 의해 불가침성(inviolabilité)을 유지하느냐 그렇지 않느냐의 문제. 2. 인간 신체의 양도불가능성(indisponibilité)의 문제. 3. 인간 신체가 잠재적으로 상업화(commercialisation) 될 수 있냐의 문제. 4. 신체와 인격(personne)의 문제. 5. 배아와 태아의 '지위'(statut)의 문제. 6. 탄생과 죽음에 대한 태도의 문제. 7. 임상적 판단에 죽음, 생물학적 죽음, 세포적 죽음의 문제. 8.유전자가 신체 및 인격과 어떤 관계를 맺는지의 문제. 9. 병든 몸에 대해 의료적 배려의 경제적 차원의 문제. 이런 물음의 영역들 각각은 무궁무진할 정도이지만, 늘 다음과 같은 근본적이면서도 포착하기 매우 어려운 물음에로 모아진다. 인간 존엄성을 존중한다는 것은 무엇인가? 인간 신체를 존중한다는 것은 무엇인가? 인간 존엄성은 그 신체에 대한 존중에 근거하는가? 신체는 나의 소유(물)(propriété)인가? 나는 하나의 신체를 가지는가 아니면 나는 바로 이 신체인가?

사실 위의 두 저자로부터 우리는 생명의료 윤리학 내에 제기될 수 있는 신체

---

18) 그렇다 하더라도 장기 이식의 문제는 또 하나의 원칙인 '정의의 원칙'에도 조화되어야 하는 문제가 남는다. 의학적 필요성과 응급성 외에 다른 기준들이 자의적으로 선정되거나 준용될 여지가 여전히 남기 때문이다.

19) "Bioéthique", in Marzano, M. (dir.), *Dictionnaire du corps*, PUF, 2007, pp.132-133.

의 문제의 큰 윤곽을 파악하게 되었다 고해도 과언이 아닐 것이다. 물론 신체와 관련된 문제들의 영역과 지형은 분명히 밝혀졌지만 그 물음들에 대해 생명의료 윤리학이 취하는 입장은 아직까지 밝혀지지 않았다. 아마도 그 답변의 장(場) 속에서 생명의료 윤리학의 신체론이 좀더 주제화 될 수 있을 것이다. 그렇지만 우리가 여기서 답변의 전부를 시도하지는 않을 것이다.

피터 싱어와 헬가 커스(Peter Singer & Helga Kuhse)는 생명의료 윤리학의 다양한 문제들에 대한 "윤리학적 접근"을 몇 가지로 나누면서 원리에 기초한 접근을 맨 먼저 언급하는데,[20] 이때 생명의료 윤리학의 첫 번째 원칙인 "자율성 존중 원칙"을 다음과 같이 간단명료하게 기술한다. "자의식 있는 개인들의 선택을 존중해야 할 의무"[21]. 인격과 인간 존엄성, 그리고 자율성을 해치지 않는 의료적 개입과 생명 연구 실험이란 무엇일까? 『의료 윤리』의 저자 래난 길론(Raanan Gillon)은 칸트의 논변을 통해 자율성을 설명하고 있는데, 길론이 제시하는 자율성의 칸트적 근거의 핵심은 두 가지이다.[22]

첫째, 어떤 의지의 준칙이 모든 이성적 주체들에게 준칙이 될 수 없다면 그 준칙은 보편적 도덕 법칙이 될 수 없다는 것이다. 그래서 "의지가 그 자신에게 법칙인 그런 의지의 성질"인 자율성은 "항상 동시에 모든 사람들에게" 보편적이어야 한다는 것이다.[23] 둘째로, 행위 주체가 자율성을 가지고 보편적 도덕 법칙에 의거하여 행위를 하되, 그 행위의 방향은 자기 자신과 다른 이성적 존재자를 향

---

20) Singer & Kuhse, 『생명윤리학 I』의 part III을 보라.

21) Singer & Kuhse, 『생명윤리학 I』, p.138. 싱어 교수는 10년 전에 방한해 구영모와 나눈 대담에서 종(種)차별주의에 반대하면서 "인간 살해가 동물 살해보다 더 나쁜 진짜 이유는, 인간이 단순한 의식을 넘어선 자의식(自意識)—시간을 넘어서 미래에 대한 계획을 세울 수 있는 능력—을 지닌 존재"이기 때문이라고 말한바 있다. 「생명윤리학의 대가 피터 싱어」, 『철학과 현실』, 2007, pp.148-163. 싱어에 따르자면, 자의식이 '충분한 설명에 근거한 동의'(informed consent)의 인간학적 토대가 된다고 말할 수도 있지 않을까?

22) R. Gillon, 『의료 윤리』, 박상혁 옮김, 아카넷, 2005, pp.118-119.

23) I. Kant, 『윤리 형이상학의 정초』, 백종현 옮김, 아카넷, 2000, p.169. 이때 칸트가 말하는 의지란 "어떤 법칙에의 표상에 맞게 행위를 하게끔 자기 자신을 규정하는 능력"이라는 의미이다. p. 144 참조.

하게 마련인데, 이때 "다른 사람의 인격에서 인간(성)을 항상 동시에 목적으로 대하고 결코 수단으로 대하지 않도록" 해야 한다는 것이다.[24)]

사실 생명의료 윤리학의 문제들을 다양하게 이해하는 길들이 있지만, 적어도 원칙적 접근들 중 자율성 존중 원칙에서 칸트의 지위나 공헌은 거의 넘어설 수 없다.[25)] 물론 존 로크도 정치 철학의 맥락에서 자신의 동의를 통해 인정되지 않은 권력의 강제로부터 해방되어야 하며, 이런 자아를 개인으로서 존중해야 한다고 말한 바 있다.

칸트의 기여는 부당하고 자의적인 권력으로부터 자유롭다는 의미에서뿐만 아니라, 자기 자신에게 도덕법칙을 부여하고 확립시킬 수 있다는 점을 자율성 개념을 통해 부각시켰다는 것이다. 예를 들어 자살의 경우, 그 자살을 스스로가 스스로에게 명령했다는 점에서 자율성에서 기인한 가능한 행위로 보는 것이 아니라, 오히려 그 자율성 자체의 소멸을 가져오기 때문에 자율성에 반(反)하고 모순적이라고까지 말할 수 있는 것이다.[26)] 이렇게 되면 자기 파괴적인 자율성, 즉 자신의 육체에 종언을 가할 권리를 칸트의 자율성에서 찾는 것은 어렵게 되는 것이 아닐까? 어떻게 보면 자살의 권리를 자율성에서 찾는다면 이때의 자율성은 '과도한' 또는 '극단적인' 자율성일 것이다. 이때 우리의 몸은 '과도한' 의지나 이성의 결정에 극도로 순종적인 종속 변수의 지위를 누리게 되는 것이 아닐까? 과연 어디까지 나의 육체는 나의 의지에게 맡겨져 있는 것일까?

이에 반해 "손상된" 자율성도 가능하다.[27)] 신체적으로나 정신적으로 장애가 있는 어른, 주사 맞기 싫어하는 수술 준비 중인 어린이, 노약자 등등이 보여주는 자율성의 경우이다. 하지만 이때의 자율성은 그 자체로 문제가 있는 것은 아니지

---

24) Kant, 『윤리 형이상학의 정초』, 148쪽.

25) 물론 존 로크도 정치 철학의 맥락에서 자신의 동의를 통해 인정되지 않은 권력의 강제로부터 해방되어야 하며, 이런 자아를 개인으로서 존중해야 한다고 말한 바 있다.

26) P. Kemp, "Quatre principes éhiques: l'autonomie, la dignité, l'intégrité, la vulnérabilité", in Peter Kemp (dir.), *Le discours bioéhique,* Cerf, p.104.

27) Gillon, 『의료 윤리』, pp.210-211. 길론은 행위, 의지, 사고 등 세 차원의 손상된 자율성을 언급한다.

만 일시적으로 기능이나 역할이 문제가 될 수 있으므로 생명의료 윤리학의 또 다른 원칙들인 '악행금지의 원칙'과 '선행의 원칙'들에 의해 충분히 보완될 여지가 있는 것이다. 신체 문제의 관점서 보자면, 이 두 원칙들 중 특히 전자는 생명 의료적 상황에서 "신체적 악행"[28] 을 금지하는 것이고, 온정적 간섭주의(paternalism)라고도 불리는 후자는 해당 당사자의 의지나 의사와 상관없이 환자의 신체에 대해 의료적 개입이나 처치가 이루어질 수 있다는 입장인데,[29] 이것은 의료진이나 가족들이 환자의 신체를 의학적으로 관리나 지배한다는 뜻이다. 나의 의지의 준칙에 마냥 순종적이며 따르는 신체는, 그 신체가 병들거나 의지의 자율성에 문제가 생기게 된다면 더 이상 나의 지배나 영향력에 속하지 않은 신체가 되기 시작하는 것이다. 물론 궁극적으로는 신체에 대한 나의 지배력이나 통제력을 복원시키고 나의 선(善)을 증진시키는 것이 목적인 의료적인 개입이라 하더라도, 손상된 자율성의 경우 나의 신체에 대한 결정적인 의료적 개입의 순간들이나 계기들은 나의 의지와 일정한 거리를 두고 이루어질 수 있는 것이다.

『생의윤리학(生医倫理學)이란?』의 저자 샤논과 디지아코모는 신체 기관의 이식을 정당화시킬 수 있을 것인가를 묻고서는 이 질문이 "신체적 온전성"과 관계된 문제라고 말한다.[30] 하지만 저자들은 이 개념에 대한 보다 자세한 설명에는 인색한 형편이다. 그런데 이 개념은 생명 및 의학 연구의 기계론적 신체 개념과 대비될 수 있는 생명의료 윤리학 고유의 신체 개념을 보여주는 중요한 시사점이 될 수 있을지도 모른다. 그리고 앞서 디디에 시카르가 분류한 인간 신체의 양도불가능성(indisponibilité)의 문제, 잠재적 상업화의 문제, 신체와 인격의 문제, 배아와 태아의 지위 문제 등과도 밀접한 관련을 맺고 있는 개념일 수도 있는 것이다. 예를 들

28) 구영모 엮음, 『생명의료윤리』, p.37.

29) 특히 강한 온정적 간섭주의 경우 선행의 원칙과 자율성 존중의 원칙은 미묘한 갈등 관계에 빠질 수 있다.

30) Shannon & DiGiacomo, 『생의윤리학이란?』, p.121. 우리가 통전성(統全性, integrity/intégrité)이라고 표현하는 바로 그 개념이다. 사실 저자들은 별도의 설명 없이 가톨릭 신학의 "전체성의 원리"와 같은 것으로 규정하고, 이 신학의 입장을 "개인의 전체적인 선을 위하여 필요하다면" 신체 이식이 가능하다는 것으로 서술하고 있다.

어 칸트의 경우 이성이 없는 존재자들은 수단으로 취급 가능하고, 상대적 가치를 지니기에 “물건들” 이라고 규정하는 반면, 목적 그 자체로서의 이성적 존재자들은 “인격들”이라 부른다.[31] 물론 칸트가 신체를 인격의 범주에 넣어서 신체를 수단이나 물건으로 취급할 수 없게끔—따라서 상업화도 금지하는—정언명령으로 만들지는 않았다. 만약 생명의료 윤리학이 신체의 처분이나 상업화에 원칙적으로 반대하는 논증을 제시할 때 칸트의 그것을 직간접적으로 빌려올 수는 있을 것 같다.[32] 다시 말해 통일된 전체로서의 신체 자체를 직접적으로 처분하거나 상업화하는 것을 인간에 대한 수단화로 파악해서 이것에 대해 원칙적으로 반대하는 것은 그다지 어렵지 않아 보인다.[33] 그런데 칸트는 대체가능하고 상대적인 것들은 “가격”을 갖고, 목적 그 자체를 이루는 것들은 “존엄성”을 갖는다고 했는데,[34] 신체 자체는 존엄성의 영역에 속하는 것으로 암묵적으로 동의한다 하더라도, 신체 자체의 기능과 활동에 보다 덜 본질적인 일부는 어떻게 바라보아야만 할까? 가격을 갖는 범주에 속하는 것일까 아니면 목적을 갖는 범주에 속하는 것일까?

신체의 일부이면서 동시에 일정한 시간이 지나면 자연적으로 재생되는 혈액이나 소변의 경우, 알부민(Albumin)이나 기타 혈액 제재를 만들어 판다면 어떨까? 머리카락으로 상업용 가발을 만든다면 어떨까? 사실 이런 것의 제조나 판매를 그 자체로 비난하는 사람은 매우 드물다. 더구나 혈액 기증의 경우 도덕적 비난이 아니라 도덕적 선(善)으로 받아들여진지가 오래되었으며, 병원에서 혈액투여에 드는 비용 자체를 비난하는 사람도 없다. 다자란 머리카락이나 단순히 미용을 위해 자른 머리카락의 경우는 어떨까? 더 나아가 보자. 정상적인 두개 신장 중 하나를 이식해 주거나 받는 경우, 정상적인 경우 재생 가능한 간(肝) 절개해서 이식받는 경우나 주는 경우, 절개 후 비가역적인 기능을 하는 심장을 이식하는 경우나 받

31) Kant, 『윤리 형이상학의 정초』, p.146.

32) 전통적 개념틀에서는 물건(사물)과 인격 사이의 대비는 분명하게 제시하지만 통일된 전체로서의 신체에 대한 범주는 적극적으로 모색되고 있지 못하고 있는 것으로 보인다.

33) 노예 제도에 대한 원칙적 비판이 정당성을 얻는 이유도 이와 같은 맥락일 것이다.

34) Kant, 『윤리 형이상학의 정초』, pp.158-159.

는 경우 등등,[35] 이 모든 경우를 같은 차원에서 신체의 통전성이나 온전성에 대한 침해로 규정하거나 비난할 수 있을까? 만일 그것이 침해가 아니라면, 이런 의료적 개입이나 실험을 정당화할 수 있는 인간학적 신체론이 필요한 것이 아닐까? 예를 들어 신체의 부위나 장기가 가진 중요성, 즉 우리 몸을 하나의 전체로서 유지시키는 데 기여하는 중요도와 응급성에 따른 차등화된 신체론이 생명의료 윤리학에 요구되는 것은 아닐까?[36] 의학적이든 아니든 성형에 필요한 다양한 보조물들이나 임플란트(implant)나 보철(補綴) 같이 외부의 이물질이 우리 몸에 들어와 한 몸같이 기능하거나, 초소형 심장 박동기처럼 기계의 일종이 우리와 하나가 되어 기능하는 경우 신체의 온전성이나 통전성을 해칠 수 있다고 볼 수 있을까?[37]

신체적 온전성들 간에 갈등이 예견되는 경우도 가능하다. 엄마의 건강과 생명에 중대한 위협이 되는 태아의 경우, 또 태아가 심각한 기형이나 불구가 예측되는 경우, 강제적 임신의 경우 등등에서 누구의 신체적 통일성이 더 존중되어 하는지의 문제가 여전히 제기된다.[38] 양자에게 동시에 만족할 만한 의학적 해결책이 없을 경우 우리는 신체적 온전성의 정도나 강도에 대한 어떤 결론을 내리고 이에

---

35) 여기서 음성적이든 그렇지 않든 상업적으로 매매를 통해 이루어지는 모든 경우의 장기 거래는 비난받아 마땅한데 그것은 인간 신체—그것이 살아 있는 경우든 아니든—생존자를 위한 부품 꾸러미로 보는 기계론적 시각이 상업적으로 변형된 형태로 연장된 것이기 때문이다.

36) 인간의 죽음을 판정할 때 심장사와 더불어 뇌사까지도 포함시켜야 한다는 것이 의학계의 지론이자 입장인데, 뇌사를 판정하는 준거로서 뇌의 다양한 부분과 그 기능에 대한 중요도를 다르게 평가하는 데 이런 사실도 한번 주목해 볼만한 일일 것이다. 이와 비슷한 맥락에서 구인회는 생명유지에 필수불가결한 신체기관과 대체 가능한 기관 사이에 존재하는 "더 높은 인간 기능을 조정하는 역할"에 대한 암시를 어느 정도 주고 있다. 구인회, 『생명윤리의 철학』, p.22.

37) 유전자와 우리 신체는 어떤 관계일까? 유전자가 우리 신체의 축소판일 수는 없을 것이다. 복제된 생물의 탄생이 동일한 신체를 가진 생명체가 둘 이상이 생존한다는 것을 증명하는 것이 아니기 때문이다. 특히 인간의 신체는 다양한 환경과 주체의 의지와의 상호적 영향 관계에서 형성되는 것이 때문에, 유전적 동일성이 우리 육체의 세계-내-존재 방식의 동일성까지 보장하는 것은 절대 아닐 것이다.

38) 인간 배아의 잠재적 인격성에 대한 논의는 Singer & Kuhse, 『생명윤리학 I』, p.267 이하, 그리고 구인회, 『생명윤리의 철학』, p.184 이하 참조.

따른 선택이 불가피할 것이다. 왜냐하면 선택이나 결정의 회피가 양자에게 악(惡)이 될 개연성이 모두 높기 때문이다.

지금까지의 논의는 실상 시간 기준으로 보아 현재 정상적으로 기능하는 신체의 온전성만을 언급해 왔다. 시체의 경우를 보자. 생명이 떠나간 몸이라고 해서 우리는 그것을 물건이나 단순한 사물로 다루지 않는다. 기계론과 연속선상에 있는 이원론에 입장에서 보자면, 정신이나 영혼 또는 자아 기능이 회복불능인 시신(屍身)의 경우 단순한 연장(延長)으로 이해되거나 일부가 재생 가능 부품박스 쯤으로 여길 수도 있겠다. 하지만 프랑스 같은 경우도 명백한 반대 의사 없는 경우 의학 및 연구용으로 시신이 기증되는 경우가 있지만 시신 자체를 물건으로 여기거나 처분 가능한 것으로 여기는 문화권은 없을 것이다. 생명도 없고 그것과 관련된 더 이상의 의료적 조치가 요구되지 않는 시신에 대해 우리는 나름의 윤리적 태도를 취한다. 왜일까? 죽은 자의 주변에 있는 산자를 위한 배려의 덕목으로 여길 수도 있겠다. 하지만 다른 관점에서 보면 신체적 통일성이나 온전성이 현재만을 가지는 것이 아니라 과거, 즉 역사를 가진다고 말할 수도 있을 것이다. 다시 말해 우리의 윤리적 태도는 신체의 현재적 온전성뿐만 아니라 과거적 온전성까지 존중한다는 것이다. 우리의 몸은 그것이 사후(死後)적이라 할지라도 다양한 방식으로 시간의 기록과 역사가 체화되는 지점으로서 존속한다는 것이다.

어떻게 보면 신체 기관의 이식이 제기하는 문제들 중 상업화의 문제 말고도 철학에서 보다 더 근본적으로 제기되는 물음은 다음과 같은 것이다. 우리의 체험이나 인격 또는 인격체로서의 자아를 상실함이 없이 어느 지점까지 신체 기관 이식의 범위와 정도를 규정하느냐의 문제이다. 엄밀히 말해 생명의료 윤리학과 인간 존재론(또는 인간학)의 경계에 위치한 물음으로도 볼 수 있기 때문이다. 인간 생명을 결정하는 정도와 중요도가 점증하는 장기 이식과 그렇지 않은 장기 이식은 분명 그 윤리학적 및 인간학적 함의가 다를 수밖에 없을 것이다. 로크가 제시한 구두 수선공과 왕자의 이야기를 더 극단화해서 만들 수 있는 예들은 한이 없다. 예를 들어 뇌 이식이 가능하다는 전제 하에 여자의 뇌와 남자의 몸 간의 결합, 축구 선수의 몸과 아인슈타인의 뇌의 결합은 어떨까?[39] 이런 물음들은 신체적 통일성과 개인의 자기 동일성 사이의 관계에 대한 물음인 것이다. 구인회에 따르면 영국 현대 철학자 버나드 윌리암스(B. Willams)와 한스 요나스(H. Jonas) 같은 철학자들은 신체적인 계속성이 인간의 자기 동일성의 확보에 중요하다는 입장을 가지며, 반면 미국의 드레크 파핏(D. Parfit) 같은 철학자들은 전적으로 가상적인 뇌 이식 이야기를 통해 "신체적인 계속성이 한 사람의 지속적인 존재에 있어 가장 중요하지 않은 요소"라고 말한다고 한다.[40] 파핏의 이런 견해에 대해서는 독립된 다른 논의의 장을 마련해야 하므로 여기서 접어두자. 다만 지금까지 생명의료 윤리학 내에서 진행되어 논의를 통해 신체 문제에 대한 어떤 시사점들을 도출할 수 있는지를 살펴보자.

1. 신체는 인간 의지의 자율성에 따르는 것으로 전제되고 있다. 따라서 생명공학 및 의학의 실제적 상황에서 자율성에 대한 침해는 신체에 대한 침해가 되며 그 역도 마찬가지이다.[41]

2. 신체는 그 전체성이나 통합성에서 접근되어지되, 대체 가능한 부분(신체기관)과 불가능한 부분을 함께 갖는 것으로 전제된다.[42]

3. 신체, 특히 병든 신체나 세분화된 신체가 주요한 이슈가 될 때, 생명의료 윤리학은 병 없는 신체의 통합성을 암묵적으로 지향하며 이를 준거로 이런 통합

---

39) 현상학자 리쾨르는 다음과 같이 말함으로써 개인의 자기 동일성에 있어 신체적 기준과 심리적 기준의 사이의 분리 불가능성 또는 상호적 간섭의 현상에 주목한다. "어떻게 왕자의 기억이 목소리, 몸동작, 그리고 몸짓의 차원에서 구두 수선공의 신체에 영향을 끼치지 않을 수 있겠는가? 왕자가 가진 기억의 표현과 관련해서 구두 수선공의 습관적 성격의 표현을 어떻게 자리 매김할 것인가?" SA 152 [174].

40) 구인회, 『생명윤리의 철학』, pp.20-21. 필자도 파핏의 이 견해에 대해 대략적으로 다룬 바 있다. 윤성우, 『폴 리쾨르의 철학』, 철학과 현실사, 2004a의 제9장 「리쾨르의 자기동일성 이론, 그 의의와 한계」 참조.

41) 하지만 신체의 고유한 지위나 위상에 대한 논의가 현 단계에서 주제화 되지는 않고 있다.

42) 따라서 생명의료 윤리학은 더 섬세하고 세밀한 신체론을 요구하고 있다.

성을 해치는 의료적 개입이나 처치에 대해 비판적 태도를 취한다.[43)]

4. 신체는 생명 연구와 의학 연구의 단순한 대상을 넘어서서, 생명연구 및 의학의 실제적 상황에서 인격적 주체가 자신의 의사를 행사하고 영향을 미치는 준거점이나 지지대로서의 역할을 하는 것으로 전제된다.

4. 현상학과의 비판적 대면, 그리고 신체 문제

논의의 현재 단계에서 우리는 현상학[44)] 이 생산한 인간 신체에 대한 담론 자체를 본격적으로 성찰하기보다는 그 성찰이 생명의료 윤리학 내에서 진행되어 신체 문제를 비판적으로 조명하고 해명하는 데 기여하거나 공헌하는 데 초점을 맞출 것이다. 특히 나의 몸이나 '자기 신체'(le corps propre; my own's body)[45)]라는 개념에서 내 몸의 대상성이나 아니라 주체성—즉, 내 몸이 나임이 되는 것 또는 내가 내 몸인 바의 것이 되는 것—이 어떻게 확립되는지가 관건이 될 것이다. 이미 생명의료 윤리학은 어떤 문제들에서 현상학과 만날지 어느 정도 예견하고 있는 것으로 보인다. 디디에 시카르는 "인간 신체를 존중한다는 것은 무엇인가? 인간 존엄성은 그 신체에 대한 존중에 근거하는가? 신체는 나의 소유(물)(propriété)인

---

43) 하지만 생명의료 윤리학은 질병 없는 상태에 이르기 위해 윤리적으로 침해받지 않아야 할 것들에 대해서는 매우 적극적인 반면, 건강 개념과 이를 위해 의무로서 부과되어지거나 것들에 관해서는 논의의 공백을 보이고 있다.

44) 여기서 현상학이란 후설의 그것에서부터 유래한 것으로 하이데거, 메를로퐁티, 리쾨르, 가다머, 요나스 등 상당히 넓은 외연을 가진 담론으로 규정하되, 생명의료 윤리학 내에서 신체 문제를 비판적으로 볼 수 있는 한, 현상학 개념과 그 발전이 가진 내부적 차이는 일단 무시할 것이다.

45) 이 개념의 직접적인 출전은 프랑스 유심론(spritualisme)자인 멘느 드 비랑(Maine de Biran, 1766-1824)까지 거슬러 올라가지만, 현상학 전통에서 후설, 특히 메를로퐁티, 리쾨르 같은 이들에게서 주제화되었던 개념이다. 특히 '바로 나(I/Je/Ich)인 몸'라는 개념은 데카르트에서 연장으로서의 몸, 기계로서의 몸, 대상으로서의 몸에 대항하는 철학적 상상력의 산물로서 짐작할 수도 있을 것이다.

가? 나는 하나의 신체를 가지는가 아니면 나는 바로 이 신체인가?"라는 물음들이 앞 절에서 논의한 생명의료 윤리학의 다른 신체관련 물음들에 비해 "포착하기 매우 어려운"(insaisissable) 물음이라고 고백하고 있다.[46]

왜 이런 물음들이 신체의 처분불가능성이나 상업화의 문제보다 더 까다로운 물음일까?

생명의료 윤리학에서 신체론의 암묵적 지지대 역할을 했던 칸트에서 다시 출발해보자. 칸트가 인간 존엄성의 근거를 "규범의식, 도덕 능력으로서의 인격성"에 그 토대를 삼고 있다는 사실은 잘 알려진 사실이다.[47] 그 인격성(*Personalität*)에 기꺼이 자발적으로 복종하고 순종하는 자(者)는 누구인가? 칸트에 따르면 바로 자신의 행위에 대해 책임을 질 수 있는 인격(person)이다. 이 인격은 감각계에 속하는 것이긴 하지만, 그 자신 안에 신체 범주는 포함하는지는 불분명하다. 김선희는 이른바 "인격의 신체성 논제"를 제시하는데, 그에 따르면 "도덕적 책임주체로 간주되는 인격 개념은 신분 확인을 전제로 하며, 신분 확인할 수 있는 개별적인 몸을 구성 요소"로 삼는다.[48] 칸트의 초월적 자아가 이론 이성에 국한된 것이지 실천 이성 영역에 확대해서 안 된다는 반론이 있음에도 불구하고,[49] 김선희는 보편적 도덕 법칙을 발견하는 보편적 이성이나 자아를 칸트에게서 부정할 수 없다고 보는데, 이 보편자—이것이 통각으로 불리든, 자아 또는 이성으로 불리든—가 진정한 책임적 주체가 될 수 있냐고 비판적으로 묻는다.[50] 다시 말해 도덕적 책임 주체로서의 인격은 보편자가 아닌 개별적 몸을 가진 주체여야 한다는 것이다. 보편자가 책임을 질 수는 없다는 것인데 만약 그렇다면 아무도 책임을 지지 않거나, 그 누구에게도 책임을 물을 수 없다는 것이다. 따라서 칸트의 인격이든 다른 철

46) Sicard, "Bioéthique", *Dictionnaire du corps*, p.133.

47) 김종국, 「인격 개념을 통해 본 근대적 심신관: 로크와 칸트의 인격관을 중심으로」, 『칸트연구』, 제18집, 2006, p.161.

48) 김선희, 『사이버 시대의 인격과 몸』, 아카넷, 2004, p.69.

49) 김선희, 『사이버 시대의 인격과 몸』, p.78의 주3에 소개된 반론을 참조.

50) 김선희, 『사이버 시대의 인격과 몸』, p.86.

학자의 인격 개념이든 책임적 주체가 되려면 시공간적으로 그가 누구인지 확인할 수 있는 담지자로서의 몸이나 신체가 필요하다는 것이다. 당연히 그 개별적 신체는 그 책임지는 주체에 속하는 것이다. 하지만 과연 어떤 방식으로, 어떤 계기를 통해 그에게 몸이 속하는지, 어떤 의미로 몸이 그의 것인지 또는 그가 그의 몸 자신이 되는지 아직 해명되지는 않았다.

사실 자기 신체 개념을 명시적으로 말하지는 않았지만 칸트 역시 암묵적으로 그것을 전제할 수밖에 없었던 것 같다. 특히 공간 형식이 시간 형식과 더불어 감성의 선험적 형식이라고 할 때, 하나의 사물이 앞에, 뒤에, 옆에, 아래에 있다고 하고 또 그렇게 지각 가능케 하는 준거점은 그 지각적 주체의 신체인 것이다.[51] 구체적으로 말하면 그 주체의 자기 신체를 기준으로 위와 아래, 좌우가 정해지는 것이다. 그래서 나의 좌우와 바로 옆의 너의 좌우는 다를 수밖에 없다. 현상학은 더 나아가 자기 신체는 단순한 지각 대상이라기보다는 오히려 그 지각 활동의 진정한 주체라고 말한다. 칸트에서 바로 현상학으로 신체 담론이 옮겨가는 것은 일종의 건너뛰기인데, 인간의 신체에 대상으로서의 학문적 지위를 부여했던 데카르트와 달리, 신체에 주체성과 그 주체의 자기성을 부여하려고 시도한 철학자가 바로 맨느 드 비랑이다.

하나의 사물을 감지하는 한 손이 다른 한 손을 만지거나 간지다고 해보자. 이는 일종의 자기 촉발(auto-affection) 같은 것이다.[52] 이때 자기는 나의 몸(자기 신체)과 나 자신, 둘 다로서, 내 몸은 감각을 느끼는 주체이기도 하고 느껴지는 대상이기도 한 것이다. 그래서 내 몸은 나와 나의 외부에 놓여 있으면서 동시에 그 둘 다인 애매한 위치를 점하는 것이다.[53] 이미 멘느 드 비랑은 "노력"(effort)이라는 활

51) I. Kant, 『순수이성비판 I』, 백종현 옮김, 아카넷, 2006, p.244.

52) 반면 칸트의 자기 촉발(*Selbstaffektion*)은 선험적 주관과 경험적 주관 사이에 주어진다고 한다. 나 자신에 의하여 사고되기도 하고 직관되기도 하는 '나'가 있는데, 이때 나타나고 사고되어지는 나는 경험적 주관이고, 그것을 직관하고 사고하는 나가 선험적 주관이라서 이 둘 사이에 촉발이 일어난다는 것이다. 보다 자세한 내용은 김석현, 「칸트의 자기촉발(*Selbstaffektion*) 이론」, 『철학연구』, 제54집, 1995, p.281 이하를 참조.

53) 차건희, 「멘느 드 비랑의 자아 존재」, 『고전 형이상학의 전개』, 철학과현실사, 1995를 참조.

동을 통해 그것을 설명한 바 있는데, 짐을 들고 있을 때 처음에는 그 물건 자체가 내 근육에 저항감을 주지는 않지만, 계속 들고 있어야 할 때, 진정한 저항체는 내 자신의 근육이자 몸이 되는데 이때 의지적인 운동의 노력을 계속해가는 와중에 나의 육체는 아무런 매개 없이 주체에게 직접 드러날 뿐만 아니라 주체성 자체가 "육체의 내부 공간"까지 확장된다는 것이다.[54] 근육에 가해지는 통증에도 불구하고, 나는 노력(나의 의지)을 통해 짐을 들어내는 신체적인 능력을 보이는 것이다. 이때 그 몸은 그 어느 때보다도 나의 몸이 된다는 것이다. 그렇다면 이런 노력의 체험에서 얻어진 "나의" 몸이나, "자기" 신체는 생명의료 윤리학에서 묻는 물음인 "신체는 나의 소유(물)(propriété)인가? 나는 하나의 신체를 가지는가, 아니면 나는 바로 이 신체인가?"에서 "나의"와 같은 의미인가? 그리고 나의 몸은 "나의 자동차"에서 "나의"라는 소유를 나타내는 형용사의 의미는 같은 것일까? 일단 이런 물음들에 대한 답변 시도를 미루어보자.

현상학의 정초자 후설은 『데카르트적 성찰』 5장에서 *Leib*와 *Körper*를 구분한 것으로 유명한데,[55] 전자는 '몸체', '살'이나 자기 신체(corps propre)로 번역되기도 한다.[56] *Körper*는 흔히 우리가 세계 속에서 발견하는 사물 또는 "물체(物體)"로 옮겨진다. 조슬렝 브누와(Jocelyn Benoit)에 따르면 후설의 자기 신체론에서 핵심적 관건은 몇 가지로 나누어진다고 한다. 첫째, 자기 신체는 세계 도처에 늘려 있는 물체와 같은 것은 아니라는 것이다. 왜냐하면 자기 신체(corps propre)의 "자기성" 또는 소유성(propriété/Eigenheit)은 일반의 물체나 사물들과는 달리, "양도 불가능"(non transfèrable)하기 때문이라고 한다.[57] 자기 신체의 "그 자기다움"의 두 번째 의미는 "유아론적"이라고 한다. 나는 나의 신체라는 관점에서 세상을 바라보

---

54) 차건희, 「또 다른 질서의 경험: 멘느 드 비랑의 『심리학 시론』 탐방」, 『철학과 현실』, 제26호, 1995, p.309 이하를 참조.

55) E. Husserl & E. Fink, 『데카르트적 성찰』, 이종훈 옮김, 한길사, 2016, p.179.

56) 후설의 자기 신체론에 대한 논의는 프랑스의 현상학 연구자인 조슬렝 브누와(Jocelyn Benoit)가 *Dictionnaire du corps*에 실은 「자기 신체」("corps propre") 항목에 의존해서 전개한다. pp.252-254.

57) Benoit, "corps propre", *Dictionnaire du corps*, p.252.

기 때문에 너의 신체나 그(녀)의 신체는 당연히 세상의 물체와 같은 지위를 누릴 수밖에 없다는 것이다.[58] 세 번째는 "자아론적인"(égologique) 특징인데, 이는 자기 신체가 가진 아주 독특한 주관적 특성이다. 왜냐하면 후설에게서 자기 신체는 세상의 대상이 아니라, 오히려 그 대상이 (의식에) 현상하도록 가능케 하는 구조, "현상 활동 자체의 구조"라고 말하기 때문이다.[59] 물론 여기서 생명의료 윤리학을 위한 직접적인 시사점을 얻어내기는 쉽지 않다 하더라도, 나의 몸 또는 자기 신체이라고 할 때 몸 또는 신체는 현상학적 의미의 자아나 의식의 소유 또는 그것에 속해 있다는 것이다.

메를로퐁티의 신체론을 우리의 구도나 작업 내에서 요약한다는 것은 매우 어려운 일이 될 것이지만, 몇 가지의 중요한 개념과 예를 통해서 접근해보자. 메를로퐁티는 우리 몸이 자연 과학에서 말하는 대상으로서의 신체(corps-objet)일 수는 있지만, 대상적 신체의 지위는 자기 신체 또는 현상적 신체(corps phénomenal)가 지니는 존재론적 차원의 근본적 지위와는 다르다고 말한다. 우리 몸은 이미 살아 움직이는 지각적 체험의 주체인데, 그는 이것을 환각 통증을 가진 사람의 예들 들어 설명한다.[60] 사고나 수술로 인해 팔이 없어진 환자는 종종 없어진 팔에 통증을 느끼는 것으로 호소하는데, 이것은 외부 대상의 자극이 없는 것이기에 경험론으로는 설명하기 어렵고, 팔이 없다는 것을 거부하려는 의식(마음)의 결단으로 설명하려는 주지주의나 지성주의도 설득력이 별로 없다고 한다. 실제로는 의식상의 결단과 상관없이 그 통증이 발생하기 때문이다. 이미 우리 몸은 팔이 잘려나가기 이전에 팔만이 할 수 있는 모든 행위나 운동의 장(場)을 간직하고 있기 때문에 환각 통증을 체험한다는 것이다. 이미 신체적으로 팔이 중심이 되어 이루어질 수 있는 행위의 장에 참여 하는 것이다. 따라서 우리 몸은 주어진 세계 내에 특정의

58) Benoit, "corps propre", *Dictionnaire du corps*, p.252. 레비나스나 리쾨르가 후설의 타자론을 비판적으로 지적하는 지점이 바로 이 대목이다.
59) Benoit, "corps propre", *Dictionnaire du corps*, p.253.
60) M. Merleau-Ponty, 『지각의 현상학』, 류의근 옮김, 문학과 지성사, 2002, p.131 이하 참조.

지정학적 자리를 차지하는 물체와 같은 방식으로 존재하는 것이 아니라 이미 항상 세계로 나아가 그 세계를 만나고 구성하는데 참여하는 방식의 존재한다는 것이다. 이것은 나의 몸이 세계와 그 주변에 거주하면서 그 세계를 형성해나가는 힘과 능력 자체임을 뜻하는 것이다. 더구나 그런 움직임은 반성적 의식이나 자기 의식적 차원에서 매번 자각되거나 환기되는 움직임이 아니라는 것이다. 무의식적인 것은 아닐지라도 익명적으로 활동하면서 사후(事後)적으로 나의 몸은 나의 지각 활동의 주체로 드러나는 것이다.

리쾨르의 경우도 주체로서의 신체(corps-sujet)가 두드러지는데, 메를로퐁티가 주로 지각 활동에서 현상학적 신체론을 전개했다면 리쾨르는 의지 활동에서 내 몸의 나임 또는 나의 내 몸임을 발견하고 기술한다. 리쾨르에 따르면 의지 활동의 현상학적 의미는 …하기로 계획하는 단계(결정 단계), 기획한 것을 실행해 옮기는 단계(행위 단계), 더 이상 결정하거나 실행할 수 없는 것들을 인정하고 따르는 단계(승복 단계)로 나뉜다. 이 모든 단계에서 우리 몸은 의지에 결부되어 있는데, 특히 행위의 단계에서 우리의 의지는 "신체를 통하여" 행위에 이른다. 이때 신체는 행위 주체 또는 행위자와 분리될 수 없다는 점에서, 도구와 같이 행위자와 분리될 수 있는 물질적 매개 (médiation matérielle)[61]와는 큰 차이를 보이며, 오히려 유기적 매개 (médiation organique)를 수행한다. 그래서 인간 행위는 신체를 거쳐, 신체를 통하여, 신체를 가로지르며 세계 속에서, 세계와 관계하며 일어나는 그 무엇이다. 메를로퐁티가 의식의 지향성을 넘어 지각 활동에서 신체적 지향성 자체를 발견했다면, 리쾨르는 인간 (의지적) 행위 차원에서 그 의지와 분리 불가능한 신체의 기관성(organicité du corps)에 주목하는 것이다. 이 신체적 기관성은 결정의 실행인 인간 행위 속에서 대개의 경우 가장 덜 주목받고, 덜 인정되는 요소인데, 그것은 인간이 그 자신의 행하는 바, 즉 그 행위 속에 항상 몰두하고 전념하기에, 그 행위 속에서 이루어지는 세계와 관계에 빠져 그 자신의 신체를 자각하거나, 생각하거

61) PV 200.

나 표상하지는 않기 때문이다. 피아노를 칠 때, 자전거를 탈 때, 컴퓨터 앞에서 타자를 칠 때 우리는 매 순간, 매번 우리의 몸을 대상화하거나 주제화하지 않는다. 이렇듯 신체는 근본적으로 철저히 비표상적이고, 비대상적인 것이다. 내 몸은 나와 거리 없이 존재하기에 그것에 대립하거나 그것에서 벗어날 수 없는 것이다.

이렇게 현상학적 신체론—노력의 체험, 지각 활동, 그리고 의지 활동에서의 주체로서의 신체의 위상과 역할에 대한 고찰—과 생명연구 및 의학적 상황에서의 신체론 그리고 생명의료 윤리학에서의 신체론을 같은 선상에서 논의할 수 있을까? 과연 어떤 신체 담론이 더 근본적일까? 신체에 대한 철학적 헤게모니를 어떤 담론이 잡아야 할까?

현미경과 실험 공간 속으로 환원된 신체의 일부는 실상 세계 속에서 노력하거나 지각하거나 의지하는 그런 신체가 더 이상 아니다. 나는 나의 DNA와 그 어떤 체험적 관계를 맺지 못한다. 비록 특정의 상황(예를 들어, 법정, 친자 확인)에서는 자기관계 및 타자관계에서의 책임의 계기를 제공하는 최소한 물리적 기반임에는 틀림없지만 내 속에 있는 DNA에게 내가 누군지를 묻고, 또 그것에게 그 답을 강요해서는 안 될 것이다. 나의 두개골 안에 있는 뇌(腦) 역시 나와 그런 관계에 놓여 있지 못하다. '나의 두뇌'라는 말에서 '나의'는 '나의 손'에서 '나의'와 같은 의미를 지니지 않는다. 반면 나는 나의 손, 발, 심지어는 엉덩이와는 모종의 체험적 관계를 가지며, 나의 세계-내-존재 방식에 직간접적으로 영향을 끼친다. 결국 생명 연구 및 의학적 상황에서의 신체 담론은 먼저—의식하든 그렇지 않든 간에—생명의료 윤리학의 신체 담론에 의한 1차적인 비판을 거쳐야 하며, 최종적으로는 현상학적 신체의 복원을 종착점으로 가져야만 할 것이다. 다시 말해 인간 신체에 대해 이론적으로나 실천적으로 가능한 실험 및 연구는 생명의료 윤리학적 비판을 간과해서는 안 되며, 현상학적 신체의 파괴나 해체로 귀결되어서는 안 될 것이다.

어떻게 보면 생명 의료적 상황에서 문제가 되는 아픈 몸이나 병든 신체는 노력의 체험, 지각 활동, 그리고 의지 활동에서의 주체로서의 신체에게 일종의 장애나 결여가 생긴 것이라고 볼 수 있다. 따라서 아픈 몸은 내 욕망, 내 지각, 내 의도를 세계 속에서 즉각적으로 실현시키는 "직접적 행위자"이지 못하게 하는 것이다.[62] 의사가 이때 의학적으로 개입하게 되어 이 직접성이나 신체의 주체성을 회복시켜 주는 것을 도와야 한다. 따라서 생명의료 윤리학은 이 주체적 신체의 진정한 복원에 앞서 아픈 몸이 비윤리적인 실험적 조작이나 의료적 처치의 대상으로 전락되지 못하도록 감시하고 비판하는 임무를 담당한다. 결국 생명의료 윤리학의 신체 담론은—부정(否定)적 차원에서—인간 신체의 단순한 대상화나 수단화를 비판하고 저지하는 담론 형성에 기여하는 방향으로 나아가야 한다. 또한 생명의료 윤리학은—긍정적 차원에서—세계 속에서 인간의 노력, 지각 그리고 의지 활동의 출발점인자 담지자인 온전한 신체의 모습을 전제하고 그것을 지평으로 삼아야 한다.[63]

5. 최소한의 입론을 위한 몇 가지 언급과 남는 문제들

방금 우리는 우리 시대의 다양한 신체 담론들에 다소 대담하고 무모하게 그 배치의 구도와 위상에 대해 논하였다. 생명공학 및 의학 분야의 눈부신 발전이 건강과 질병, 생명과 죽음, 나의 몸과 다른 사람의 몸, 인간과 동물, 인간과 기계, 자기와 비(非)자기, 자연과 비(非)자연 등등의 구분과 경계에 대해 허물고 있으며, 이것은 윤리학을 포함하여 철학 전반에 도전적인 물음을 던지고 있다. 분명 우리 신체는 다양한 실험적 및 치료적 상황에서 가변적이고 불안정할 수밖에 없다. 이것은 문제 상황이다. 그렇다면 문제 해결적 상황은 어떤 것인가? 아마도 "우리가

62) D. Leder, "Medicine and paradigms of embodiement", in *The Body: Critical Concept in Sociology*, IV, Rouledge, 2004, p.87.

63) 이런 의미에서 가다머(H. Gadamer)가 『현대의학을 말하다』(이유선 옮김, 몸과마음, 2002)에서 다음과 같이 말하는 것에 주목해 보자. "이런 식으로 의사와 환자의 관계가 충분히 실현되어야 한다는 사고에서 우리가 배울 수 있는 것은 '무엇인가는 제거해버리는' 것이 아니라 적응 과정을 돕고, 환자로 하여금 인간적·사회적·가족적 삶의 순환 속으로 다시 들

무엇을 원하든 간에 거기에 철두철미하게 몰두할 수 있는 능력"을 회복하거나 복원하는 것이다.[64] 이것을 의학적으로 '건강'이라 불러도 좋고, 하이데거나 푸코(Foucault)식으로 '자기 배려(염려)'(souci de soi)을 가능케 하는 생물학적 토대 확보라 불러도 좋을 것이다.

다만 질병의 치료와 건강의 회복을 생명과학과 의학에 지나치게 의존하게 된다면 나는 내가 어떤지를 말해주는 의사에게 나의 몸을 맡기는 결과에 이르게 되는 것이다. 이때 우리는 나의 인격이나 자기 자신을 양도한다기보다는 내 신체에 대한 일정한 지배력과 영향력을 연구진 및 의사에게 양도하는 것이다.[65] 이런 양도는 나의 이익과 선의 증진에 반하지 않아야 하고, 그 양도를 통해 제3자의 긍정적 혜택을 배제하지 않아야 할 것이다. 그렇지 않을 경우 즉시 내 신체에 대한 의사의 다양한 영향력의 행사는 즉각 철회되고 가역적이어야 한다. 따라서 내가 나의 몸을 의사에게 맡긴다 하더라도 그 양도는 절대적이거나 불가역적인 것은 아닌 것이다. 결국 잠정적으로 그리고 제한된 범위 내에서 양도되는 것이다. 또한 그 목적도 내 신체에 대한 나의 힘과 내 신체적 능력의 회복에 있다.

본래적으로 내 몸은 나에게 충분하게 잉여적으로 주어진 것도 아니고, 부차적인 방식으로 속한 것도 아니다. 더구나 내가 자연의 산물들을 이용하여 창조해내거나 생산해내는 방식으로 주어진 것—예술작품이나 일부의 물건들—도 아닌 것이다. 그런 의미에서 나의 몸은 나에게 본래적으로 속한 것이라는 의미에서 나의 소유인 것이다. 또한 내 몸이 나에게 현존하는 방식은 철회 불가능한 방식이기 때문에 나의 몸은 나 자신이며, 나는 나의 몸이다. 내 몸은 나의 소유이되, 책이나 연필이나 자동차의 소유처럼 잉여적이고, 전적으로 대체 가능하고, 철회 가능한 방식으로 나의 소유인 것들과는 다른 의미에서 소유이다.

현상학의 자기 신체나 나의 몸에 대한 이해를 통해 생명의료 윤리학의 신체론의 한계를 지적하고 비판적 기여를 하고자 했던 것이 이 연구의 목적이었다. 그

64) Gadamer, 『현대의학을 말하다』, p.126.
65) 다양한 임상 병리적 검사와 고도의 의학 기기들에 맡겨진 우리 몸을 상상해보자.

목적의 달성 여부와 관계없이, 관련된 많은 문제를 다루어지지 못했고 새로운 문제들을 발견하기도 하였다. 의사 및 연구진이나 환자를 각각 세계-내-존재로 파악하고 각자의 본래적 실존의 회복을 위해 다른 현존재들과 과연 어떤 윤리적 관계를 적극적 형성해 나가야 하는지를 과연 현상학을 통해 생명의료 윤리학에 제공해 줄 수 있을지? 단지 병이 없는 상태만을 목적으로 하는 것이 아니라 적극적 의미에서의 건강 개념과 그 담론을 현상학적 신체론을 통해 생명의료 윤리학에 어떻게 이론적으로 제공해줄 수 있을지가 더욱 궁금해졌다.

제2부
번역의 사유

제8장
번역, 우리에게 무엇이었고, 무엇이어야 하는가?

1. 번역과 번역자의 비가시성

온라인에서건 오프라인에서건 우리가 서점을 방문하면, 어김없이 신간 서적들이 눈에 띄고 그것을 클릭하거나 집어 들게 마련이다. "이런 책이 나왔네!, 이 작가가 이번에 이런 책을 썼구나!"하며 들여다본다. 그런데 이런 흔한 일상의 경험에서 가장 덜 주목받는 것들 중의 하나는 책의 사이즈도, 디자인도, 가격도, 심지어 책의 내용이 아니라, 바로 그 책이 "번역된" 책이라는 점이다. 얼핏 보아도 온라인 서점의 첫 페이지를 장식하는 책의 절반 이상은 번역된 책들이다. 그것이 "누군가"에 의해 번역되었다는 것은 정녕 부인할 수 없는 사실임에도 어디엔가 꼭꼭 숨어버린다. 우리문학이 노벨문학상에 몇 번이나 물을 먹고 나서야 누가 어떻게 번역했는지 겨우 관심을 가질 뿐이며, 심지어는 한미FTA 같은 국가 경제에 명운을 가르는 조약의 진행과정에서도 정작 번역이 핫이슈가 되었지만 과연 누가, 어떤 과정을 거쳐 그 중요한 조항 하나하나를 옮겼는지 우리는 묻지 않는다. 베르나르 베르베르의 소설이나 스티브 잡스의 전기(傳記) 정도를 번역할 경우라면 독자들의 관심은 몇몇 유명한 번역자에 멈추고, 그러한 경우에도 원전의 중요성이나 지명도가 일차적 관심의 대상이 되는 경우가 대부분이다. 이렇듯 우리의 시선은 번역자에 잠시 머물다 말고 바로 (번역된) 원전과 원저자에로 나아간다. 결코 번역자에 명시적 주목을 하지 못할 뿐만 아니라, 번역이라는 고도로 인문적 활동 그 자체에 대한 중요한 자각에는 이르지 못한다. 결국 번역과 번역자는 유령과도 같은 비가시적인 존재로 머물고 마는 것이다.[1)]

2. 이분법, 아니 태생적 이원성을 품은 번역

왜 우리는 번역자와 번역 활동 그 자체를 주제적으로 주목하지 못하는가? 이는 국내 독자만의 잘못도 학계나 출판계의 오랜 번역(자) 홀대 관행 때문만은 아니다. 그것은 번역 행위 그 자체 안에, 그리고 이를 이론적으로 성찰해온 짧지 않은 학문적 시선 안에 이분법, 아니 근원적인 이원성이 존재하기 때문이다. 번역을 진지하게 수행하는 그 누구나가 절감하는 이원성이 존재하며, 또한 이런 번역 실무와 관행을 이론적으로 성찰하는 번역 연구자들이 피할 수없이 마주하는 이원성의 물음이 존재한다. 번역자가 독자를 우선시하며 보다 자유롭게 하는 번역을 할 것인가 대(對) 원전의 언어적 형식에 충실한 번역을 할 것인가라는 이원성이 있다. 달리 말해보면 내용 대 형식, 의미(관념) 대 문자, 독자(또는 번역자) 대 저자, 번역본 중심 대 원전 중심, 심지어는 번역 가능성 대 번역 불가능성이라는 이원성이 바로 그것이다. 아마 이를 플라톤적 이원성이라 불러도 좋으리라.[2)] 물론 이때 플라

1) 이 점에 관해서는 *The Translator's Invisibility: A History of Translation*(Taylor & Francis Ltd, 2006)의 저자 로렌스 베누티(Lawrence Venuti)를 참조해야만 한다. 국내에서는 그의 또 다른 유명한 저서 *The Scandals of Translation: Towards an ethics of difference,* Rouledge, 1998가 번역되어 있고 읽어 볼만하다. 『번역의 윤리: 차이의 미학을 위하여』, 임호경 옮김, 열린책들, 2006.

2) 이 주제에 대해서 심화하고자 하는 독자는 반드시 앙트완 베르만(Antoine Berman)의 유명한 논문 “L'essence platonicienne de la traduction”(*Revue d'esthétique*, 12, 1986, pp.63-

톤적이라 함은 플라톤 형이상학에 대한 특정의 한 해석에 기반을 둔 것이긴 하다. 번역 행위와 번역 연구에는 이런 이원성과 그것이 제기하는 문제가 늘 자리 잡고 있었다. 이제 우리는 번역 자체와 번역자의 비가시성을 좀더 잘 설명해줄 수 있을지 모르겠다. 다시 말해 번역의 현장에는 물론이고 번역 연구에는 언어 간의 근원적 차이와 특이성으로 이해 번역이 도대체 가능하겠냐 하는 물음에서부터 출발언어의 내용이나 의미 또는 관념을 중심으로 번역해야 하느냐 아니면 원전에 충실하게 그 언어적 형태나 문자에 맞게 옮겨야 하느냐 라는 물음이 아포리아처럼 버티고 서 있는 것이다. 또한 아무리 훌륭한 번역이라 하더라도 원전을 대체하거나 그것과 같은 수는 없다는 직관과 판단이 자리잡고 있어서, 결국 번역이란 아무리 잘 해도 원전의 모방에 불과하다는 인상과 평가가 떠나지 않게 되는 것이다. 이런 형국에서 아무리 번역자의 노고와 악조건, 심지어 탁월한 부지런함을 읊은들 원저자의 권위나 가치에 비할 바가 못 된다. 번역자가 저자임에는 틀림없지만, 그는 원자저의 존재론적 우위를 넘어설 수 없게 될 운명에 처해 있는 것이다.[3] 실상 모든 원전이 텍스트 차원에서 그 자체로 더 훌륭한 것도 아니고, 모든 번역본이 마찬가지로 그 자체로 더 못한 것도 아닌데도 말이다. 번역과 번역자의 비가시성을 극복하려면 원전과 저자의 신화를 전복할 새로운 번역의 철학이 나와야만 할 것이다.

3. 외국어 능력은 번역 능력인가? 그리고 번역에 대한 자의식

번역과 번역자의 비가시성에 대한 문제 제기와 진단이 이루어졌다면, 그 가

73)을 읽어봐야만 한다. 이를 다룬 Seong-Woo Yun & Hyang Lee, "Antoine Berman's Philosophical Reflections on Language and Translation: the Possibility of Translating without Platonism"(*Filozofia*, 66(4), 2011)을 권하고자 한다.

3) 이 점에 대해서는 폴 리쾨르의 『번역론: 번역에 관한 철학적 성찰』(*Sur la traduction*: ST)을 살펴 볼 것.

시성을 제고(提高)할 길을 찾아야 할 것이다. 관건은 외국어의 문제에 가려 그 독자성과 중요성이 은폐된 번역(및 번역자)의 문제를 주제화하는 일이다. 다시 물어보자. 외국어를 잘 한다면 번역도 잘 할 수 있는가? 도대체 이 둘 사이의 관계는 무엇인가? 영어를 잘 구사하고 영어 의사소통 능력도 뛰어나지만, 영어 텍스트를 주고 우리말 번역을 시키면 그다지 훌륭한 결과를 얻지 못하는 경우가 있다. 더구나 이는 구어와 문어 사이의 차이의 문제는 아니다. 외국어 능력과 번역 능력 사이에는 어느 정도 그 외연이 겹치는 측면이 없지 않지만 이 둘은 일치하지는 않는다. 어떤 점들이 번역능력을 구별시켜 주는가?[4] 논점과 그 방향에 따라 여러 가지 답이 가능하지만, 외국어 능력이 의사소통을 직접적 목적으로 삼는 반면, 번역 능력은 소통을 포괄하되 그 이상의 차원을 염두에 둔다. 번역 능력에는 하나의 원문을 두고서 도착 언어로 현실화될 수 있는 어휘나 문장들의 잠재적인 복수의 대안들을 구성할 수 있는 능력이 포함되어야 하고 더 나아가 이들 잠재적인 것들 중에서 가장 적합하다고 판단되는 하나의 것을 선택하고 결정하는 능력을 반드시 포함하여야 한다. 실상 번역은 복수의 대안들 중 하나를 선정하는 지난한 과정이다. 그 결정의 핵심적 조건은 바로 이것이다. 단어는 문장을, 문장은 텍스트 전체를, 텍스트의 번역은 출발어는 물론이고 도착어의 시대 및 문화 전반에 대한 선(先)이해를 요구한다.

외국어 능력과 번역 능력의 문제가 혼동되어 번역에 대한 자의식이 결핍되었던 시기가 우리의 짧은 번역사에도 존재했었다. 한자가 지식인과 관료의 언어와 문자로 자리잡은 조선 왕조에서 번역 문제는 진정으로 제기되었다고 볼 수 없을 것이다. 그 근본적 이유는 한자와 그 고전 텍스트가 우리의 전통과 문화로 인식되었기 때문이며, 번역의 문제는 해방 이후 오히려 한글전용 세대에서 우리 고전에 대한 새로운 복권(復權)의 문제가 등장하면서 제기되었다고 봐도 과언이 아니기 때문이다. 최근의 연구에 따르면 그나마 세종대왕 이후에 언문으로의 번역이

4) 이 점에 대해서는 이향의 『번역이란 무엇인가』(살림, 2008)를 살펴 볼 것.

이루지기 시작하는데 주로 농업이나 의료 관련 서적들이었고 이는 실용적 맥락이었다.[5] 필자와 같이 한글세대에게서 한자와 한문 텍스트는 생활한자의 맥락을 벗어난다면 정녕 외국어의 문제와 번역의 문제를 동시에 일으킨다. 결국, 낯선 한자와 한문 텍스트의 문제는 소통을 넘어서서 이해해야 할 하나의 (작품)세계의 문제를 제기한다.

일제 점령기의 지식인과 관료의 언어는 당연 일본어였다. 그러나 한자와 한문과는 달리 점령의 언어였던 일본어에 대해서는, 독자적인 근대화의 한(恨)을 지녔던 식민지 조선의 지식인들은 나름의 자각과 인식이 없었다고 보기 어렵다. 식민 초중반기의 김억이나 최남선, 양주동, 비교적 최근의 김수영에 이르기까지 일본어와 외국문학을 통한 지식의 창출과 새로운 문학의 소개가 이루어진 것은 부인할 수 없는 사실이다. 하지만 이것은 선각자적인 몇몇 지식인들이 제기한 실존적 문제 제기에 다름 아니었을 뿐만 아니라 우리들 중 그 누구도 그들을 번역자로 기억하지 않는다. 이는 일본이 명치시대에 서구의 근대화에 적극적인 대응책으로서 국가적인 번역을 수행했던 지속적인 운동의 규모나 차원에 비할 수 없다.[6] 결국 서구에 대해 일본이 나름의 번역에 대한 자의식을 가지고 번역의 정치학을 구사했던 반면 우리는 그럴 처지도 능력도 준비도 할 수 없었다.

해방 이후 지식인의 언어는 당연 영어였고 여전히 오늘날까지도 그러함을 부인하기는 어렵다. 실상 1960-70년대 이루어진 세계 문학의 번역을 보면 일본어 번역본을 통한 중역의 영향을 배제할 수는 없었지만, 최근 2000년대에 들어서 국내의 유수 출판사들이 3세계의 문학과 우리 문학을 일부 포함하되, 세계 문학의 중요 정전들을 중역에 의존하지 않고 출발 언어에서 바로 재번역하는 움직임을 보여 왔다. 이는 서양문학의 텍스트에서뿐만 아니라 서양철학의 그것에서도 유사

---

5) 이와 관련해서는 김정우의 「조선 시대 번역의 사회문화적 기능」(『번역학연구』, 제10권 제1호, 2009, pp.33-63)을 읽어 볼 것.

6) 이 주제에 관해서는 일본 개화기 때의 번역 문제를 일본의 근대화 관점에서 다룬 저서 마루야마 마사오(丸山眞男)·가토 슈이치(加藤周一)의 『번역과 일본의 근대』 (임성모 옮김, 이산, 2000)는 필독서이다.

한 경향이 나타났다. 철학의 경우 영어의 테두리를 벗어나 독일어와 프랑스어에서도 바로 번역되었다. 예를 들어 데카르트, 칸트, 니체, 하이데거, 비트겐슈타인, 푸코 등등 중요 철학자들의 원전이 해당 전공자들에 의해 재번역되었고 또 되고 있는 실정이다. 이런 재번역의 움직임이 단지 오역이나 일본어의 중역 문제에서만 비롯된 것은 아닐 것이다. 그 근저에는 명시적이건 아니건 간에 새로운 지식의 창출과 형성에 번역이 결정적인 역할과 공헌을 한다는 의식이 자리잡기 시작했기 때문이다. 더구나 지식이 학자 개인과 그가 속한 비교적 좁은 지식의 공동체를 벗어나 그 지식의 대중성과 공공성을 확보하고, 더 나아가 그것이 한 문화의 토대와 저변에 이르는 확산성을 지니려면 제대로 된 번역의 관문을 통하지 않고서는 어렵다는 전반적인 인식이 생겨났기 때문일 것이다. 희망적으로 말해보건데 이는 아마도 우리말과 글로 문학을 하고 철학을 하고 학문을 하는 것의 궁극적인 필요조건으로서의 번역에 대한 자의식과 번역자의 중요성에 대한 자각이 막 싹트기 시작했음을 뜻하는 것이기도 할 것이다.

4. 번역의 정치학과 함께 번역 인식론을

제대로 된 단계를 밟아 쌓은 근대성과 근대적 자아 형성의 기회를 강탈당하고서 변형과 착종을 거듭한 우리에게 이제 와서 일본의 그것과도 같은 우리만의 번역의 정치학을 새롭게 구상하고 기획하는 것이 얼마나 가능할지, 그리고 그것이 얼마나 효과적일지 의문일 수 있다. 하지만 이르건 늦건 번역의 정치학은 여전 유효하고 필요하다. 이와 더불어 (외국)언어와 그것의 번역이 외부 세계에 대응하는 우리의 인식과 판단, 그리고 태도에 영향을 미친다는 근본적인 인식론적 자각이 필요하다. 이는 번역의 문제를 외국어의 문제와 구분하지 못하고 단지 언어의 문제 또는 소통의 문제라고 축소해버리는 태도와의 인식론적 단절을 전제하는 것이다. 물론 이는 번역이 우리 인식의 전부를 형성한다는 말이 아니다. 몸이 행위의 도구이듯 개념과 언어가 우리 사유의 도구이듯, 번역이 우리의 세계 이해, 특히 낯선 언어로 된 외부 세계에 대한 이해, 착상, 그리고 수용의 도구라는 점을 말하려는 것이다. 이 비유를 잘 들여다보아야 한다. 이때 도구는 망치가 못 박는 도구라는 의미에서와는 근본적으로 다르다. 못 박는 데 망치는 대부분 유효하지만 필연적이지 않아서 망치는 언제든 다른 것으로 대체될 수 있다. 몸, 언어, 번역은 대체 불가능하다는 점에서 필연적인 것이다. "(내) 언어의 한계가 (내) 세계의 한계"라고 한 천재적인 철학자가 말한 적 있다. 그가 오스트리아 출신이고 주로 영국서 학문 활동했기에 그가 말한 그 "언어"는 영어이거나 독일어임에 틀림없다. 보편자로서의 언어란 자연 세계에서는 존재하지 않기에, 이를 번역의 자각과 그 중요성이 비추어 우리말로 바꿔보자면 이런 게 아닐까. "(내가) 번역한 언어의 한계가 (내) 세계의 한계"를 구성한다고. 우리가 낯선 타자의 언어를 접할 때마다, 이를 이해하려는 모든 우리의 표상에는 우리말과 글로의 번역이 동반된다고 말한다면 이는 과장된 패러디일까? 별 이론(異論)의 여지는 없어 보인다. 우리는 심지어 우리말과 글도 종종 번역하고 있으니 말이다.[7]

---

7) 언어 내적 번역의 문제를 다룬 이는 유명한 인문학자 스타이너(George Steiner)이며 그 문제를 다룬 그의 주저는 *After Babel: aspects of language & translation* (Oxford University Press, 1998a[19751])이다.

제9장
리쾨르의 번역론

● 같은 것을 다르게 말하기

1. 번역 활동의 철학적 자리는 어디일까?

이 장에서 출발점으로서 삼는 것은 2006년 8월에 국내 번역 출간된 리쾨르의 『번역론: 번역에 관한 철학적 성찰』(*Sur la traduction*: ST)에 대한 읽기이다.[1] 하지만 하나의 이해가 그 이해의 역사와 단절되지 않고, 번역도 그 선(先)번역의 역사에 어느 정도 제약되듯 나의 이 읽기도 내가 리쾨르를 읽어온 읽기의 역사에서—다행히도—자유롭지 못하다.

『번역론』은 1996년과 1998년, 그리고 그 후 각각 쓴 세 편의 논문을 모아 2004년에 나온 저서이다. 보는 이에 따라 1996년이 리쾨르가 번역 문제에 대한 관심을 이론적으로 그리고 명시적으로 표명한 해라고 규정할 수도 있겠다. 하지

1) 이 장에서 논의되는 내용들은 최근 발행된 단행본 윤성우·이향, 『번역학과 번역철학』(한국외국어대학교출판부, 2013)에서 좀더 확장되어 전개되었다. 여기서 펼치는 논의에 만족하지 못하고 보다 상세한 해설과 안내를 바라는 독자는 『번역론』 국역본의 권두에 있는 상당한 분량의 옮긴이 해제를 참조할 수도 있을 것이다.

만 번역 활동이 가지는 철학적 의미와 자리를 한번 쯤 되새겨보는 관점에서라면 꼭 그렇게만 간주하기는 어렵다. 리쾨르 자신이 이미 후설의 『이념들 1』(*Ideen I*)에 주해를 달아 번역함으로써 자신의 본격적인 학문적 인생을 첫발을 시작했다는 것은 이미 알려진 사실이다.[2] 그것도 제2차 대전 중에 독일의 수용소에서 후설의 원전 사이사이에 촘촘한 글씨로 말이다.

번역이 왜 철학자, 특히 해석학자에게 그렇게 문제가 될까? 번역 활동의 철학적 지위를 말하기 위해 해석 활동과의 연관성을 살피는 작업에서 시작하면 어떨까? 적어도 현상적 차원에서 발견되는 몇 가지 사실은 다음과 같은 것이다.

첫째로 번역학의 연구 대상인 번역 활동과 해석학의 연구 대상인 이해 및 해석은 모두 공히 언어 일반(langage) 또는 인간의 언어 활동이라는 범주에 속하며 그것과 밀접한 연관을 갖고 있다는 점이다. 다만 문학 비평이나 언어학도 언어를 다룬다는 점에서 이런 공통점은 좀더 해명되어야 한다.

둘째로 이 두 분야—번역학과 해석학—는 언어를 다루되 언어를 구성하는 모든 층위를 다루는 것이 아니라 주로 텍스트(texte)를 그 주요 대상으로 한다는 점에서 공통성을 갖는다. 음소, 의미소, 형태소와 같이 문장(또는 담화)의 하위 단위를 주로 다루는 언어학 일반과 달리 단어와 문장을 거치되 최종적으로는 텍스트 혹은 작품이라고 말하는 대상을 다룬다. 아무리 짧은 한 줄의 시(詩)나 경구를 번역하거나 해석해도 그것은 하나의 독립된 텍스트로서 다루어지는 것이다.

셋째로는 언어를 다루고 텍스트가 그 주요 대상이되 진정으로 이 두 분야가 겨냥하고 목표를 삼아 도달하고자 하는 지평은 언어의 의미(sens)라는 지평, 텍스트의 의미라는 지평이다.

혹자는 번역이 주로 두 개 이상의 언어들 사이의 문제라고 규정하고 해석은

2) 후설 책의 우리말 번역은 『순수현상학과 현상학적 철학의 이념들 1』, 이종훈 옮김, 한길사, 2009. 리쾨르의 불역본은 *Idées directrices pour une phénoménologie*(Gallimard, 1983[19501])라는 이름을 달고 출간되었다. 이 번역과 주해는 리쾨르의 박사학위 논문(PV)의 부논문으로 제출되었다.

주로 한 언어 내에서 발생하는 이해의 문제를 다룬다는 차이를 지적할지도 모른다. 그런 이유와 맥락에서 자연 언어들 간의 언어적 차이와 그 변환에서 발생하는 현상들을 경험 과학적으로 설명하려는 시도가 주류를 이루고 있는 오늘날의 번역학은 한 언어 내에서 의미 발생과 그 해명을 기술적(記述的)으로 취급하는 해석학과 어느 정도 거리를 두고 지내온 것이 사실이다. 하지만 외국어에서 모국어로 오는 과정을 다루든 그 반대 과정을 다루든, 또 모국어 내에서이건 해당 외국어 내에서 이건 해석이나 이해 과정이 전제되지 않거나 이를 통과하지 않는 번역 또는 언어적 표현 활동이 불가능하다는 점에서는 번역학과 해석학이 공통분모를 가진다고 볼 수 있지 않을까? 이 점은 번역학 내에서 해석학적 흐름을 대변한다고 거론되는 조지 스타이너(George Steiner)의 난해한 주저 『바벨 이후』(Après Babel)[3] 의 핵심적 테제—"이해한다는 것은 번역하는 것이다"—이기도 하다.

그런데 필자가 보기에는 해석 활동과 번역 활동은 언어, 텍스트, 의미라는 공통의 지반보다 더 근본적인 차원을 공유하고 있다. 무엇보다도 두 활동이 언어를 다루는 한 그 활동들은 언어의 지향적 상관자들인 사물, 대상, 사태 또는 세계와의 관계를 제거하고서는 제대로 이해될 수 없다. 언어의 의미, 텍스트의 의미가 도달하고자하는 최종적 지향점을 고려해보고, 언어 사용자인 인간으로 하여금 새로운 언어 사용의 영역과 장(場)을 부추기고 자극하는 것이 무엇인지를 고민해 본다면 이 가장 근본적인 층위에 대한 추정과 짐작이 가능할지도 모르겠다. 여기서 우리는 리쾨르가 자신의 『번역론』에서 여러 번 언급한 말, 즉 "같은 것을 다르게 말하는 것"(dire la même chose autrement)[4]을 가지고 필자의 이런 읽기를 정당화해보고자 한다. 이런 그의 말을 가지고 우리는 그의『번역론』에서 발견되는 중요한 테제들도 함께 풀어가며 발전시켜보는 전략을 구사하기로 한다. 따라서 이 글의 본론은 "같은 것", "다르게", "말하는 것" 라는 세 요소를 차례로 살펴보는 것

3) G. Steiner, *Après Babel: Une poétique du dire et de la traduction,* Albin Michel, 1998b. 원전은 *After Babel: Aspects of language and translation,* Oxford University Press, 1998a (19751).
4) ST 45 [121].

으로 이루어질 것이다.

첫째, "같은 것을 다르게 말하는 것"(dire la même chose autrement)에서 "같은 것"이라는 개념과 번역이 어떻게 연관되는지를 철학적 차원에서 밝혀내는 것이 필요하며 이 단계는 번역의 철학적 자리와 조건을 보다 심도 있게 논의하는 계기가 될 것이다.

둘째, "다르게"라는 말의 의미는 자연 언어의 다양성에도 불구하고 번역 활동이 오랜 동안 사실(事實)로서 있어왔다는 것, 그리고 또 다른 한편에서는 번역 활동이 하나의 의무나 과제로서 부과되고 있다는 것을 보여주게 될 것이다.

셋째, "말하는 것"과 관련하여서는 구어 차원과 문어 차원에서 각각 저자의 의도와 텍스트의 의미가 다르다는 것을 밝혀내고 번역이 전달한다고 자부하는 '의미'에 대해 그 궁극적 함의를 생각해보고자 한다.

2. "같은 것을 다르게 말하는 것"이란 무엇인가?

2.1. "같은 것"(la même chose)과 번역

"같은 것을 다르게 말하는 것"(dire la même chose autrement)에서 불어 "la même chose"를 "같은 것"으로 번역한 것은 그것을 구성하는 개념들("같은", "것")이 지닌 의미들의 놀이를 노린 번역이다. 언어가, 특히 문학적 언어들이 언어 바깥에 있는 그 무엇을 가리킨다기보다는 자기 지시(auto-réference)적인 속성과 놀이의 차원을 가진다는 주장은 문학 연구나 문학 비평에서 익히 알려진 사실이다. 하지만 하나의 단계나 과정으로서 자폐적인 언어의 제국을 형성할 수 는 있겠지만, 궁극적으로 언어는 항상 무엇 무엇에 대한 언어일 수밖에 없다. 언어 외재적인 실재(réalité extra-linguistique)와 근본적으로 절연된 언어를 상상하기란 매우 어렵다. 따라서 언어를 기반으로 활동하는 해석이나 번역은 모두 이 언어 외적인 그 무엇과 모종의 관계를 가진다. 이 관계가 검증의 관계일 수도 대응의 관계일 수도, 일치의 관계일 수도 있다. 여하튼 이 "같은 것"은 앞서 말한 사물, 대상, 사태 또는 세계라고 옮길 수도 있을 것이다. 사물, 대상, 사태 또는 세계라는 개념들 사이에 존재하는 미묘한 철학적 거리에 대한 논의는 칸트를 비롯한 많은 서양 근대 철학자들뿐만 아니라 비트겐슈타인과 하이데거 같은 현대 철학자들을 참조할 수 있겠지만 일단 보류하자. 이것들 모두는 절묘한 우리말 "것" 안에 다 포섭될 수 있을 것이다. 문제는 "같은"이라는 형용사이다.

눈앞에 하나의 사과를 두고 "사과", "apple", "pomme"(불)이라는 기표를 사용하며 직접 지칭하는 차원에서는 "같은" 것에 대해 말한다는 것을 의심할 수 없을 것이며 대다수의 번역이 목표하는 효율적 의사소통에도 별 문제가 없어 보인다. 하지만 즉물적이고 직접적인 지시의 차원이 아닌 다른 차원, 예를 들어 그 사과를 보고 생기는 느낌이나 인상, 심지어는 감흥이나 의미를 서술하는 차원에서 그 사과는 늘 "같은 것"으로서 우리에게 현상하지 않는다. "같은 것"이 없다고 말하는 것도 이치에 맞지 않지만 "같은 것"이 누구에게나 "같은 방식으로" 또는 "같게" 나타난다고 말하는 것은 더더욱 이치에 맞지 않는다. 그래서 "다르게" 말할 수밖에 없는 것은 "같은 것"이 존재하지 않기 때문이라기보다는 "같은 것" 의 존재 방식 또는 현상의 방식이 "다르기" 때문이다. 그 방식이 매번, 매 순간, 그것도 각자에게 다르다면 우리가 다르게 말하고, 다르게 해석하고 심지어는 다르게 번역하는 것이 너무나 온당한 것이 아닐까? 그 이유는 하나의 사물을 볼 때나 관찰하게 될 때 사물의 속성들 자체는 변함이 없이 유지가 될지 모르지만 그 사물이 우리에게 나타나거나 현상하는 특징들이나 면모들이 매 순간 다르다고 말할 수 있기 때문이다.

사물 안에 없던 어떤 것이 불쑥 창조된다기보다는 그 동안 주목받지 못했고 주의를 끌지 못했던 어떤 것이 우리에게 다가오는 것이 아닐까? 언젠가 가 보았던 풍경을 다시 갔을 때의 색다름, 예전에는 무심하게 들었던 교향곡의 한 소절을 새로운 느낌으로 듣게 되었을 때의 체험을 한번 떠올려 보자. 하나의 풍경도,

한 소절의 음악도, 하나의 그림도 그것을 처음 우리가 지각했을 때 단번에 그리고 일시에 그 모든 양상들과 측면들이 우리에게 주어지지 않는다는 것을 우리는 알게 된다. 그래서 세계와 대상은 "무궁무진"[5](inépuisable)하며 우리의 현재적 지각을 넘어선다는 말은 옳다. 하나의 대상을 두고 그것에 대한 이해와 이 이해를 언어적으로 풀어 놓은 해석 또한 무궁무진할 수밖에 없다. 프로이트는 좀 다른 맥락에서 "끝없는 분석"을 말한 바 있고, 가다머 또한 사후에 수정되거나 재고될 수는 있을지언정 "선입견" 또한 긴 이해의 첫 단초 혹은 전제와 같은 것이라고 말한 바 있다. 하나의 (번역 또는 해석 대상으로서) 텍스트 또한 번역자나 해석자의 현재적인 지각과 이해에 단숨에 파악되거나 포착되는 것이 아닐 것이다.

따라서 재번역과 재해석이 부단히 시도되고 이루어지고 있다면 그것은 오역이나 틀린 해석이 반복된다는 차원에서보다는 텍스트가 번역자나 해석자에게 내보이는 애매성이나 양의성(兩意性)의 차원에서 접근되어야 할지도 모른다. 사태가 현상하는 방식들이 지닌 양의성이 1차적인 양의성이라면 그것에 대해 말하고 언급하고 기술해놓은 언어적 집적물로서의 텍스트는 가중(加重)적으로 양의적일 수밖에 없지 않을까? 본래 다의(多義)적인 사태와 세계를 다의적인 그물코인 언어—해석자와 번역자의 언어를 포함하여—를 통해 규정하거나 기술하게 된다면 더더욱 그렇다. 어쩌면 평범한 일반 독자의 읽기에까지 그 다의성이 남아 있게 된다면 그 복잡성은 더 할지도 모른다. 하지만 그 여러 층위의 다의성에도 불구하고 세계에 대한 이해와 해석이 늘 이루어지고 또 부단히 그 언어적 표현물인 텍스트에 대해 번역이 이루어지고 있다는 것은 그 다의성들이 의사소통이나 메시지 전달을 불가능하게 하는 조건으로 작동하는 것이 아니라 의사소통의 일방성이나 폐쇄적인 자족성을 제한하고 규제하는 조건으로 기능한다는 반증이 아닐까? 빈틈없는 의사소통을 만들어내는 것이 아니라 하나의 의사소통에게 그 자체에는 구조적으로 부재한 여백과 빈자리를 마련해주는 조건으로서의 중층적인 다의성

---

5) PV 147.

이 아닐까?

따라서 번역 활동의 최종적인 심급과 자리가 사태와 세계의 다의성에 마련되어야 하고 그것에 뿌리박고 있다는 우리의 주장은 1. 세계 > 2.언어를 통한 그 이해와 해석 > 3. 자연 언어들 간 번역이라는 질서와 위계를 낳게 될지도 모른다. 적어도 시간의 발생(發生)적 선상에서는 그럴지도 모른다. 하지만 이런 주장을 뒤집어서 역방향의 논증이 가능할 수 있다. 다시 말해 궁극적으로는 하나의 자연 언어로 번역되거나 표현되지 않는 탈(脫)언어적인 이해나 해석은 없으며, 그런 이해와 해석을 틀에 담기지 않는 세계의 양상이나 현상들은 없을 것이며, 있다 해도 우리가 인식하거나 파악할 수는 없다는 논증도 가능하다는 것이다. 이런 논증들이 가지는 상반성과 모순성을 당장 해결하거나 피하려고 하지 말고 오히려 그 긴장을 좀더 내버려 두자.

적어도 "같은 것"(la même chose)을 논하는 현재의 단락에서 우리는 명시적으로 밝히지는 않았지만 그 "같은 것"은 최소한의 존재성이나 실재성을 담보하는 것으로 전제했다고 볼 수 있다. 그래서 언어의 지향적 상관자로서 "같은 것"은 충만하거나 자명하지는 않다 하더라도 "없는 것" 또는 "있지 않은 것"은 아니었다. 하지만 "있는 것" 또는 "존재하는 것"과는 다른 것, 다시 말해 "존재하지 않는 것" 것도 허다한 것이 우리가 사는 이 세계가 아닌가? 우선 거짓말은 "없는 것"을 꾸며낸 말이고, 상상력 또한 "없는 것" 또는 "현존하지 않는 것"에 대한 능동적인 구성능력에 다름 아니며, 유토피아적인 것 등등을 떠올려 보면 "같은 것"의 범주에 즉자적으로 현존하는 대상만을 포함시킬 수는 없을 것이다.[6] 따라서 "같은 것" 이라는 존재자의 범주에 이런 부류까지 포함하게 되면 이해나 해석 또는 번역의 장은 훨씬 복잡해지고 광범위해진다.

---

6) ST 50 [126].

2.2. "다르게"(autrement)와 번역

사실 "다르게"(autrement)라는 표현이 우리를 좀더 직접적으로 번역의 영역으로 이끈다. 그것은 "다르게"란 "다른 방식으로" 또는 더 정확히 말해 "다른 말로" 또는 "다른 언어로"를 뜻하기 때문이다. 지구상에 존재하는 자연 언어들의 수만큼이나 서로 다르게 "같은 것"을 말하고 표현하고 기술하는 일이 가능하다는 믿음을 반박하기란 쉽지 않다. 이런 언어들의 다양성은 번역이라는 활동이 사실적이고 현상의 차원에서 존재하게 된 근본적인 배경일지도 모른다. 이 다양성은 번역 활동이 역사적으로 오랜 동안 있어 왔고 지금도 있다는 것을 가능하게 할 뿐만 아니라, 번역이 우리에게 의무나 과제, 그리고 임무로서 부과되는 사태까지도 가능하게 한다. 다시 말해 "왜 우리가 꼭 번역을 해야 하는가?" 라는 물음에 "언어들이 여럿이 존재하기 때문에"라고 답하는 것이 가장 가치중립적이라고 할 수 있기 때문이다.

물론 리쾨르가 즐겨 인용하는 정치 철학자 한나 아렌트의 중요한 개념인 "다원성"(pluralité)이 언어의 다양성에 앞서 논의되어야 하지도 모른다. 아렌트는 지구상에 인간들이 여럿이 존재하고 이들이 어울려 정치 공동체를 꾸리며 살아갈 수밖에 없다는 논지를 주장하며 이것이 인간 조건의 중요한 특징이라고 말한다. 혼자가 아니라 복수적으로 존재하기에 인간 현존재는 자신의 개별성과 개체성을 타자와의 관계에서 이루어 나가야 할 고유한 정치적 행위를 통해 찾아야 한다고 그녀는 주장한다. 다시 언어의 다양성으로 돌아와서 물어본다면 하나의 자연 언어는 어떤 계기를 통해 자신의 자기다움과 고유성을 획득하게 되는 것일까? 다른 언어와 만나고 접촉하면서, 심지어는 다른 언어를 자신의 언어로 번역하면서 또는 그 반대 과정을 통해서가 아닐까? 데카르트가 말하는 코기토의 자기 정립(position de soi) 같은 것이 자기다움을 만들어 가는 것이 아니라 타자와의 살적 만남이 나를 구성해나가는 것이 아닐까? 그렇다는 답을 성급하게 내리기 보다는 아직 그 언어적 다양성이 함의하는 철학적 의미를 좀 따져봐야 할 것이다.

개별적 종(種)에 속한 동물들도 나름의 언어—언어라고 부르는데 주저스럽다면 적어도 신호 또는 기호—를 가지고 의사소통한다는 사실을 부인하는 사람은 없을 것이다. 이를 입증하는 동물학적 관찰이나 실험들을 참조하는 것은 더 이상 어려운 일이 아니다. 더 이상 동물들이 주고받는 소리를 "소음"으로 간주하는 사람은 없을 것이다. 인간적 언어들의 다양성과 이에 따른 필연적인 번역 활동을 동물 언어와 짤막하게 비교하고 있는 한 학자(Marcel Hénaff)의 글은 주목할 만하다.[7] 그에 따르면 침팬지 같은 동물의 경우 다른 지역에서 살다온 이방 침팬지가 토착의 수용 그룹의 침팬지들과 거의 시간차 없이 바로 소통의 가능하다고 하며, 또한 이방 침팬지가 토착 그룹의 관용적 신호들을 빠르게 자신의 것으로 채택함으로써 정착에 별 문제가 없다고 한다. 그래서 하나의 동일한 동물종 안에서 그들이 사용하는 언어들은 상당한 수준에서 안정적이고 동일하며 보편적이기까지 하다는 결론을 낼 수 있다는 것이다. 사정이 그렇다면 생물학적 존속과 욕구 충족에 필요한 적응(adaptation)을 넘어서는 번역이란 동물들에게 없다고 봐야만 할 것이다. 그들이 비록 처음 보는 동일종의 동물적 신호의 생경함이나 소통에 따른 애로가 있다 하더라도 그것은 주로 텃새 싸움이나 먹을 것 또는 이성의 호기심을 독차지하기 위한 것이지 다른 의도는 없는 것이다. 인간의 다양한 언어들이 서로 소통될 때 겪는 다의성이나 애매함, 또는 "이국적 언어가 주는 시련" 따위는 그들에게 없다는 것이다. 이 점은 언어적 타자나 문화적 타자를 안고 살아갈 수밖에 없는 우리 인간들에게 함의하는 바가 적지 않다. 역사를 통해 부인될 수 없는 증거들이 보여주는 바에 따르면, 우리 인간은 언어나 문화가 이질적인 한 지역이나 나라의 사람들을 절멸시키고 말살시키려는 충동의 실현을 끊임없이 보여주었기 때문이다. 여러 언어가 만나고 여러 문화가 다양한 층위에서 대립하고 만나는 현재의 지구촌 상황에서 보자면 해석이나 번역이 지닐 수 있는 윤리적 지평 또는 정치적인 역할을 조심스럽게 모색하거나 탐색해야 하는 때가 바로 지금인지도 모른다.

---

7) M. Hénaff, "La condition brisée des langues: diversité humaine, altérité et traduction", in *Esprit*, n°323, Mars-Avril 2006, p.77.

진정한 의미의 번역 활동은 인간들만이 할 수 있는 일인지도 모른다. 이때 번역의 진정성이란 아직은 윤리적이거나 정치적인 의미를 가진 것이 아니라 현상의 차원에서 자연 언어들 간의 번역을 지칭하는 것이다. 그동안 많은 학자들과 사람들이 궁금해온 것 중에 하나는 지구상에 왜 그렇게 많은 언어들이 현실적으로 존재하는 지였다. 마치 '다르게' 말할 수밖에 없는 운명을 타고난 사람들이 지구인 인양 이 별에는 대략 5-6천 개의 언어가 존재한다고 한다. 그럼에도 생물학적 종으로서의 인간은 언어나 문화의 다양한 만큼 현저한 개별성과 차이를 보여주지 않는다는 견해가 우세하다.[8] 왜 한 개의 유일한 보편적 언어가, 또는 2-3개의 지배적인 언어가 존재함으로써 얻는 이득이나 이점을 포기한 채로 그토록 많은 언어들이 존재해서 "같은 것을 다르게" 말하도록 우리는 강요받거나 저주받는 것일까? 지배적인 외국어를 배우기 위해 비주류 언어권의 사람들이 지출하는 노력과 수고를 생각해보면 더더욱 그렇다. 그래서 보편적이고 완전한 언어에 대한 탐구를 통해 완벽한 번역에 대한 이상이나 꿈을 시도해 본 사람들이 적지 않았다. 언어를 구사하는 능력이나 그런 재능의 보편성의 매혹에 빠진 나머지 그 능력이 국지적으로 그리고 지역적으로 수행되거나 실현될 때 보이는 분산과 분화를 아주 못마땅하게 여긴 사람들이 바로 그들일 것이다. 성경의 바벨(Babel) 이야기에 나오는 언어의 분화를 두고 인간에 대한 신의 저주 또는 분노로 해석하는 사람들이 역사적으로 다시 발견하고 하고파 하는 것이 바로 그런 원초적인 언어들이 아니겠는가? 하지만 리쾨르는 문제의 성경의 그 대목을 자세히 언급하면서 그 어디에도 그런 분산을 언어적 재앙이나 신의 처벌로서 기술하고 있지 않다고 반박한다.[9] 언어적 분화와 분산에 대한 어떤 "비난이나 통탄, 비판"도 담겨져 있지 않다는 것이다.[10] 따라서 인간의 언어가 그다지도 많이 다양하게 나누어지게 된 것은 흔히 생각하듯 인간의 도전에 대한 신의 분노가 끼친 결과가 아니라 삶이 본래적

---

8) Steiner, *Après Babel: Une poétique du dire et de la traduction*, p.92.
9) ST 34-37 [109-113].
10) ST 37 [113].

모습이 그와 같이 되어 있는 것("C'est ainsi")이라는 점이다.[11)]

아렌트는 『인간의 조건』에서 지구라는 정치공동체의 공동적 운명성을 강조하며 노동, 작업, 행위라는 인간의 세 가지 조건들을 제시한 바 있다.[12)] 아렌트는 이중에서 타자와 함께 능동적이고 적극적으로 정치공동체에 참여하는 활동으로서의 행위를 가장 중요시 하는데, 이것은 인간이 함께 살아가려는 의지를 가지고 지구에 존속하려는 인간의 가장 중요한 조건이라고 주장한다. 바로 그런 행위가 가능하려면 '다르게' 말하는 사람들이 꽉 찬 지구에서, 다시 말해 다양한 언어들이 존재하는 지구에서, 번역 활동이야말로 그런 조건의 선결(先決) 사항이 되는 것이다. 이런 의미에서 번역은 오래전부터 있어왔던 것이기도 하지만 앞으로 계속 이루어져야할 하나의 과제인 것이다.

번역을 압축적으로 서술한 리쾨르의 표현인 "같은 것을 다르게 말하는 것"에서 "다르게"란 결국 어떻게 보면 1차적으로는 한 언어와 그것과는 다른 언어가 서로 대면하고 접촉하는 사태를 표현하는 것이기도 하고, 2차적으로는 더 깊이 한 언어가 가지는 최소한의 자기 동일성이 다른 언어의 이타성을 어떻게 대우하느냐를 언급하는 것이기도 하며, 마지막으로는 이국 언어가 주는 체험이 수용 언어인 모국어에 반성적으로 어떤 지평을 열어나가는지에 대한 것일 것이다. 또한 이 마지막 언급은 '왜 우리가 꼭 번역을 해야 하지' 라는 물음에서 '우리가 왜 번역을 하자고 하는 욕망을 가지게 되는 걸까'라는 물음에로 전환되는 시점을 알려주는 언급일 것이다.

좀더 논의를 진전시켜 보자. "다르게"란 자연 언어들 간의 접촉과 대면을 뜻하는 것으로 앞에서 언급했는데, 이런 지적은 그 만남의 성격과 속성에 대한 구체적인 규정을 여전히 누락시키고 있다. 이것은 아주 중립적이고 추상적인 수준에서 기술한 것에 불과하다. 적어도 우리가 현 단계에서 말할 수 있는 것은 하나의 독점적이고 지배적인 언어—그것이 자연언어이든 인공적으로 상정되거나 역

11) ST 37 [113].
12) H. Arendt, 『인간의 조건』, 이진우·태정호 옮김, 한길사, 1996.

사적으로 발견된 원초적 언어이든—의 출현에 반대한다는 것이다. 그래서 만약 번역이 언어들 사이에서 한 주도적 언어의 헤게모니를 잡는 것에 악용되거나 오용된다면 그 자체가 번역 활동의 존립과 조건에 반하는 것이고 자기 모순적인 것이 아닐까? 그것은 '다르게' 말하는 것을 포기하고 유일한 하나의 언어가 존재하듯 '한 가지로' 방식으로만 말하게 되는 파국에 이르게 될 것이다. 하지만 '다르게' 라는 주장은 하나의 독점적 지배를 반대하는 메시지를 담고 있을 뿐 다수 언어들의 공존이 어떻게 이루어지는지에 대해서는 말해주지 않는다.

많은 사람들은 번역이 결국 출발 언어와 수용 언어 사이에서 일어나는 언어적 변환의 사건으로 이해한다. 출발 언어의 의미를 수용 언어의 언어적 틀과 의미의 장(場) 속으로 바꾸어준다는 것이다. 문제는 그렇게 언어들 간의 변환들이 제대로 이루어지고 있는지를 검증하거나 입증할 제3의 언어, 제3의 텍스트, 제3의 의미란 존재하지 않는다는 것이다.[13)] 그래서 번역학에서는 등가(équivalence) 개념으로 이 문제를 해결하려고 하고, 특히 리쾨르는 그 개념의 본질적 성격을 "동일성 없는 등가"(équivalence sans identité)라고 주장한다.[14)] 그럼에도 의미상의 등가를 구현한다고 믿어지거나 추정되는 도착 언어의 입장에서 보자면 이질적이고 생경한 출발 언어의 타자성은 여전히 남게 된다. 출발 언어가 도착 언어 안에서 남김없이 용해되거나 일체가 되지 못하는 것이 번역 활동의 마지막 규제적 한계와 같은 것이라면 외국어의 타자성은 번역 작업의 기술적·세부적 문제가 아니다. 어떻게 보면 번역(철)학자 앙트완 베르만(Antoine Berman)이 자신의 주저 『낯선 것으로부터 오는 시련』(L'Épreuve de l'étranger)[15)]에서 말하는 "이국적인 것의 시련" 또는 "낯선 것이 주는 시련"은 번역 활동의 진정한 윤리적 태도와 지평에 관한 중요

---

13) 미국의 유명한 논리학자 콰인(Quine)이 주장했던 '원초적 번역의 불확정성 테제'(The thesis of indeterminacy of radical translation)를 한번 생각해 보자. 보다 자세한 것은 『번역론』 국역본 p. 80-81에 있는 역자의 주 15를 참조할 것.

14) ST 40 [116].

15) A. Berman, *L'Épreuve de l'étranger,* Gallimard, 1984; 『낯선 것으로부터 오는 시련: 독일 낭만주의 문화와 번역』, 윤성우·이향 옮김, 철학과현실사, 2009.

한 물음을 제기한다고 볼 수 있다. 이에 대해 리쾨르는 번역 활동의 본질이 "자국적인 것과 이국적인 것이 하나로 환원될 수 없음을 인정하고 받아들이면서, 외국어와 모국어 사이를 끝없이 왕래하는 것"이라고 말하며 "언어적 환대"(hospitalité langagiére)가 이국언어를 맞이하는 모국어의 윤리적 태도가 되어야 한다고 주장한다.[16] 환대가 진정한 환대이려면 낯선 이가 주는 불편함과 생경함을 감내하고 그것을 기꺼이 기쁨으로 맞이하려는 모국어(수용언어, 수용 주체)의 개방적 허용성(disponibilité)이 반드시 필요할 것이다.

마지막으로는 이국 언어에 대한 환대가 수용 언어인 모국어의 윤리적 자세를 말하는 것이라면 이 환대를 통해 모국어에서 어떤 변화가 일어나는지를 물어야 할 것이다. 이 물음은 '왜 우리가 꼭 번역을 해야 하지'라는 물음에서 '우리가 왜 번역을 하자고 하는 욕망을 가지게 되는 걸까'라는 물음에로 전환되는 시점을 알려주는 언급 일 것이다. 번역의 필요성과 과제에 대한 물음은 언어의 다양성을 통해 답변이 가능했다. 번역의 충동이나 욕망은 좀더 나아간 문제라고 할 수 있다. 환대의 사건이 일어나는 심급(instance), 다시 말해 이국 언어의 타자성이 그 자체로서 문제가 되는 지점이 최종적으로는 수용 언어, 즉 모국어일 수밖에 없다면 우리는 다음과 같이 다시 물어볼 수 있는 것이다. 모국어에 어떤 영향과 반향을 불러일으키기에 그런 번역에의 욕망을 가지게 되는 걸까? 왜 타자성의 어떤 것을 우리 자신의 어떤 것에 수용하고자 하고 또 우리 자신의 어떤 것으로 바꾸어 놓으려는가? 리쾨르는 모국어와 외국어[17] 모두에 대해 "이중의 도야 과정"(double

16) ST 19 [88]. 하지만 호주 출신의 번역학자 안써니 핌(Anthony Pym) 같은 이는 번역사의 위치가 전적으로 문화들 사이에, 결국 언어들 사이에 머물며 서로 간의 협력과 교류에 공헌하는 것으로 주장한다. 보다 자세한 것은 핌의 저서 *Pour une éthique du traducteur,* Artois Presses Université/Presses de l'Université d' Ottawa, 1997, p 13 이하를 참조할 것.

17) 발터 벤야민(Walter Benjamin)은 압축적이면서도 난해한 에세이 「번역자의 과제」에서 "번역들 속에서 원작의 삶은 언제나 새롭게 자신의 가장 뒤늦으면서 포괄적인 전개의 단계에 도달한다"고 말한 바 있다. 『언어 일반과 인간의 언어에 대하여/번역자의 과제 외』, 최성만 옮김, 길, p.125. 이 점에 대한 논의는 윤성우, 「발터 벤야민의 번역론 소고」, 『번역학연구』, 제8권 1호, 2007, pp.183-184를 참조할 것.

processus de *Bildung*)이라는 훔볼트(Humboldt)의 착상을 빌어 이런 욕망의 존재 이유에 대한 답을 시도하기도 한다.[18] 서로가 상생하고 발전하고자 하는 소망에서 번역이 생겨나기 시작했다는 것이다.

번역의 욕망에 앞서는 근본적 현상이 있다면 그것은 아마도 우리 인간에게 모국어를 배우는 능력은 물론이고 이를 뛰어넘어 다른 언어를 배우고 익힐 줄 아는 능력이 있고 실제로 그렇다는 점이다. 외국어를 배우다 보면 모국어를 수많은 언어들 중의 하나로 보게 되는 경험을 하게 되는데, 이것은 세계가 지닌 질적 다양성에 대한 풍부한 묘사나 이해에 있어서 모국어가 그 유일한 길을 제공해주는 것은 아니라는 각성을 가져다주게 될 것이라는 점이다. 세계의 어떤 측면이나 양상은 특정 언어를 통해 더 잘 기술되거나 묘사될 수 있는 것이다. 따라서 모국어는 여러 다른 언어들 중 한 언어로서 간주될 수밖에 없는 것이다. 역설적이지만 모국어는 외국어의 한 종류로 다가올 수도 있다는 것이다.[19]

어떻게 보면 한 언어의 타자성은 이국언어에게서만 느껴지는 것이 아닐지도 모른다. 다시 말해 타자성은 외국어의 (외재적) 타자성과 모국어의 (내재적) 타자성이라는 두 차원으로 나누어질지도 모른다는 것이다. 이국 언어의 이질성과 접촉하고 대면함으로써 자신의 모국어 안에서 발견되는 부재와 결핍의 영역, 심지어는 무(無)의 영역까지도 새삼 발견하게 될지도 모른다. 실제로 번역의 상황에서는 외국 원문의 의미 파악도 중요하지만 그에 못지않게 그 파악된 의미를 모국어로 풀어 표현하게 되기까지 겪게 되는 곤궁함과 어려움에 늘 직면한다. 자기 자신을 내가 제일 잘 알고 이해한다고 자만하거나 우쭐댈 수 없듯이, 모국어를 그 사용자가 반드시 제일 잘 안다고 말할 수 없다는 것이다. 그래서 횔덜린은 오래 전에 "이국적인 것을 배우는 것도 중요하지만 자신의 것을 배우는 것도 중요하다"라고 말했는지도 모른다.[20] 그렇다면 결국 번역에의 욕망은 리쾨르의 말대로 이국적인

---

18) ST 17 [85].
19) ST 17 [86].
20) ST 39 [115]에서 재인용.

것을 배우면서 모국적인 것의 지평이 확장되고 그 본래의 경계가 넓어지고 "미개척 상태로 남아 있던 모국어의 자원"을 다시금 발견할 수 있게 되는 것과 연관되어지는 것이 아닐까?[21] 앎과 이해의 영역에서 자기 폐쇄성과 자기 순환적 동일성을 거부하고 오히려 자기 자신에로의 접근과 파악이 타자와의 접촉, 이국적인 것이 주는 체험과 시련을 통해서만이 가능하다는 생각이 번역에의 충동 저 밑에 깔려 있는 생각이 아닐까? 정확히 이런 의미에서 베르만은 "번역의 목표(visée)가 문어(文語)의 차원에서 타자와 어떤 관련을 열어 나가는 것, 이국적인 것의 매개를 통해 자국적인 것을 풍부하게 하는 것"이라고 말하고 있는 것이다.[22] 해석에의 욕망이나 충동 또한 다르지 않을 것이다. 비록 다른 용어를 사용하고 있기는 하지만 오래전에 리쾨르는 인간의 자기 인식, 자기 이해, 자기 파악이 이미 주어진 기지(旣知)의 것이거나 직관적으로 주어질 수 있는 것이 아니라고 거듭 강조한 바 있다. 인간이 만들어낸 기호에 대한 해석을 매개하거나 거치지 않는 자기 인식이란 빈약하며, 그런 자기 이해란 추상적인 직관에 불과하다는 것이다.[23] 번역이 하나의 과제인 것처럼 해석도 하나의 과제일 것이다.

2.3. "말하는 것"(dire)과 번역

"같은 것을 다르게 말하는 것"(dire la même chose autrement)에서 "말하기"란 흔히 구어/문어로 구분될 때의 구어는 아니다. 번역이 물론 통역의 상황과는 다르기 때문에 구어보다는 문어로서의 "말하기"[24]임에는 틀림없을 것이다. 외국어와

---

21) ST 39 [115].

22) Berman, *L'Épreuve de l'étranger*, p.16; 『낯선 것으로부터 오는 시련』, p.17.

23) DI 50 [90] 이하.

24) 정확히 말하면 이 때 "말하기"란 인간 고유의 능력으로서 사물과 대상 또는 세계를 언어 기호일반과 연결시키고 이를 언어적으로 표상하거나 재현시키는 능력 전반을 가리키는 것으로 간주해야 할 것이다. 물론 그런 보편적 언어 능력은 그 실행이나 수행의 차원에서는 국지적으로 그리고 지역적으로 서로 다른 기표를 사용하는 자연 언어의 하나로 귀결될지도 모른다.

직접적으로 부딪치는 상황에서 구어로서의 "말하기"가 통역이라면, 문어로서의 "말하기"가 번역일 것이다. 이미 슐라이어허마허는 통역과 번역의 차이를 그 적용 영역, 그 한계의 측면에서 논한 바 있다.[25] 구어로서의 "말하기"와 문어로서의 "말하기"는 번역 상황에서뿐만 아니라 해석의 상황에서도 큰 차이를 보여준다고 하겠다. 그것은 구어에서 화자의 의도와 발언의 의미는 문어에서 저자의 의도와 텍스트의 의미와는 다른 위상을 점하기 때문이다.

예를 들어 구어적인 대화의 상황에서 이해의 어려움을 불러일으키는 단어나 표현은 대화자들 간에 원칙적으로 다시 질문되어지거나 다시 해명되어진다. 따라서 구어의 상황에서 발화자의 의도는 그 발화의 언어적 의미를 해석하거나 파악하는 데 결정적인 역할을 하는 법이다. "그게 아니고요, 제가 말하고 싶었던 것은…"이라는 표현은 오해를 가진 상대방에게 빈번하게 사용하는 말이 아닌가? 마치 발화자의 진정한 의도가 그 발화 내용의 의미를 결정하고 받아들이는 최종적인 심급이나 되는 것처럼 말이다. 따라서 발화자의 의도와 발언의 언어적 의미 사이에 일치와 동일성이 전제되어 있다고 믿어지는 경우가 아주 일반적이다. 만약 그렇지 않다면 우리는 서로를 신뢰할만한 대화 상대자라고 여기지 않을 것이며 결국 대화자체가 어려워질 것이기 때문이다. 그래서 구어의 상황에서 발화자 A와 발화자 B사이에 '의미'의 문제는 "그 발화를 통해 그들이 말하고자 하는 바"와 원칙적으로 다르지 않다. 물론 구어의 상황에서 오해와 이해, 그리고 그 사이의 순환 같은 것이 존재하지 않는다는 말은 아니다. 하지만 대화의 상황에서 있을 수 있는 오해는 화자와 대화자 사이의 직접적인 대면과 지체 없는 물음 및 답변의 교환을 통해 원칙적으로 풀릴 수 있다. 하지만 구어로서의 말이 굳어져 문어로서의 글이 되는 경우라면 사정은 매우 달라진다. 서로 다른 체계에 속한 시니피앙과 문자를 다루는 번역의 상황도 어떤 점에서는 문어로서의 글이 가지는 해석학적 문제를 마찬가지로 지닐 것임에 틀림없다.

---

25) 이점에 관해서는 최신한, 「이해의 한계와 번역불가능성의 문제」, 『해석학 연구』, 제19집, 2009, pp.29-56 중에서 특히 2절 「통역과 번역」 부분을 볼 것.

우선 번역학에서나 해석학에서 종종 "저자의 의도"를 명시적으로 거론하며 텍스트의 번역이나 해석에서 번역자와 해석자가 그 의도를 명백히 파악 가능한 것으로 여기는 경우가 있는데 "저자의 의도"와 "텍스트의 의미"가 동일하다는 주장은 단지 추정이나 작업가설에 불과한 것이다. "저자의 의도"가 명백하지 않는 경우가 많을 뿐만 아니라 그런 경우라도 저자의 의도에 따라 텍스트를 번역하거나 해석한다는 것은 텍스트의 의미를 해명하고자 하는 과정에서 피할 수 없는 것들인 시공간적 거리의 문제를 소홀히 하는 것이며, 최종적 의미 부여자인 독자의 지위나 역할을 간과한 것이 될 것이다.

이미 시공간적으로 서로 다른 시간과 공간에 위치한 번역자나 독자에게 저자의 의도대로 텍스트를 바라본다는 것은 중요한 참고사항이 될 것임에 틀림없지만 과거가 현재의 읽기를 강요하는 꼴이 될 것이다. 새로운 '삶의 자리'(*Sitz im leben*)에서 새로운 번역이나 해석이 요구되는 것은 너무도 당연한 것이 아닌가? 재번역이나 재해석의 빈번한 출현은 그런 배경에서 이해되어야 하지 않을까? 번역해야 할, 또는 해석해야 할 텍스트는 저자(의 의도)로부터 끊임없이 탈(脫)맥락화되면서 번역자나 독자의 상황 속으로 재(再)맥락화되어야 하는 것이 아닐까? 저자에 반하는 해석이나 번역을 해야 한다는 것이 아니라 그것과는 다른 의미를 텍스트가 지닐 수밖에 없는 문제의 상황에 정직하게 대응해야 하지 않을까?

'저자의 의도'와 동일시된 '의미' 문제도 문제거니와 소위 '의미'라는 것이 차지하는 철학적 지위도 매우 복잡한 것이 사실이다. 단어나 문장 또는 문단의 의미를 순수하게 개념적인 차원이나 관념적인 차원의 것으로 축소할 수 없는 복잡한 메커니즘이 존재하기 때문이다. 한 텍스트에서 한 단어의 의미는 그 시니피앙(signifiant)이 포함된 보다 큰 맥락—그것이 문장이든, 문단이든, 텍스트의 (구조)전체이든, 그 저자 또는 다른 저자와의 상호 텍스트이든, '세계'라고 부르는 맥락의 전체이든—에 의존할 수밖에 없다. 그와 같은 부분과 전체의 해석학적 순환은 이해의 과정에서뿐만 아니라 번역의 과정에서도 마찬가지로 적용된다. 따라서 소위 '의미'라는 것이 단어나 문장의 차원에서 개념적으로 또는 시니피에(signifié) 차원에서 결정되어지는 것은 아니다. 물론 텍스트 자체 내에서 밝혀져야 할 변별적 또는 대립적 요소나 구조적 관계는 해석에서건 번역에서건 꼭 밝혀내야 할 중요한 것이다. 베르만도 번역이란 단순한 읽기나 비평이 감지해낼 수 없는 "작품의 다른 경사면"(un autre versant)을 드러내주는 것이라고 말하고 있다.[26] 리쾨르 역시 텍스트 해석에서 텍스트의 구조적 측면과 텍스트를 이루는 담론적 형식들에 대한 분석과 그 강조를 여러 번하고 있다.[27] 따라서 의미란, 독자나 번역자 또는 저자의 정신적이거나 의식적 차원에서 이루어지는 단순한 "표상(表象)"적인 것은 아니다. 따라서 시공간적 변화에 불구하고 변하지 않는 그 무엇으로 남는 이데아와 같은 것은 아니다. 잊어지기도 하고 증감되기도 하고 억압되기도 하고 훼손되기도 하고 발굴되기도 하고 심지어는 어느 정도 부재의 공간 또는 빈 공간을 허용하는 그 무엇이 아닐까?

두 언어 사이에서 메시지나 의미의 전달을 번역의 진정한 본질로 간주한다면 본래 그 시니피에가 뿌리박혀 있던 시니피앙은 별 고려의 대상이 되지 못한다. 의미와 시니피에가 시공간적으로 보편적인 차원에서 보존되고 구현된다는 입장에서는 하나의 자연언어가 지니는 특정의 요소들, 특히 형식적 및 형태적 요소들은 도외시되는 것이다. 이미 벤야민이 이런 점을 비판했고 베르만 또한 보다 체계적으로 이 점을 비판하고 있다.[28] 그래서 그들은 언어의 형식 및 형태적 요소와 의미가 분리 불가능하며 오히려 그 형식이 그 의미를 담지하고 있다고 주장한다. 그래서 번역의 진정한 대상은 의미 자체가 아니라 그 의미와 분리 불가능하면서도 그것의 담지자인 시니피앙, 랑그, 문자(lettre)라고 말한다.[29] 이런 접근은 의미

---

26) Berman, *L'Épreuve de l'étranger,* p.20; 『낯선 것으로부터 오는 시련』, p.23.

27) TA 120-123 [136-140]. 보다 자세한 논의는 윤성우, 『폴 리쾨르의 철학』, 철학과 현실사, 2004a의 제4장 「언어와 주체: 텍스트 해석학을 중심으로」을 참조할 것.

28) 벤야민의 경우는 「번역자의 과제」의 도입부만 읽어보아도 알 수 있고, 베르만의 경우는 *Revue d'Esthétique,* n°12, 1986에 실린 그의 논문 "L'essence platonicienne de la traduction"을 참조하면 된다.

29) A. Berman, *La Traduction et la Lettre. Ou l'Auberge du lointain,* Seuil, 1999; 『번역과 문자: 먼 것의 거처』, 윤성우·이향 옮김, 철학과현실사, 2011을 참조할 것.

가 주어지고 결정되는 또 다른 중요한 차원을 보여준다는 점에서는 큰 의의가 있다. 하지만 여전히 그 의미는 언어 내재적인 특성을 벗어나지 않는다. 단어이건 문장이건 텍스트이건 그 의미는 언어라는 큰 틀을 벗어나지 않는다는 것이다. 물론 의미가 탁월하게 언어적이라는 사실을 부인할 수는 없을 것이며, 언어로 표현되지 않는 의미는 결여적인 의미일 것임에 틀림없다. 하지만 의미를 만들어내고 형성하는 모든 것이 언어적이라고만 할 수는 없을 것이다. 해석해내야 할 또는 번역해내야 할 텍스트의 의미가 단지 텍스트 안에서, 단지 언어 안에서 전부다 해명되어지거나 밝혀진다는 것은 순수한 작업가설 또는 전제에 불과하다. 의미를 언어와 텍스트 내재적으로 바라보는 관점은 틀린 것은 아니지만 그것만을 고집한다면 많은 것을 놓치게 될 것이다. 과연 의미를 구성해내는 것들 중에는 언어의 성질을 띠지 않는 어떤 것들이 있을까? 우리가 텍스트의 의미를 파악해 낼 때 텍스트 내재적인 울타리를 벗어나게끔 하는 것이 무엇이 있을까?

이미 하나의 텍스트는 그것이 생산되는 당시의 환경과 세계와는 다른 세계에서 읽혀지고 번역되기 마련이다. 마치 저자의 글쓰기 자체에 독자가 부재하는 것과 마찬가지로 텍스트의 해석이나 번역에 저자—특히 의미의 주인으로서의 저자—가 부재하는 현상이 그다지 곤혹스런 현상만은 아닐 것이다. 구어의 차원, 즉 대화적 상황 속에서 화자와 청자(또는 대화자)는 그들의 대화 속에서 공통의 직접적인 지시 대상을 가지지만 갖게 된다. 여기, 저기, 그리고 지금 등등의 이런 지시(指示)사들은 우리 눈에 제시될 수 있는 이런 실질적인 현실과 관계를 가지게 되는데, 문어의 상황, 텍스트의 차원에서는 일단 이런 직접적인 지시 관계는 모두 은폐된다. 더구나 몇 세기를 지나 우리에게 나타난 텍스트의 경우 직접적인 지시 관계는 사라진 지 오래이다. 단지 '읽을 수 있는 사람이면 누구나' (quiconque sait lire) 또는 독자와 번역자가 남게 되며 그들이 마주한 새로운 현실에서 텍스트의 의미를 추적하기 마련이다. 그 새로운 현실 속에는 번역자나 해석자라는 다소 중립적인 의미 발굴자들만이 있는 것은 아닐 것이다. 시간과 경비를 거론하는 번역 발주자로서 출판사나 고객, 기관 등등이 존재할 수도 있다. 의미를 전달하는 것보다는 필요한 정보나 메시지만을 주문할 수도 있는 것 아닌가?

이미 일정한 세계 속에 내던져진 자(者)로서 번역자나 해석자는 텍스트 출현 당시의 환경과는 다른 세계 속에서 읽어내고 번역해내야 하는 것이다. 교향곡의 악보 자체는 변함이 없지만 악보의 의미는 그것을 연주하고 해석하고 번역해내는 연주자와 그것을 듣는 관객에게 맡겨져 있는 것이다. 누구의 말대로 "모든 각각의 연주 기회가 새로운 하나의 포이에시스"(Chaque exécution musicale est une nouvelle poiesis)이다.[30] 만약 사정이 그렇다면 "같은 것을 다르게 말하는 것"에서 번역사에 주어진 일인 이 "말하기"란 "같은 것"을 "독창적으로 반복"(répétition originale)하는 일일 것이다.[31] 그런데도 우리는 해석자나 번역자에게 왜 '제2의 저자', 아니 단적으로 '저자'라는 타이틀을 부여하는 것을 꺼리는 걸까? 그것은 오히려 외국어 원문이 번역문보다 존재론적으로 우월하다는 모종의 전제를 깔고 있기 때문이 아닐까? 해석이 존재론적 질서에서 창작보다 못한 것으로 간주하는 믿음 때문이 아닐까? 이 믿음은 원문이나 창작품 외에 그 모든 것을 그것의 복제품이나 모방으로 여기는 플라톤주의적인 입장에서 못 벗어나는 것이 아닐까? 하나의 사물이 그 자신이외에 다른 것이 될 수 없다는 강한 자체 동일성적 순환에 사로잡힌 세계관에서는 번역이나 해석은 그다지 고유한 자리를 차지하기 어려울 것이다. 하지만 하나의 사물은 그것이 우리에게 주어질 그 순간에 자신이 가진 모든 측면과 양상이 일거에 그리고 동시에 전부 다 드러나고 주어질까? 하나의 텍스트 역시 단번에, 일시에 그리고 전면적으로 그 의미가 전부 다 독자나 번역자에게 종결(終決)적으로 주어지는 것일까? 사물이든 텍스트이든 그 의미는 이해의 순환 안에서 감추어지기도 하고 드러나기도 하는 생성과 성장의 과정을 겪어 나가는 것이 아닐까?

---

30) Steiner, *Après Babel: Une poétique du dire et de la traduction,* p.62.
31) Steiner, *Après Babel: Une poétique du dire et de la traduction,* p.62.

3. 번역 또는 해석

우리는 아직까지 번역과 해석 사이의 관계를 분명하게 구별하거나 차이를 두지 않고 서로 밀접한 관련이 있는 어떤 활동으로 간주하고 논의를 전개시켜 왔다. 그 둘은 얼마나 다르고 얼마나 같은가? 아니면 한 뿌리의 두 줄기일까? 리쾨르는 미국 시카고 신학대학의 교수인 앙드레 라콕(André LaCocque)과 함께 『성서를 사유하기』(Penser La Bible)을 공동으로 저술한 바 있다.[32] 동일한 성서 원문에 대해 구약성서학자인 라콕과 해석학자인 리쾨르가 이야기를 주고받는 형식을 띤 글이다. 출애굽기 3장 14절 'ehyeh 'aser 'ehyeh (I Am Who I Am / *sum qui sum*)에 대한 라콕의 주석에 답하며 다음과 같이 시작하고 있다.

> 순수한 번역이란 없다. 내 말은 본문의 수용 역사, 즉 역사 스스로가 곧 해석의 역사라는 사실을 피할 수는 없다는 것이다. 번역은 이미 해석이다. 이것은 올브라이트, 챠일즈, …… 라콕 자신도 피해 나갈 수 없는 한계이다. 이들은 모두 읽기와 해석의 긴 역사에 참여한다. 여기서 우리가 명확히 해야 할 것은 이런 주장이 곧 학문적인 주석에 대한 비판은 아니라는 점이다. 반대로 다른 번역, 다른 해석을 위한 노력은 수없이 많은 전승과의 씨름을 통하여 그 힘을 이끌어 낸다. 현대의 주석학자들은 우리와 같은 사람들이다. 그들은 역사의 끝자락에서 연구하고 심사숙고한다. 이런 점에서 주석이 전통적인 해석의 중재 없이도 본문의 원래적인 중요성, 심지어 저자의 추정된 의도와 일치할 수 있다고 믿는 것은 주석의 순진한 주장일 것이다.

---

32) P. Ricoeur & A. LaCocque, *Penser la Bible,* Points, 2016(Seuil, 19981). 우리나라에서는 이 저서의 영문판(*Thinking biblically: exegetical and hermeneutical studies,* The university of Chicago Press, 1988)이 『성서의 새로운 이해: 주석학과 해석학의 대화』(김창주 옮김, 살림, 2006)라는 제목으로 번역되어 나왔다.

해석이 이미 번역의 과정에 포함되어 있거나 그렇지 않더라도 선결의 과정으로서 전제된다는 의미에서 번역은 순수하지 않을 것이다, 이때 순수하다는 것은 선입견이나 단순한 오해 따위는 좀처럼 허용하지 않는 번역, 일정하게 번역하도록 견인하거나 유도하는 상황에서 벗어난 번역일 것이다. 하지만 이런 진공(眞空)의 입장에서, 투명한 객관의 입장에서 결정적으로 매듭지어지는 해석 또는 번역이 가능하기나 한 것일까? 이런 점에서 해석의 긴 역사에 동참하지 않고 오히려 이를 거부하고 인식론적 단절을 요구하는 번역, 특히 동서고금의 작품의 경우 이런 번역이란 있을 수 없을 것이다. 하나의 개념에 대한 이해, 예를 들어 존재(*einai, esse, être, sein*)라는 개념이 단순히 존재자를 의미하는 것인지, 존재자의 존재(존재하는 것들의 있음)를 가리키는지 아니면 존재의 방식이나 양식을 뜻하는 것인지 아니면 중세 시대의 최고 존재자인 신(神)을 뜻하는 것인지는 그 개념을 둘러싼 긴 해석의 역사에 참여하지 않고서는 진정으로 이해되지도 번역되지도 못할 것이다.

번역은 그것이 하나의 언어적 표현이라는 점에서 명백히 그 명시적 표현을 앞서는 복수적이고 중층적인 의미의 주름들과 해석의 장(場)을 통과하게 마련이다. 번역은 일단 시작된 해석의 사이클 끝에서 드러나고, 그 과정의 시작에서부터 해석을 잉태하지 않는 번역이란 없다. 단지 번역이 외국어 텍스트를 다루기 때문에 의미 이해나 해석에서 어려움을 가지게 되고 경우에 따라 재번역의 끊임없는 노고의 과정을 밟는 것은 아니다. 모국어로 된 작품들 중에서도 단순한 의사소통이나 메시지 및 정보의 전달을 거부하는 것처럼 보이는 텍스트도 적지 않다. 이미 말했듯이 환대해야 할 언어적 타자성이 외국어에서만 발견되는 것은 아니기 때문이다. 따라서 모국어도 번역되어야 할지도 모른다.

이해나 해석에로 이르는 길을 가로막는 여러 가지 장애는 번역에로의 길도 막을지 모른다. 타자를 매개하지 않고서 직접적으로 해석에 이르는 것에 만족하는 유아론적 자기 해석은 모국어만으로 충분하다는 입장과 맥을 같이 하는 것이며 번역에의 욕망이 존재한다는 것을 부인하는 잘못을 저지르는 일이다. 또한 완벽한 이해나 해석의 환상만큼이나 완벽한 번역도 환상이다. 바벨 이후의 자연언어의 의미론적 난맥상에 곤란함을 느껴 제3의 언어나 인공 언어를 꿈꾸는 일이 남길 것은 세계와 그 관점의 빈곤일 것이다. 해석이 총체적일 수 없고 전면적일 없다면 번역 또한 총체적일 수 없을 것이며 남김 없는 번역일 수는 없을 것이다. 해석이 나와 너의 차이에 눈을 뜨게 하고 그것을 적어도 인식론적으로 또는 존재론적으로 감당하는 작업이라 하더라도 너와 나 사이의 차이 자체는 환원 불가능할 것이다. 차이는 늘 잔여와 부재를 남기기 때문이다. 마찬가지로 외국어와 모국어 사이에 이해의 가교를 놓는 일이 번역임에는 틀림없지만, 그 다리에서 조차도 차이가 완전히 극복되지는 않을 것이다. 차이에 겸손하게 된다면 언어들은 축복이 될 것이지만 차이에 오만하게 된다면 누군가에게 그것은 비극이 될 것이다. 생경하고 낯선 차이들이 득실대고 부딪치는 현실에서 해석하고 번역하는 긴 우회의 길 말고 다른 길이 있을까?

제10장
번역철학

● 그 계보학적 탐구

1. '번역철학'이라는 말은 무엇을 의미하는가?

언어철학, 종교철학, 사회철학 등등 철학의 이러한 하위분과에 익숙한 독자들에게도 여전히 번역철학이라는 분과와 그 논의는 아주 생소할 것이다. 여기서 논의되는 번역철학[1] 은 그 연구 대상이 번역이고 또 그것이 언어와 관련된 인간의 활동이다 보니, 많은 독자들은 가장 가깝게는 언어철학과의 유사성이나 차이점에 대해 자문할 수 있을 것이다. 앞으로 보게 되겠지만 번역에 대한 이러저러한 입장이나 사유를 펼치는 대부분의 번역이론가들은 언어 일반에 대한 이러저러한

1) 이 장에서 내용들은 그간의 번역철학적 논의들을 중간 결산하는 작업 격으로 최근 발행된 단행본 윤성우·이향, 『번역학과 번역철학』(한국외국어대학교출판부, 2013)에서 나온 내용들과 연속선상에 있는 것이다. 필자의 다음의 글들도 참조할 수 있을 것이다. 「발터 벤야민의 번역론 소고」, 『번역학연구』, 제8권 1호, 2007; 「조지 스타이너의 번역론과 해석학에 관한 소고」, 『통역과 번역』, 제10권 2호, 2008; 「조르쥬 무냉 번역론의 몇 가지 철학적 전제들에 관한 소고」, 『번역학연구』, 제10권 1호, 2009; 「언어, 번역 그리고 정체성: 베르만, 베누티 그리고 들뢰즈의 번역론을 중심으로」, 『통번역학연구』, 제13권 2호, 2013, 「번역에서의 trans-/tra- 개념: 벤야민에서 베르만으로」, 『기호학연구』, 제27집, 2010.

생각을 밝히기 마련이고, 또 그렇지 않는다 하더라도 이를 전제할 수밖에 없기 때문에 번역철학은 언어철학과의 모종의 밀접한 관계를 가질 수밖에 없을 것이다. 다만 여기서는 두 분과, 즉 번역철학과 언어철학 사이의 유사성이나 차이점을 본격적으로 논하는 자리가 아니기 때문에, 번역철학을 자체적으로 논의할 필요성을 제시하기 위해 가장 중요한 하나의 차이점만을 언급하기로 한다. 언어철학에서 논의되는 언어란, 대개 보편적 차원의 언어, 즉 자연계에 존재하는 개별적 자연 언어 및 그 개별성이나 특이성에 의존하지 않는 언어를 지칭하는 반면, 번역철학에서 다루는 언어는 대개 자연 언어들 중의 하나 또는 그 일부를 지칭하고 이들 사이의 관계, 또는 이들이 사물들, 사태들, 세계와 가지는 관계를 문제 삼는다.[2)]

여기서 논할 번역철학은 반듯한 체계를 갖춘 철학의 한 분과로서 이미 획득되거나 달성된 결과물이라기보다는 막 형성되기 시작한 배아 단계의 개념으로 보는 게 맞다. 그렇다 하더라도 번역에 대한 철학적 사유나 단상(單相)이 일찍부터 없었던 것은 아니다. 번역을 철학적으로 사유한 몇몇 저자들의 말, 또는 적어도

---

2) 20세기 이후에 문학, 언어학, 정신분석학, 종교학, 인류학뿐 아니라, 비교적 최근에 등장한 번역학을 포함하여, 인문학의 다양한 분야에서 언어에 대한 관심과 이론적 접근만큼 널리 받아들여지고 논의된 주제는 없을 것이다. 그 사정은 철학에서도 마찬가지이다. 굳이 비트겐슈타인이나 하이데거를 거론할 필요가 없을 정도이다. 하지만 동일한 관심사인 언어를 다룬다 하더라도 철학에서 언어를 다루는 방식과 다른 인문학 분야에서 언어를 다루는 방식에서 적어도 분명한 몇 가지 점이 존재하는 것 같다. 전자는 주로 언어를 그 사용자인 화자(발화 주체)나 사물(지시 대상), 의미를 다루되, 개별 언어나 그 언어가 속한 개별 문화의 관점에서 다루기보다는 좀더 일반적이고 보편적 차원에서 그 복잡한 관계들의 본질과 상수들을 파악하려고 했다는 점이다. 비트겐슈타인이 '언어게임'(language-game)을 말하고 논할 때조차도 그때 언어(language)는 지구상에 누군가에 의해 매일 아침 사용되어지는 개별의 자연 언어들(langues)로서의 한국어, 영어, 프랑스어를 지시한다고 보기는 어렵다. 물론 이런 철학 고유의 접근이 가지는 성향은 자연적인 것, 다시 말해 physique한 것을 넘어서서, (언어에서조차) meta-physique한 것을 찾고자 하는 철학 본연의 학문적 지향성에서 유래한 것이지, 단순히 부정적 성격의 것이라고 단정 지어서는 안 될 것이다. 적어도 이와는 다르게 언어를 가장 개별자(indivisuals entity)의 수준에서 그 사용자와 공동체, 개별 언어 사이의 관계의 측면에서 다루고자 하는 분야가 있다면 그 첫째가 언어학이고, 그 다음이 (언어학 분야로부터 빠르게 자율성을 획득해가는) 최근의 번역학이다. 하지만 언어를 개별자의 수준에서 다룬다고 해서 번역학이 더 철학적이거나 덜 학문적이라고 단정 짓는다면 그것은 편견에 불과할 것이다.

번역을 철학적으로 사유하는 데 밑거름이 될 만한 사유를 펼친 저자들의 말을 인용하는 것으로 논의를 시작해보자.

헤겔:

정신은 언어 요소를 때로는 단지 전달 수단으로, 때로는 직접적인 외면성의 수단으로 갖기 때문에, 어떤 시문학 작품이 읽히는가 아니면 청취되는가 하는 것은 원래 시문학과는 아무 상관이 없으며, 시는 다른 언어로 번역되거나 시에서 산문으로 번안되어 전혀 다른 음조를 띠어도 그 가치를 본질적으로 왜곡하지는 않는다. 따라서 시나 수필, 산문 등 문학이나 언어의 장르나 형식과 상관없이 내용이나 의미전달을 위해서는 어떤 장르를 선택해도 좋다.

-『미학강의』-

슐라이어마허:

비록 상업 영역의 내용일지라도 (원)저자가 개입될 요소가 많으면 많을수록 그것은 '번역'에 가까우며, 그 반대 경우, 다시 말해 저자의 자유롭고도 창의적인 개입이 적어서 적다면 그것은 아무리 학문적 영역의 담론이라도 '통역'에 가깝다. (…)

원저자의 사유와 그의 말은 하나를 이룬다.

-「번역의 다양한 방법들에 관하여」(*Des différentes méthodes du traduire*) - [3]

벤야민:

번역에서는 의미의 재현보다 형식의 재생이 중요하다.

-「번역자의 과제」-

---

3) R. Schulte, & J. Biguenet, 『번역이론: 드라이든에서 데리다까지의 논선』, 이재성 옮김, 동인, 2008에서 재인용. 이 저작은 서양 번역이론가들의 중요한 글과 논문을 담고 있다는 점에서 필독서임에 틀림없다. 하지만 적어도 슐라이어마허 경우를 살펴보면 우리말 번역에서 누락이 확인되어 안타깝다.

하이데거:

사유의 과제가 번역의 과제이다.

리쾨르:

동일성을 담보하는 등가란 불가능하다. 따라서 등가는 '추정된' 등가에 불과하며, 더 나아가서는 결국 번역자에 의한 '생산된' 등가일 수밖에 없다. (…)

타(他)언어를 환대를 하는 번역이 요구된다.

-『번역론: 번역에 관한 철학적 성찰』-

들뢰즈:

사유한다는 것, 그것은 해석한다는 것이고, 번역하는 것이다. 본질들이란 번역해야만 하는 것이자 동시에 번역 자체, 즉 기호이자 동시에 의미이다.

-『프루스트와 기호들』-

베르만:

번역의 본질은 열림, 대화, 혼혈, 탈중심화이다.

-『낯선 것으로부터 오는 시련』-

베누티:

번역은 글쓰기 형태로서는 폄하되고, 저작권법으로 불이익을 받으며, 학계에서 홀대받고, 출판사, 회사, 정부, 종교단체 등에 이용당하고 있다. 왜인가? 그것은—이것이 바로 내가 이 책을 통하여 주장하고 싶은 바인데—부분적으로 번역이 지배적인 문화적 가치 및 제도의 권위를 흔들 수 있는 사실들을 폭로하기 때문이다.

-『번역의 윤리: 차이의 미학을 위하여』-

결국, 번역철학이라는 개념은 저명한 철학자들의 심오한 번역론을, 이것이 아니라면 적어도 번역에 대한 아이디어를 지칭하는가 아니면, 저명한 번역학자들의 심오한 (번역에 대한) 철학적 시론(試論)을 말하는가?

2. 몇몇 번역학자들의 (번역)철학적 계보

플라톤 → 헤겔 → "부정한 미녀들" 추종자 → 무냉 → 파리 스쿨/라드미랄

↕

리쾨르

(아리스토텔레스) → 슐라이어마허 → 벤야민 → 베르만 → 베누티

? → 벤야민 → 데리다 → 베누티

? → 들뢰즈 → 베누티

독자들이 위에서 처음 보는 도표는 대략적으로 짜본 서양 철학자들 또는 번역이론가들의 번역 계보(系譜)도라고 할 수 있다. 괄호 안에 묶인 아리스토텔레스는 명시적 번역론이 없지만, 그의 형이상학적 특징상 뒤에 이어지는 철학자들과 어느 정도 영향 관계에 있다고 추정되기 때문에 괄호 쳐져 있다. 『번역론: 번역에 관한 철학적 성찰』(*Sur la traduction:* ST)의 저자 리쾨르는 자신의 포괄적 입장 때문에 어느 한쪽으로 분류하기 힘들지만, 잠정적으로 아래쪽에 위치시키는 것이 그 반대 경우보다 덜 위험하다는 판단이다.

여러 이유에서 위의 도표에 등장하는 모든 이론가들의 번역론을 다룰 수 없다. 다만 몇 사람을 다룰 때라도 그의 번역철학이 번역이론의 지형도에서 차지하는 자리를 가늠하게 할 정도로만 논의할 수밖에 없을 것이다.

2.1. 플라톤의 언어론 및 그의 추정된 번역론

플라톤은 그 어디에서도 자신이 번역에 대하여 이렇게 저렇게 생각한다고 말한 적이 없다. 다만 『크라튈로스』에서 크라튈로스와 헤르모게네스를 등장시켜 자신의 언어론을 전개한다. 크라튈로스는 자연적 언어론, 즉 언어가 자연(또는 존재, 사물)을 닮았다고 주장하며, 헤르모게네스는 협약적(규약적) 언어론, 즉 언어가 존재나 자연과는 무관하게 인간들 사이의 약속이나 협약에 의해 사물들을 지시할 수 있다고 주장한다. 따라서 크라튈로스에 따르면 언어는 사물이 어떠한지를 드러내는 그것의 모방물인 반면,[4] 헤르모게네스에 따르면 언어는 사람들이 그렇게 부르기로 합의하고 부르는 것에 불과하다는 것이다.

플라톤은 이미 언어가 존재와 닮은 또 하나의 사물인지 아니면 존재와는 다른 순수한 자의적 기호에 불과한 것인가의 문제를 던졌다. 이 정도면 플라톤은 20세기 언어학의 정초자이자 언어 기호의 자의성을 주장한 소쉬르를 이미 오래 전부터 예기하고 있는 것이 아닐까? 플라톤은 대화 상대자의 논의를 따라가며, 자신의 주장을 이런저런 방식으로 펼쳐 나간다. 결국 플라톤은 언어와 사물, 기호와 존재 사이의 구분에 이른다. 우리는 과연 이런 언어론으로부터 어떤 번역학적 함의를 가져올 수 있을까? 만약 전자인 크라튈로스에 따른 번역론은 어떤 방향일까? 언어와 사물 사이의 유사성이나 닮음을 뒷받침하는 언어적 특성들(예를 들어, 의성어, 의태어와 상형문자)을 염두에 둔다면, 이때 번역은 하나의 자연 언어 안에 존재하면서 그 언어만이 드러내주는 사물적 특성을 살리는 번역론으로 나아갈 것으로 짐작된다. 한 언어가 사물을 닮는 만큼, 다른 언어로의 번역 또한 그런 특징을 도착어에서 살려줘야 한다는 것이다. 단순한 일반화의 오류를 감내하고 말해본다면 이는 직역주의, 형태 중심주의에 가까운 번역론이 될 것이다. 반면 언어와 사물 사이의 관계가 협약적이라면, 그 언어를 다른 언어로 옮길 때 주목해야

4) Platon, 『크라튈로스』, 김인곤·이기백 옮김, 이제이북스, 2007, pp.138-139(430b-431a).

할 것은 출발 언어가 가지는 사물과의 즉자적인 유사성이 아니라, 오히려 출발 언어가 사물과 가지는 (정신적) 의미 관계를 옮겨야 할 것이다. 역시 이를 동일한 오류를 감내하고 말해본다면, 이는 의역주의, 의미 중심주의에 가까운 번역론이 될 것으로 추정된다.

하지만 플라톤의 언어론의 대략적 윤곽으로부터 그의 '추정된' 번역론을 이끌어 내는 작업이 다행히 여기서 끝나지는 않는다. 프랑스 번역(철)학자 베르만(Antoine Berman)의 작업은 '번역에 대한 철학적 사유' 또는 '번역 철학'이라는 에티켓을 달아주는 것에 크게 반대할 이는 별로 없을 듯하다. 우리는 베르만 자신의 번역론을 소개하기에 앞서 플라톤의 추정된 번역론을 베르만의 연구를 통해 더 개연적으로 전개시킬 수 있을 것이다. 이 주제와 관련하여 베르만의 작업을 아주 분명하게 보여주는 한 논문 「플라톤적인 번역의 본질」("L'essence platonicienne de la traduction", 1986)에 주의를 기울여 본다면 우리는 플라톤의 번역론을 어느 정도 가시적으로 추적할 수 있을 것이다. 여기서 베르만은 『크라틸로스』 편에서 언어가 사물과 맺는 관계가 관습적이냐 본래적이냐 하는 플라톤 자신의 논의를 따르는 것이 아니라, 감각계와 가지(可知)계, 개별자와 보편자를 나누는 후자를 지향하는 플라톤의 형이상학으로부터 언어와 번역에 대한 핵심적인 파악에 나선다. 필자가 보기에 이 논문에서 언어의 본질에 대하여, 특히 번역 현상과 관련하여, 베르만의 입장과 논조는 겉으로는 '냉정한 분석'에 가까운 것처럼 보이나 내용적으로는 '뜨거운 비판'을 은밀히 보여주고 있다.

플라톤 형이상학에 따른 언어와 번역의 본질에 대한 베르만의 분석은 대체로 다음과 같다. 플라톤의 형이상학은 감각적인 것과 비감가적인 것, 개별적인 것과 보편적인 것, 신체적인 것과 영혼적인 것을 나누고, 전자에서 후자로 이행하는 것이 철학함의 본질로 본다. 플라토니즘, 즉 그의 형이상학적 입장을 언어론과 번역론에 적용하여 보자면, 그 어떤 자연 언어이든지 간에 그 자연 언어를 지탱하는 요소는 다음의 두 가지이다. 즉, 감각적인 부분과 비감각적인 부분. 언어에서 전자에 해당되는 것은 소리와 문자(le son et la lettre)이고 후자에 해당되는 것은 의미작용과 의미(la signification et le sens)라는 것이다.[5] 여기서 진정 중요한 것은 플라토니즘의 본질이 비감각적인 것에 존재론적 우위를 두는 것이기에 언어와 본질적으로 관련성을 가진 번역에서도 비감가적인 것이 중요해지고 우위를 점한다는 것이다. 따라서 의미는 소리나 문자보다 더 많은 존재성을 가진 것으로 파악되며, 자연 언어의 복수성에도 불구하고 "변하지 않고 영원한 것"은 의미이지 소리나 문자가 아니라는 점이다. 이는 결국 의미 중심적 번역론을 플라톤의 그것으로 간주할 수도 있다는 점이다. 즉, 의미(비감각적인 것)는 문자(감각적인 것)로부터 분리될 수 있으며, 또 그래야만 언어에서 참되고 본질적인 요소인 의미가 변화하지 않고 보존되는데, 바로 이런 플라톤적인 나눔과 분리를 통해 플라톤 번역론의 핵심적 논점이 분명해진다.

언어의 차원에서 모든 개별적이고 우연적인 요소는 제거되고, 불변적이고 보편적인 것만이 중요하게 되는데, 이런 나눔과 분리를 통해 번역의 작업이 수행되고 가능해진다는 것이다. 다양한 자연 언어적 외피들이나 외관들은 사멸할 수밖에 없지만 인간 언어를 언어이게 하는 불변적 요소는 의미이기에 번역은 다양한 언어들에서 이 의미를 찾아 또 다른 언어의 시니피앙들에 연결해야만 한다. 이제 번역은 감각적인 것, 물질적인 것을 넘어서서 정신적인 것, 의미를 찾는 일이 되는 만큼, 진정한 "형-이상학적 운동으로서의 번역"(traduction comme mouvement metaphysique)이라 규정해도 플라톤의 형이상학에서는 낯설지 않은 것이다. 개별언어의 구속이나 제약을 받지 않으면서도 개별언어 간 소통이나 전달을 가능하게 하는 보편적인 의미를 찾는 것이야말로 번역의 임무라는 것이다.

사실 지금까지 플라톤적 형이상학에 입각한 번역론은 어느 정도 '추정된' 것으로서 나름의 개연성을 갖는 논의였다. 하지만 번역학의 역사, 적어도 번역 담론의 역사에서 보자면 플라톤의 번역론은 단순히 의미 중심 번역의 원조 이론가 이상의 사후(事後)적 의미 갖는다. 언어가 번역에서 문제가 될 때 가지는 당연한 두

---

5) A. Berman, "L'essence platonicienne de la traduction", *Revue d'esthétique*, n°12, 1986, p.64.

구조적 양상은 의미와 문자, 기의와 기표라는 양상 말고도, 출발 언어와 도착 언어라는 다른 중요한 양상을 가진다는 것이다. 여기서 핵심은 플라토니즘에 기반한 의미 중심적인 언어론 및 번역론을 잘 들여다보면 의미-문자 관계, 기의-기표 관계가 출발 언어와 도착 언어에서 각각 다르다는 것이다. 즉, 출발 언어에서 의미는 문자에 밀착되어 있다. 왜냐하면 의미와 문자사이의 관계는 고유한 일회적 관계라서 그것을 재천명할 가능성은 없어지기 때문이다. 반면 도착 언어, 번역 언어에서는 의미와 문자 사이의 관계는 출발 언어의 그것만큼이나 밀착되거나 결합되어 있지는 않아서 언제든 재번역이나 재표명이 원칙적으로 가능하다. 비록 그 재번역이 실제로 무한정 가능하지는 않더라도 원칙적으로 원전이 갖는 유일회성, 대체 불가능성의 지위는 갖지는 못한다. 따라서 플라토니즘에 입각한 번역론에서 도착 언어는 의미의 전달을 위한 담지자의 역할을 하는 것이지, 출발 언어의 의미가 거주하는 문자의 담지자의 역할을 하는 것이 아닌 것이다. 특히 도착 언어의 차원에서 보자면, 보편자로서의 의미만이 살아남아 구원되어야 하고 개별자로서의 출발 언어의 문자는 포기되어지고 열등해지는 것이다. 결국 의미 중심의 번역은 출발 언어에 대한 도착 언어의 우위를 암묵적으로 토대 짓는다는 것이다. 도착 언어의 위계적 우위를 시사하는 번역론이라면 후세에 등장하는 많은 이러저러한 번역론의 배아(胚芽)적 번역론이라 충분히 부를 수 있지 않을까?

2.2. 슐라이어마허의 언어론과 번역론

슐라이어마허는 1823년 『번역의 다양한 방법들에 관하여』[6]라는 제목의 강연을 하고 이를 출판함으로써, 당대에서 번역에 관한 가장 체계적이고 진진한 접근을 한 사람으로 평가된다. 또한 벤야민, 베르만, 베누티 등 소위 직역주의를 옹호하는 번역학자들에게 사상적 영감을 준 철학자로 널리 알려져 있다. 이처럼 국

6) 여기서는 이 텍스트의 독일어-프랑스어 대역본 F. Schleiermacher, *Des différentes méthodes de traduire,* Seuil, 1999을 참조한다.

외에서는 여러 학자들의 아이디어에 원천을 제공한 사람으로 평가받기 시작했지만, 국내에서는 여전히 이 저작에 대한 진지한 연구가 여전히 부족한 형편이다.[7] 무엇보다도 먼저 슐라이어마허는 근대 해석학의 시초를 닦은 사람으로서, '이해'의 문제를 더 이상 신학적 해석학과 법률 해석학이라는 국지적 학문분과의 사용에 제한하지 않고 언어 일반의 차원으로 확대해서 '이해' 활동의 근원성을 밝힌 바 있다. 즉, 언어는 더 이상 의사소통의 수단이나 도구로 보는 것이 아니라 인간의 이해 활동 자체가 이루어지는 장(場)이라는 점이다. 언어가 하나의 장이라는 점은 그에게서 직접적으로 감화 받은 대부분의 번역학자 역시 가지는 근본적 언어관이라 할 수 있다. 이는 벤야민을 다룰 때 좀더 논의하게 될 것이다. 번역(철)학적 관점에서 보자면, 슐라이어마허는 몇 가지 중요한 논점을 제공한 학자로 평가받을 만하다. 먼저, 슐라이어마허는 번역과 통역을 거의 최초로 구분하면서 상업영역에서 이루어지는 번역행위는 통역(*Dolmetschen*)으로, 학문과 예술 영역에서 이루어지는 번역 행위를 번역(*Übersetzen*)으로 규정하였다.[8]

그러나 이러한 구분보다 더 중요한 것은 번역의 본질에 보다 더 근접하기 위해 그가 제시한 그 구분의 기준이다. 즉, 상업 영역의 내용일지라도 '(원)저자'의 자유롭고 창의적인 개입이 많은 텍스트를 옮기는 작업은 번역에 가까우며, 반면 가시적인 대상이나 즉각적으로 규정될 수 있는 사물 및 상황을 다루는 텍스트를 옮기는 작업은 아무리 학문적 영역의 담론이라도 통역에 가깝다는 것이다.

결국 원저자의 주관적 개입하는 정도와 깊이에 따라 그 텍스트를 번역하는 번역 주체가 번역에 얼마큼 개입해야 하느냐가 결정된다. 예를 들어 원저자가 원문의 언어와 밀착된 관계를 맺고 있을 경우, 그 텍스트를 번역하는 번역자 역시 저자의 주관성에 대한 심오한 이해를 통해 번역어에서도 그것을 살려내야 한다는 것이다. 특히나 학문과 예술의 영역에서는 저자의 사유가 그 언어와 결합되어

7) 예외적으로 철학계에서 최신한, 「이해의 한계와 번역불가능성의 문제: 슐라이어마허의 「번역의 다양한 방법에 대하여」를 중심으로」, 『해석학연구』, 제19집, 2007, pp.29-56가 있다.

8) Schleiermacher, *Des différentes méthodes de traduire,* p.33.

일체를 이루는 경향이 있는 한 더더욱 그러하다. 이는 저자의 주관성은 저자의 사유로 집약되고, 저자의 사유는 저자의 표현 (또는 담화)을 떠나서 존재할 수 없다는 일종의 낭만주의적 착상을 천명한 것으로 볼 수 있다. 해석학자로서 그에게 문제가 되었던 해석이란, 저자의 독특한 개성과 고유한 천재성을 그의 언어와 표현을 통해 추체험(追體驗, reexperience)하는 것이라면,[9] 그 당대에서 가장 체계적인 번역(철)학자로서 슐라이어마허에서 번역이란, 저자의 정신과 그 언어의 긴밀성, 즉 사고와 표현의 특이성과 동일성을 도착어 독자들이 파악해내고 체감하도록 하는 번역일 것이다. 또한 원저자가 선사하는 낯섦을 순치하거나 다듬지 않고 가능한 그것을 도착어에 개방시켜 그 독자들이 그것을 하나의 자기 확장의 계기로 삼는 번역일 것이다.

반면 앞서 논의되었던 플라톤의 '의미'는 출발 언어로부터 떼어내어서 도착 언어 안에 담아 낼 수 있는 어떤 것으로서 적합한 번역자가 존재하지 않는 상황이거나 그런 번역자의 도래를 기다리는 상황에서도 출발 언어의 '의미'가 사라지거나 없어지는 것이 아닌 만큼, 의미는 번역자와 그 수용 언어와 무관하게 객관적이고 보편적으로 존재한다고 믿어진다. 이 경우 도착 언어와 출발 언어의 만남, 접촉으로서의 번역은 그 자체로 물질적이거나 질료적이라기보다는 관념적이거나 이념적으로 이루어질 것이다. 극단적인 경우, 출발 언어는 도착 언어에 의해 의미 추출 대상으로 전락하고, 더 이상 한 언어 그 자체로서 대우받지 못할 수도 있을 것이다. 결국 의미에 치중하는 번역이라면 그 번역은 도착 언어에 우위와 우선권을 주는 번역 태도이며, 이는 출발 언어가 가진 것들 중에 '의미'를 제외한 다른 모든 언어적 특성과 개별성을 사장(死藏)시키는 번역일 것이다.[10]

---

9) R. E. Palmer, 『해석학이란 무엇인가』, 1988, p.138. 이 책 6장 「쉴라이에르마허에 의한 보편적 해석학의 시도」(pp.129-147)를 참조할 것.

10) 베르만은 다음과 같이 말하고 있다. "의미는 번역하는 언어[도착 언어] 속에서 포착된다. 이를 위해서는 의미에 담겨 있는 것들 중 번역하는 언어 속으로 전달되지 않는 모든 것들을 제거시켜야 한다. 의미의 포착은 늘 어떤 한 언어의 우위를 확정한다." A. Berman, 『번역과 문자: 먼 것의 거처』, 윤성우·이향 옮김, 철학과현실사, 2011, p.46. 강조는 베르만.

이를 통해 우리는 적어도 플라톤과 슐라이어마허가 각자 자신의 언어론과 번역론을 제시함에 있어서, 그 이후에 나오게 될 번역(철)학의 논쟁적 관점과 쟁점들을 선취(先取)했다고 볼 수 있다.

2.3. 벤야민의 언어론과 번역론

슐라이어마허가 1823년 『번역의 다양한 방법들에 관하여』가 출간한 지 정확히 90년이 되는 1913년에 벤야민의 「번역가의 과제」가 세상에 빛을 보게 된다. 전자가 19세기 번역학의 신호탄이라면, 후자는 20세기 번역학의 여명을 여는 출발점으로 충분히 평가받을 만하다. 벤야민의 「번역가의 과제」가 차지하는 번역 담론사적 중요성을 짐작하고 싶다면, 로렌스 베누티(Lawrence Venuti)가 편집을 책임진 *The Translation Studies Reader*을 펼쳐 보면 된다. 이 저서의 맨 처음 장식하는 바로 벤야민의 「번역가의 과제」이다.[11] 하지만 분명 20세기나 21세기에서 번역학 관련 저서들에서 가장 많이 언급되거나 인용되지만, 아마도 가장 덜 연구되거나 가장 덜 독해되는 글이 바로 벤야민의 그것이다. 여기서는 벤야민의 「번역가의 과제」에 등장하는 번역과 그 연구에 대한 중요한 쟁점들을 간략히 살펴보는 것으로 만족할 것이다. 다만 벤야민 이후에 등장하는 번역 담론에서 벤야민의 영향력을 베르만이나 베누티 같은 저자들을 통해 차후에 보게 될 것이다.

「번역가의 과제」의 서두를 여는 다음과 같은 벤야민의 언급을 처음 읽는 독자는 적잖이 놀라게 될 것임에 틀림없다.

> 번역이란 원작을 이해하지 못하는 독자들을 위해 있는 것일까? 이것은 예술 영역에서 원작과 번역의 등급상의 차이를 설명하는 데 충분한 것처럼 보인다. 게다가 '똑같은 것'을 반복해서 말한다는 것이 유일하게 가능한 근거인 것처

11) L. Venuti (ed.), *The Translation Studies Reader*, Rouledge, 2000, pp.15-23.

럼 보인다. 도대체 한 편의 시는 무엇을 '말하는' 것일까? 시는 무엇을 전달하는가? 그 시를 이해하는 사람에게 전달할 것은 거의 없다. 시에서 본질적인 것은 전달(*Mitteilung*)이나 진술(*Aussage*)이 아니다. 그럼에도 매개[전달]하고자 하는 번역은 전달 이외의 아무것도 매개하지 못할지 모른다. 그러니까 비본질적인 것만 전달할지 모른다. 그렇지 않아도 이것이 바로 열악한 번역들을 알아보게 하는 한 표지이다.[12)]

여기서 우리는 번역의 현실과 실무에서 중요하게 등장하는 많은 문제 영역들을 발견하게 된다. 우선 수용자인 독자의 문제, 번역과 (모국어) 독자 사이의 문제, 원문과 번역문 사이의 존재론적 차이와 위상의 문제, 원문 텍스트의 종류의 문제, 궁극적으로는 번역의 목적과 역할의 문제 등이다.

벤야민의 번역론은 앞서의 철학자들과 유사하게 그의 언어이론이나 언어철학의 하위 범주로 개진된다고 볼 수 있다. 물론 언어 범주가 번역 범주보다 더 큰 범주이고 더 근본적인 현상이라는 점을 부인할 사람은 없을 테지만, 이런 사실 자체가 번역의 고유함을 설명해주는 것은 아니다. 그의 핵심적 언어론을 압축하여 보여주는 그의 발언은 다음과 같은 것이다. 즉, "언어는 자신을 전달한다."[13)]

"모든 언어는 자체 내에서 자기 자신을 전달하며 가장 순수한 의미에서 전달의 중간자(*das Medium*)이다."[14)] 단적으로 말해, 벤야민에 따르면 언어는 무엇보다도 자신을 소통시키는 것이지 다른 사물이나 지시 대상을 가리키는 것이 아니라는 것이다. 다시 말해 언어는 단순히 의사전달의 수단이나 메시지 전달의 매체가 아니라는 것이며, 무엇인가가 전달되어진다 하더라도 "언어를 통해서가 아니

---

12) W. Benjamin, 「번역자의 과제」, 『언어 일반과 인간의 언어에 대하여/번역자의 과제 외』, 최성만 옮김, 길, p.121-122.

13) 최성만, 「언어 번역 미메시스: 벤야민의 언어 철학과 유사성론 고찰」, 『문예미학』, 제2집, 1996, p.296에서 재인용.

14) 김영옥, 「벤야민의 경험이론: 언어철학과 역사철학이 만나는 곳」, 『현대비평과 이론』, 1994년 봄·여름호, p.163에서 재인용.

라 언어 안에서"라고 말한다는 점이다.[15] 따라서 언어가 무엇인가를 말하고 알려주는 매체이라 할지라도 언어 그 자체로서 의사소통적 기호 체계는 아니라는 것이다. 결국 벤야민은 언어가 단순한 의사소통의 수단이 아니라고 주장함에 따라 언어에 기반을 둔 작업인 번역 활동 또한 번역되어야 할 의미나 저자의 의사를 전달하는 작업 이상의 것으로 주장하는 것임에 틀림없다. 또 그렇게 주장해야만 벤야민의 내재적인 논리와 주장에 정합적이라고 볼 수 있을 것이다. 앞서 우리가 길게 인용한 「번역가의 과제」 서두 또한 언어에 대한 벤야민의 생각과 입장에서 보자면 그다지 놀랄만한 입론(立論)은 아닐 수 있는 것이다.

번역을 두 언어 사이에서 일어나는 "의미의 복원"이나[16] 의미의 포착으로 보는 번역관에 벤야민이 반기를 든다면 그는 과연 두 언어 간의 번역에서 무엇을 옮겨야 한다고 믿고 있는 걸까? 그런데 벤야민이 의미 중심 번역에 반기를 든다고 해서 그런 번역을 부정한다고 볼 수는 없다. 다만 벤야민은 의미 중심 번역은 번역가의 현재적 활동 양상을 지적하는 번역의 한 방식일 뿐이라고 보고 있는 것 같다. 그래서 그의 번역론을 압축해서 보여주는 그 에세이의 제목은 번역가의 '과제'(임무, *Aufgabe*)이지 지금 이루어지고 있는 번역 활동의 현주소를 말하는 것이 아니다. 현실의 번역가가 머무르는 상태, 현실의 번역가가 만족하는 번역의 자족적 수준을 벗어나서(auf-), 이것을 넘어서는 것이야말로 고유한 의미의 번역가가 지향해야 되는 것이 아닌가라고 묻고 있는 것이 벤야민이 아닐까?

정작 중요한 것은 의미 중심 번역을 넘어서는 것이 자신이 추구하는 번역 행위임에도 불구하고 왜 의미 중심 번역이 그렇게 문제가 되는 것인지에 대한 논거 제시가 아주 부족하다는 것이다. 하지만 결정적으로 벤야민은 번역가의 과제가 자신이 그 안에서 번역하고 있는 언어를 통해 원문의 "메아리"가 일깨워져야 한

15) 이창남, 「발터 벤야민의 언어이론적 인식론과 독서 개념」, 『독일문학』, 제92집, 2004, p.237.

16) W. Benjamin, Oeuvres, I, Gallimard, 2000a, p.254; 「번역자의 과제」, 『언어 일반과 인간의 언어에 대하여/번역자의 과제 외』, p.135.

다고 말하는데 이는 의미의 복원보다는 "형식의 복원"을 통해서 이루어진다고 주장한다.[17] 그 형식이 도대체 무엇이냐고 질문해야만 하겠지만, 「번역가의 과제」에서 벤야민이 형식에 대한 언급에 앞서 문학의 작품의 본질은 "포착할 수 없는 것, 신비로운 것, 시적인 것"이라고 말하면서[18] 번역가가 스스로 시작(詩作)하는 시인이어야 그 시적인 것을 복원할 수 있는 것이 아니냐고 반문하는 대목에 주목해 보자. 이런 예비적인 언급으로 보아 그가 말하는 형식은 시적인 것과 모종의 관련성이 높은 것으로 짐작할 수 있겠다. 어쨌든 벤야민에 따르면 번역은 "원문의 의미에 동화"하는 작업이기보다는, 조각난 사기그릇의 파편을 하나씩 주워 그것을 다시 복원하듯 "애정을 가지고 그리고 디테일한 부분까지 원문의 표현방식을 번역 언어 속에 체화하도록"해야 한다고 말한다.[19] 결국 형식에 대한 충실성을 표방하는 벤야민은 진정한 번역이 문장의 의미를 옮기는 것이 아니라 "구문(syntaxe)을 직역하여 옮기는 것"을 통해 성공하게 된다고 말한다.[20] 반대 방향에서 말해보면, 원문이 그 나름의 질적 가치와 위엄을 덜 가지면 가질수록 번역은 내용의 측면에서 의미를 전달하는 데 치중하게 되고, 그렇게 의미가 번역의 지배적인 요소가 되면 "형태적으로 완성도 있는" 번역이 어렵게 된다고 벤야민은 보는 것이다.[21] 벤야민의 따르면 진정 좋은 번역가는 원문의 "표현, 이미지, 소리(음성)"가 서로 결합되는 지점과 정도까지 파고들어가 한다.[22] 이를 통해 번역은 형태(형

17) Benjamin, *Oeuvres*, I, p.256; 「번역자의 과제」, 『언어 일반과 인간의 언어에 대하여/번역자의 과제 외』, p.136.
18) Benjamin, *Oeuvres*, I, p.245; 「번역자의 과제」, 『언어 일반과 인간의 언어에 대하여/번역자의 과제 외』, p.122.
19) Benjamin, *Oeuvres*, I, p.257; 「번역자의 과제」, 『언어 일반과 인간의 언어에 대하여/번역자의 과제 외』, p.137.
20) Benjamin, *Oeuvres*, I, p.257; 「번역자의 과제」, 『언어 일반과 인간의 언어에 대하여/번역자의 과제 외』, p.137.
21) Benjamin, *Oeuvres*, I, p.260; 「번역자의 과제」, 『언어 일반과 인간의 언어에 대하여/번역자의 과제 외』, p.141.
22) Benjamin, *Oeuvres*, I, p.260; 「번역자의 과제」, 『언어 일반과 인간의 언어에 대하여/번역자의 과제 외』, p.140.

식)라는 벤야민의 선언에서 우리는 형태가 지니는 함의를 다소나마 알게 되었다.

여기서 우리는 한 발짝 더 나아가서 다음과 같이 자문할 수 있을 것이다. 단순하게 의미의 복원을 넘어서 형식의 복원에 까지 진척된 번역 활동은 도착언어 또는 번역가의 모국어에는 어떤 결과나 영향을 미치는 걸까? 벤야민은 한 (외국) 언어가 가진 정보적 차원의 메시지나 의미 전달만을 고집하지 않고 그 외국어의 형식적 특성들—음성적 특성, 운율적 특성, 이미지적 특성, 표현적 특성 등등—을 번역을 통해 번역가의 모국어 안에서 수용되도록 최대한 노력하는 것이 "번역자의 과제"라고 말한다. 그렇다면 모국어는 번역 활동을 통해 자국성의 경계 안에만 머물게 되는 것이 아니라, 다시 말해 변화 없는 동일성의 상태에만 자족하는 것이 아니라 자신의 언어적 경계가 "확장되고 심화되는" 것이 아닐까?[23] 외국어를 번역하면서 의미를 중심으로 번역하는 것을 지양하는 번역론의 입장에서 보면, 형식과 형태가 다른 수많은 (외국)언어들을 접하게 되고 그럼으로써 지역적인 틀과 한계를 벗어나는 모국어의 변화 양상을 관찰하게 되고, 결국에는 모국어도 여러 (외국) 언어 중에 하나로서 바라 볼 수 있는 기회를 좀 더 많이 가지게 되는 것이 아닐까?

사실 우리는 벤야민의 「번역자의 과제」를 읽어 내는 독자들이 가장 곤혹스러워 할 수 있는 부분에 대해 아직 언급하지 않았다. 그것은 바로 '순수 언어'의 문제이다. 독일 문학을 연구하는 국내 문헌들의 맥락 내에서나 번역학을 소개하고 입론하는 저서에서도[24] 그 개념에 대한 언급이 매번 등장하지만 설명 대상이 되어야 할 그 개념은 오히려 다른 것을 설명하는 설명항(說明項)으로 제시된다. 그것은 벤야민의 텍스트 역시 예외가 아니다.

23) Benjamin, *Oeuvres*, I, p.260; 「번역자의 과제」, 『언어 일반과 인간의 언어에 대하여/번역자의 과제 외』, p.140.

24) J. Monday, 『번역학 입문: 이론과 적용』, 정연일·남원준 옮김, 한국외국어대학교 출판부, 2006.

진정한 번역은 투명하다. 진정한 번역은 원문을 은폐하거나 방해하지 않는다. 오히려 그렇기보다는 마치 자기 스스로의 매개를 통해 한층 강화된 순수 언어를 원문 위에 보다 더 온전한 방식으로 내려앉도록 한다.[25)]

무겁고 낯선 의미로부터 순수 언어를 해방시키고 상징화하는 것을 상징된 것으로 만들어 내고 그런 형태를 지닌 순수 언어를 일반 언어의 운동 속에 재통합시키는 것, 바로 이것이 번역의 막중하고 유일한 능력이다.[26)]

더 이상 아무것도 의미하지도 않고 표현하지 않는 그러나 무표현적이면서도 창조적인 순수 언어(…).[27)]

번역가의 과제란, 다른 언어 속으로 추방당한 순수 언어를 자신의 언어 안으로 되가져오는 것이며, 작품 속에 잡혀 있는 순수 언어를 원작의 재창조를 통해 해방시키는 것이다.[28)]

적어도 위의 인용문들에서 파악해낼 수 있는 것은 번역의 지향 또는 번역가의 과제란, 두 언어, 다시 말해 출발 언어(원문)와 도착 언어(모국어)에만 관계되는 일이 아니고 제3의 언어(순수 언어)와 밀접한 관련을 가진다는 점이다. 언어 기호의 구성 요소 중에 내용(의미/시니피에)보다는 형식(구문, 소리/시니피앙)에 중요성을 부여하는 벤야민 같은 이의 번역론은 의미들 간의 보다 일반적이고 보편적인 이동

25) Benjamin, *Oeuvres,* I, p.256; 「번역자의 과제」, 『언어 일반과 인간의 언어에 대하여/번역자의 과제 외』, p.137.

26) Benjamin, *Oeuvres,* I, p.258; 「번역자의 과제」, 『언어 일반과 인간의 언어에 대하여/번역자의 과제 외』, p.138-139.

27) Benjamin, *Oeuvres,* I, p.259; 「번역자의 과제」, 『언어 일반과 인간의 언어에 대하여/번역자의 과제 외』, p.139.

28) Benjamin, *Oeuvres,* I, p.259; 「번역자의 과제」, 『언어 일반과 인간의 언어에 대하여/번역자의 과제 외』, p.139.

과 전이에만 만족할 수 없어서 다른 언어들의 형식적 및 형태적 요소에 개방적이고 이를 모국어의 틀 내에서 통합하려는 의지를 강하게 비춘다고 볼 수 있다. 하지만 이런 번역론적 입장에서 보면 마치 바벨탑의 혼란을 반영하는 현실의 자연 "언어의 복수성"은 현실적 번역 상황에서 장애가 될 것임에 틀림없다. 실제 자연언어의 다원성은 그 의미론적 장의 다양성을 의미할 뿐만 아니라 각 자연 언어들이 가진 (최소한의) 음운론적 및 구문론적 환원불가능성을 함의하는 것이기 때문이다. 따라서 이런 불일치나 불협화음적 요소를 초월적 자리에서 매개하고 조정할 제3언어를 상정하는 것이야말로 어쩌면 당연한 발상인지도 모르다.

여전히 순수 언어의 기원에 대한 벤야민의 내적 논리는 나름의 개연성을 갖는다고 인정할 수 있다 하더라도 그 언어가 어떤 구체적인 과정과 계기를 통해 실제의 두 언어 번역에 개입될 수 있을지에 대한 벤야민의 설명이나 언급은 전무한 실정이다. 원문에 대한 변역가의 번역의 과정에서 외화(外化)되기를 기다리는 '잠재적' 언어이기도 하면서 출발 언어와 도착 언어사이의 위대한 조화를 통해 달성되기도 하는 '이상적' 언어가 바로 그 순수한 언어인 것이다. 독일어와 그리스어 사이에서 횔덜린 같이 한 뛰어난 번역가가 구현해 낼 수 있는 언어가 순수한 언어라면 그것은 희귀하고 고귀한 언어임에 틀림없을지라도 그만큼이나 실현해내기 어려운 언어임에 틀림없다.

2.4. 무냉의 번역론

사실 무냉(1910-1993)을 번역철학의 논의에 포함시키는 것은 다소 의외일 수 있다. 왜 무냉에 대한 관심을 가지는가? 무냉은 번역에 대한 언어(과)학적 접근을 표방하는 대표적인 프랑스의 이론가이다. 물론 번역에 대한 언어학적 접근만이 유일한 인식론적 통로는 아니다. 앞서 지적한 것처럼, 정신분석학, 문학비평, 심지어 페미니즘까지도 그런 통로 역할을 할 수 있는 것이다. 그가 앞서 다룬 학자들처럼, 그리고 또 그들의 수준에서만큼, 번역에 대한 철학적 논의를 했다기보다는 비교적 20세기 이후에 언어학에서 번역학으로 이행하는 중요한 시기에 번역학의 학문적 성격 일반에 대한 나름 치밀한 노력과 연구를 경주했다는 점에서, 그리고 향후 번역철 논의에 대립적 진영의 한 논점을 보여준다는 점에서 간략히 언급할 만한 가치가 있다고 여겨진다. 특히 번역철학이 번역에 대한 다양한 지식이나 앎이 존재함을 인정하고 그 종류나 의미와 한계에 대한 논의—즉, 인식론—를 포함하지 않을 수 없다는 점에서. 무냉은 언어학적 인식론에 기초한 번역학을 주장하고 있다고 볼 수 있을 것이다. 물론 나이다(Eugene A. Nida)는 번역이론을 역사적으로 개관하는 짧은 논문 「번역이론들」에서 무냉(G. Mounin)을 스타이너와 더불어 넓은 의미의 "문헌학적"(philological) 관점에서 번역의 문제—즉, 언어간적 의사소통의 문제—를 다룬 사람으로 분류하고는 있다.[29] 반면 그리스 번역학자 바실리스 쿠트시비티스(Vassilis Koutsivitis)는 「번역의 본질에 대하여」에서 20세기 초반까지의 연구를 문헌학적인 연구로 규정하고, 무냉의 연구를 랑그 차원에서 번역 현상을 체계적으로 다루는 "언어학적" 성격으로 규정하고 있다.[30] 그 전체적인 성격 규정을 어떻게 하든 언어학자인 무냉이 시도한 번역 연구 내지 번역학(traductologie)에의 개입과 참여는 과소 평가되어서는 안 될 것 같다. 그의 주요 저서들을 살펴보면 전부 번역의 문제를 직간접으로 다루고 있다는 것만 보아도 알 수 있다. 『부정한 미녀들』(1955), 『번역의 이론적 문제점』(1976), 『언어학과 번역』(1976)은 물론이고 심지어 『언어학과 철학』(1975)까지도 의사소통으로서의 번역의 문제를 다루고 있다고 볼 수 있다.

무리한 일반화를 감내한다면 적어도 프랑스 번역이론들 안에서 무냉의 자리를 다음과 같이 한번 제안해보고자 한다. 한쪽에는 앙트완 베르만, 앙리 메쇼닉(Henri Meschonnic) 같은 이들이, 다른 쪽에는 라드미랄(R. Ladmiral) 또는 파리통번

---

29) E. A. Nida, "Theories of Translation", *TTR*, 4(1), 1991, p.21. 나이다는 이 책에서 문헌학적 관점과 더불어, 언어학적, 의사소통적, 사회기호학적 관점 등등으로 번역 문제에 접근하는 시각을 나누고 있다.

30) V. Koutsivitis, "Pour une thorie de la essence de la traduction", *Meta*, 38(3), 1993, pp.468-472.

역대학원(ESIT)를 중심으로 한 해석 이론가들이 자리 잡고 있는데, 직역-의역, 충실성-가독성 등 번역 담론을 양분해 왔던 전통적인 분류나 구분에서 보자면 무냉의 입장이나 경향은 넓게 보아 후자들의 그것과 유사하거나 그들의 학문적 선배의 위치에 있다고 본다.

무냉이 생산한 번역 담론의 모든 것을 재론하는 것은 바람직하지도 또 가능하지도 않다면 우리는 그가 제시하는 근본적인 번역학적 테제를 몇 가지로 재정식화해보고 그것이 지니는 암묵적 전제들을 비판적으로 음미해 보는 작업에 만족하고자 한다. 무냉의 테제는 다음과 같이 정리할 수 있을 것이다.

첫째, 번역은 의술(médicine)과도 같이 하나의 과학(une science)에 근거한 하나의 예술(un art)이며 그 과학이란 다름 아닌 언어(과)학이다.

둘째, 번역의 불가능성을 비롯하여 번역을 곤란하게 만드는 여러 가지 언어적 또는 언어간적 장애물들은 다양한 종류의 보편소(des universaux)의 발견을 통해 극복 가능하며 따라서 번역은 가능하다.

셋째, 번역을 통해 전해져야 할 것은 무엇보다도 의미 또는 효과(effet)이다.

무엇보다도 먼저, 무냉은 번역 담론의 학적(學的) 성격이 언어학이 되어야 한다고 본다. 번역은 언어(과)학에 기반을 둔 하나의 예술(또는 기예/기술, un art)이 되어야 한다. 따라서 번역 작업이나 활동에서 언어학에 대한 참조나 언급은 피할 수 없다는 것이다. 결국 언어학의 편에 서서 번역 담론의 과학성을 확보하거나 심지어는 이론으로서의 지위를 획득하려고 노력한다는 것이다. 하지만 인문학 중심의 번역학자인 스타이너는 『바벨 이후』에서 이론(théorie) 개념에 대한 경계심을 보이면서 번역 담론, 시학이나 해석학, 미학에서 이론이라는 개념의 쓰임에는 각별한 주의가 필요하며 오히려 "그런 절차들에 대한 기술(記述)" 또는 "문제가 되고 있는 영역에 대한 구체적인 체험을 이야기하는 것, 그런 영역에 대한 자기 발견적이거나 모범적으로 적시(摘示)하는 작업"이 더 어울린다고 말한다.[31] 따라서 번역론에서 '론'

31) G. Steiner, *Après Babel: Une poétique du dire et de la traduction.* trans. L. Lotringer & P.-E. Dauzat, Albin Michel, 1998b, p.21.

은 자연과학에서의 이론과 같은 의미로 받아들여져서는 안 된다는 것이다.

언어학자에서 출발하여 번역학자의 길은 간 무냉은 번역 불가능론 반박을 『부정한 미녀들』뿐만 아니라 『번역의 이론적 문제점』에서도 줄기차게 수행하고 있다. 많은 번역의 성공적인 사례들이 현실적으로 존재하고 또 지금도 번역은 이루어지고 있는데도 불구하고 마치 번역 불가능론을 논파해야만 번역 작업에 뛰어들 수 있는 것처럼 그것에 집착을 보여주고 있다. 라드미랄은 이를 두고 무냉이 "선결적(先決的) 반박의 문제틀"(problmatique de l'objection prjudicielle)에 빠졌다고 날카롭게 비판한 바 있다.[32] 무냉은 『번역의 이론적 문제점』의 서두부터 번역을 "언어 간의 접촉"(contact de langues)으로 규정하는데,[33] 결국 "언어 간 접촉은 모방을 낳고 모방은 언어적 수렴"(convergence linguistique)을 생산하기에 이른다는 것이다.[34] 이제 수렴은 언어적인 것을 넘어 문화적인 데까지 나아가야 한다는 것이다. 이럴 때 번역 불가능성은 극복될 수 있다는 것이다. 따라서 무냉은 번역 불가능성 테제에 대한 논박을 언어학의 지평을 넘어서서 인류학이나 민족지학의 자료를 활용하기 시작한다. 개별 문명과 개별 세계관이 달라도 번역이 가능한 것은 "언어의 보편소" 때문이고, "언어 내에서 의미 작용의 기초를 이루는 문화적이며 인류학적 보편소 개념" 덕분이라는 것이다.[35] 무냉은 5가지 정도의 보편소들을 제시하고 있다.[36] 우주적 보편소(밤과 낮, 비와 바람, 땅과 하늘 등등), 생물학적 보편소(온도, 성(性), 호흡 및 배설 등등), 심리적 보편소, 언어적 보편소(명사, 동사, 인칭 대명사 등등), 문화적 보편소(셈법, 근친상간, 타부 등등)가 바로 그것이다. 이를 통해서 무냉은 거시적인 보편소를 통해 번역 가능성을 초월적 및 선험적 근거를 마련하려는 야심을 펼친다고 볼 수 있다. 하지만 무냉이 기술하는 보편소 개념을 따라 가다보면 여러 학자들의 저서와 언급을 통해 빌어 사용하면서도 상당히 추상적이고 애매

32) J.-R. Ladmiral, "Sourciers et ciblistes", *Revue d'sthtique,* n° 12, 1986, p.41.
33) G. Mounin, 『번역의 이론적 문제점』, 이승권 옮김, 고려대학교출판부, 2002, p.4
34) Mounin, 『번역의 이론적 문제점』, p.205.
35) Mounin, 『번역의 이론적 문제점』, p.182.
36) Mounin, 『번역의 이론적 문제점』, pp.179-207.

한 수준에서 머문 채로 남겨 준다는 인상을 지울 수 없다. 다시 말해 보편소가 진정한 보편소가 되려면, 그 보편성의 수준이 지구상 자연 언어들과 문화들 전체를 아우르는 수준이 되어야 하는데, 무냉의 보편소는 아직 그런 인식론적 틀이나 지위를 가지지 못한 것 같다. 단지 구상(構想) 정도의 수준에 머무는 것이 아닌가 하는 의구심이 든다. 무엇인가를 설명해주어야 할 개념이 오히려 여전히 설명 대상이 되고 있다. 더구나 무냉의 보편소 개념은 음소, 형태소, 의미소 등의 소쉬르 이후의 음운론이나 형태론의 개념들에서 착안한 듯하다. 하지만 그 음소나 형태소들은 개별 언어들의 랑그(langue) 차원에 국한되고, 따라서 개별 언어들을 뛰어 넘어서는 보편성은 없다. 따라서 같은 접미어 '-소(素)'를 가지고 있다 하더라도 보편소와 다른 소들은 그 인식론적 위상이 다른 것이다. 차라리 무냉은 언어적 보편소 개념을 보완하거나 확장하여 자연 언어들 사이의 제3의 지점에서 가상적으로나 잠재적으로 이 자연 언어들의 언어적 기호 및 코드 변환을 가능케 하는 보편소까지 나아간다면 오히려 더 이론적으로나 논리적으로 설득력이 있을 것으로 보인다.

결국, 필자가 보기에 무냉은 직역-의역, 충실성-가독성, 원(原)저자-독자, 문자(lettre)-의미(sens), 시니피앙-시니피에[37] 등 번역 담론의 역사를 지배해온 뿌리 깊

37) Ladmiral, "Sourciers et ciblistes", *Revue d'sthtique*, p.33; 42. 라드미랄은 여기서 소쉬르의 전문적 용어였던 시니피에를 의미와 거의 같은 것으로 비유적으로 사용하고 있다. 사실 의미의 문제는 언어학의 문제일 뿐만 아니라 철학의 오랜 문제였다고 볼 수 있다. 의미(意味)라는 용어는 그 이웃에 개념, 관념, 의도(뜻)/의사, 인간 주체, 사물/사태 등등 철학의 중요한 용어들과 함께 다루어지거나 이해되어 왔다. 적어도 20세기 소쉬르 같은 언어학의 맥락에서 가장 중요한 발견은 의미가 순수하게 언어 내재적인 사건으로 규정된다는 것이었다. 시니피앙(기표, signifiant)-시니피에(기의, signifi) 구분, 그 관계의 자의성, 랑그(langue)-파롤(parole) 구분, 랑그 중심의 언어분석 등등은 언어의 의미가 그 사용자의 의사에 의존하는 것도 아니며 그가 지칭 또는 지시하고자하는 사물이나 사태에 의존하는 것도 아니라는 함의하는 것이었다. 다시 말해, 언어를 구성하는 다양한 층위들의 요소(예를 들어, 음소, 형태소, 의미소 등등)들 간의 변별적 차이와 그 관계로부터, 또 그것에 의해 의미가 발생한다는 것이다. 이렇게 되면 의미는 고정된 실체나 본질이 아니라 한 음소나 형태소나 어휘 등의 체계 내에서 발생하는 차이의 산물이 되고 마는 것이다. 만약 여전히 소쉬르의 시니피에와 의미를 같은 것으로 간주한다면, 따라서 이때 의미는 한 주어진 자연 언어의 내재적 요소들에 의존하는 것이기 때문에 또 다른 자연 언어로 번역이 되거나 전이될 수는

은 이항적 구도에서 크게 보아 후자의 편에 서있는 학자이다.[38] 그의 저서들에 흐르는 기본적인 기조는 의미에 방점을 둔 번역임에는 변화가 없다. 그는 『부정한 미녀들』에서 번역 불가능론을 반박하기 위해, 의미론, 형태론, 음성학, 문체론 등에 기반을 둔 번역 불가능론의 차례로 반박하면서 "채색유리"(verres colorés)와 "투명유리"(verres transparents)라는 자신의 용어를 통해 전통적인 이항구도를 재정식한 바 있다.[39] 무냉이 지지하는 이상적인 번역이란 "사람들이 유리가 없다고 믿을 정도로 투명한 유리가 되는 것"이라고 말하는데,[40] "번역하되, 외국어의 낯섦을 전혀 배제한 체, 마치 불어로 사유한 다음 바로 불어로 쓰나가듯 한 인상을 가지도록, 말 그대로 불어화해서, 번역하기"라고 규정한다.[41] 무냉은 여기서 그치지 않는다. 보다 과격한 다음과 같은 주장에 주목해보자.

> 번역이 자신의 유일한 이상(理想)인 이런 투명한 유리가 되기 위해, 번역가는 단어들, 표현법들, 말투들, 심지어는 감정들, 태도들, 풍습의 특징들 등 자신의 독자를 낯설게 할지도 모르는 모든 것들을 감추고, 이동시키고, 제거하게 되는 것이다.[42]

없는 것이다. 이런 맥락에서 음소나 형태소 자체를 다른 언어로 번역하는 일은 가능하지 않을 것이다. 적어도 단어, 더 정확히 말하자면, 문장 내에서의 단어 또는 문장의 수준까지 가야만 번역 가능한 그 무엇을 만나게 될지도 모른다.

38) 물론 여기서 문제는 과연 무냉이 어떤 의역론자인지가 중요하다. 왜냐하면 현대에 들어서 모든 직역론자들에게는 의역론적 요소가 있거나, 적어도 이론적으론 직역론을 펴지만 번역 실무에서는 의역을 배제하지 않는 경우가 허다하고 그 반대의 경우도 사실이기 때문이다. 단어 대 단어를 옮기는 것을 요즘의 직역론으로 이해하지 않는 것처럼 무냉의 의역론 역시 자연 언어와 텍스트의 모든 것을 제거한 채 전달 가능한 의미만을 뽑아 그것만을 중시하는 좁은 의미의 의역론자는 아니다. 심지어는 모국어를 낯설게 하는 직역이라도 "미학적 통일성"이나 "시적 동질성"을 확보한 번역의 유형을 경우 기꺼이 인정한다. G. Mounin, *Les belles infidles*, Presse Universitaires de Lilles, 1994(19551), p.101. 그렇기 때문에 굳이 말하자면 "확장된" 의미의 의역론자라고 부를 수 있을 것이다.

39) Mounin, *Les belles infidles*, p.74; 91 이하.

40) Mounin, *Les belles infidles*, p.75. 무냉은 이 주장을 러시아 문호 고골(Gogol)에서 빌려온다.

41) Mounin, *Les belles infidles*, p.75.

42) Mounin, *Les belles infidles*, p.89.

하지만 번역의 이상(理想)을 이렇게 규정함에 따라 무냉의 번역론은 몇 가지 암묵적인 전제를 가질 수밖에 없다. 첫째, 번역을 통한 모국어의 근본적인 변화 내지 변형은 있을 수 없기에 모국어는 닫힌 공간으로서의 언어 공간이 되는 것이다. 물론 언어 간의 접촉을 통해 어쩔 수 없이 얻어지는 단어나 외래어를 통한 모국어의 확장까지 무냉이 거부하지는 않았겠지만, 여전히 그에게서 자민족/자국어 중심(ethnocentrique) 번역의 혐의가 배제될 수 없는 것이다. 더 나아가 (모국어의) 독자는 항상 낯선 언어 앞에서 당황하며 의사소통만을 갈망하는 사람들이거나, 아니면 오히려 그 낯섦을 번역이 걸러 내어주기를 기다리는 존재로 상정된다. 독자의 자기 동일성은 모국어의 자기 동일성 만큼이나 견고하거나 불변적이다. 번역은 독자로 하여금 이국성을 직접적으로 맞닿게 하지 못하게 걸러 주는 일종의 예방 주사와 같은 역할을 하는 것이다. 이국성이나 낯섦의 순치(順治)가 바로 번역인 것이다. 하지만 자아 중심적(egocentrique) 번역의 혐의가 엿보인다.

2.5. 베르만의 언어론과 번역론

철학자 들뢰즈는 한때 "현대철학의 과제를 플라토니즘의 전복(renversement du platonisme)"이라고 말 한 적이 있는데,[43] 이런 주장에 동의하건 그렇지 않건 간에, 베르만이 플라토니즘에 입각한 언어론 및 번역론에 대한 비판적인 분석을 전개하는 이상, 베르만 자신의 번역론이 이런 플라토니즘에 대한 공격과 비판을 통해 어떤 '현대적인' 번역학 또는 번역론을 겨냥하고 있는지는 응당 물어볼 만한 일이다. 구체적인 것과 개별자의 복권을 주장한 "아리스토텔레스적인" 번역론을 확립하는 것인가? 베르만 자신이 선택한 제목인 「플라톤적인 번역의 본질」(L'essence platonicienne de la traduction)을 패러디하여 물어보자. 번역의 베르만적인 본질(L'essence beramanienne de la traduction)은 무엇인가? 필자는 베르만이 플라톤

43) G. Deleuze, *Différence et Répétition*, PUF, 1968, p.82.

적인 언어론과 번역론을 논하면서 지적했던 중요한 논점들을 염두에 두고 이에 대응하거나 대칭하는 방식으로 베르만 자신의 번역론을 논하고자 한다.

리쾨르는 베르만의 번역학적 성과를 해석학적으로 성찰하는 자신의 저서 『번역론: 번역에 관한 철학적 성찰』(*Sur la traduction*: ST)에서, 메쇼닉을 포함하여 베르만에 대해 "현대 기호학의 성과"를 간과하지 않고 수용한 연구자로 언급한다.[44] 여기 이 자리는 그 성과를 자세하게 논하기에는 적합하지는 않을 것이다. 다만 그런 성과를 번역학적 관점에서 논하는 것은 매우 의미 있는 일일 것인데, 왜냐하면 언어 기호에 대한 현대 기호학의 관점 역시 그것으로부터 잠재적인 번역학적 함의를 가질 것이기 때문이다. 리쾨르에 따르면 "의미와 소리의 통일성, 시니피에와 시니피앙의 통일성"이야말로 현대 기호학의 성과이다. 그가 더 이상의 상세한 설명을 덧붙이지 않는 이 통일성은 무슨 뜻인가? 소리가 의미를 위한 단순하고도 흔한 담지자나 전달자가 아니라 오히려 그 소리나 시니피앙을 통해서만이 그 고유한 의미의 실현과 보존이 가능하다는 것이다. 의미란 소리부터 쉽게 분리되어 떠돌아다닐 수 있는 것이 아니라 그것과 일체를 이루고 있다는 것이다. 특히 시의 번역의 경우 그 통일성을 살리는 노력이 쉽지 않은 것은 거의 번역학적 상식에 가까운 이야기가 아닌가? 그래서 시인 프로스트(Prost)는 "시란 번역되면서 뭔가를 읽게 되는 그 무엇이다(Poetry is what gets lost in translation)"이라고 말한 바 있다고 한다. 좀더 밀고 나가자면 오직 그 시니피앙을 통해서만이 구현되는 그만의 시니피에가 있다는 것이다. 하지만 이런 주장을 (시나 다른 문학 장르의) 번역 불가능성을 위한 논변으로 오해해서는 안 된다. 오히려 시니피앙과 시니피에 사이의 공고한 결합의 징후로 읽어야하는 것이 아닌가?

반면 헤겔은 자신의 『미학 강의』에서 이런 현대 기호학의 성과에 반(反)하는 대열의 선두주자로 등장하는 듯한 발언을 서슴지 않았다. 다시 말해 "시나 수필 , 산문 등 문학이나 언어의 장르나 형식과 상관없이 내용이나 의미 전달을 위해서

44) ST 69 [155].

는 어떤 장르를 선택해도 좋다"는 것이다.45) 의미나 내용과 특정 언어 형식이나 형태가 필연적일 필요가 없다는 것이다. 더 정확히 말하자면 의미의 전달을 위해서라면 언어적 형태나 장르는 부차적인 문제라는 것이다. 적어도 이런 헤겔의 주장은 번역학적 차원에서는 플라토니즘의 계승이라고 봐도 될 것이며, 언어의 본질이 의미나 내용에 있지 그 언어적 형태나 시니피앙에 있지 않다는 것이다. 의미를 위해서라면 언어적 형식을 바꾸는 것은 하등의 문제가 없다는 것이다. 정신을 위해 몸은 힘껏 희생되어도 문제가 없다는 것이다.

그렇다면 베르만은 자신만의 의미-소리의 통일성을 어떤 방식으로 번역학적 맥락에서 실현라고 구현하는가? 한 마디로 말하자면 "문자의 번역"(traduction-de-la-lettre)을 표방하면서 그는 이를 수행해 나간다. 앞서 문제가 되었던 베르만 논문에서는 그 스스로 비판적인 분석에만 힘을 쏟을 뿐 자신의 고유한 번역론의 전개는 다른 저작들 속에서 수행항다. 예를 들어 『낯선 것으로부터 오는 시련』(*L'Épreuve de l'étranger*) 이외에도 강연집인 『번역과 문자: 먼 것의 거처』(*La Traduction et la Lettre. Ou l'auberge du lointain*) 등등에서이다. 나름 베르만의 방식으로 플라토니즘의 전복을 시도한다고 말해도 좋을지 모르겠다. 플라토니즘에 입각한 번역론이 시니피에/의미를 문자/시니피앙로부터 분리 가능한 것으로 보고 보편적으로 구현/편재 가능한 의미를 위해 문자/시니피앙을 포기하는 방향으로 나아간다면, 오히려 베르만의 문자 번역론은 의미를 포기하지 않으면서도 오히려 그 의미의 번역이 문자 번역에 의해, 또 그것을 통해 충분히 가능하다는 입장이며, 오히려 문자의 번역이야말로 언어의 본질을 더 가까운 번역으로 보는 것 같다.

이제 베르만 지신의 언어론과 번역론을 보다 본격적으로 말해야만 할 때가 온 것 같다. 하지만 베르만은 자신의 언어론을 읽어 낼 여러 징후들을 여기저기 산재해서 놓고 있는 것은 사실이지만, 그것을 긍정적 방식으로 체계화해서 정식화한 적은 없는 것 같다. 그렇다고 해서 그의 언어론이나 번역론을 재구성할 수

45) G. W. F. Hegel, *Hegel's Aesthetics: Lectures on Fine Art,* vol. II, trans. T. M. Knox, Oxford University Press, 1998, p.964.

없을 만큼은 아니다. 베르만은 그 어디에서도 언어 자체 또는 이데아로서의 언어의 본질을 다룬 적이 없다. 물론 언어의 요소로서 시니피에와 시니피앙의 통일성을 가지는 것이 언어의 중요한 특성이라는 점을 줄곧 주장한다는 점 예외로 하고 말이다. 항상 그가 말하는 언어는 언어들, 다시 말해 다수적/복수적으로 존재하는 언어들에 관심을 가졌다. 스타이너는 자신의 주저의 서문에서 "각각의 언어는 세계를 다르게 보여주는 지도와 같은 것이며 (…) 가능세계의 총체와 기억의 지리(地理)의 총체를 구성하고 한다. 만약 하나의 언어가 사라진다면 그 죽게 되는 언어와 더불어 하나의 가능적 세계 또한 사라지는 것"이라고 말한 바 있다.[46] 이것은 개별 언어들 자체의 복수성, 다양성에 대한 옹호이다. 베르만 역시 같은 맥락에서 언어를 단순히 의사소통의 체계로 보는 것에 반대하며, 언어의 두께와 시니피앙스(말하는 힘)를 상실하는 것, 구어적 창의성의 빈곤화, 방언의 죽음 등에 대한 심각한 우려를 나타내고 있다. 그렇다고 해서 들뢰즈 같이 언어를 힘과 권력들이 지배하는 투쟁의 공간만으로 보지는 않는다. 베르만에게서 유일한 그 언어(le langage)란 없으며, 다수의 개별 언어들(des langues)이 있을 뿐이다. 하나의 언어는 다른 언어와 다르다. 이 다름과 차이를 옹호하는 일이야말로 정말 베르만이 고민하는 것들 중에 하나이다. 그에게서 낯선 것의 시련이 반드시 고통이나 장애만은 아닌 게 분명하다. 낯선 것은 오히려 자족적인 것에 만족하려는 폐쇄적인 경향을 막아주는 어떤 것이며, 우리에게 부족한 것을 환기시켜주고 더 나아가 채워주는 어떤 것이다. 모든 낯선 것이 좋은 것인가의 문제가 제기될 수 있지만, 적어도 베르만에게서는 낯선 것이라는 이유에서 그 자체를 억압하거나 배타적으로 대해서는 안 된다는 점은 명백하다. 물론 그가 다름만을 수호하고자 하는 것은 아니다. 하나의 언어가 그 사용자와 맺는 근본적 관계—흔히 우리는 모국어라는 말속에 이러한 관계를 담는다—, 다시 말해 어떤 언어에 우리가 속해 있다는 귀속감도 그 차이만큼이나 중요하다. 다시 말해 그의 번역론에서도 차이와 귀속감은 중

46) Steiner, *Après Babel: Une poétique du dire et de la traduction*, p.19.

요한 역할을 한다.

베르만은 언어의 본질을 언어들을 추상화하면서 그것들의 개별성과 유일성을 간과하면서 찾는 것이 아니라 개별 자연 언어 차원에서 언어와 번역의 핵심을 성찰하려고 한다. 여기서 중요한 것은 그가 언어의 다양한 층위들 중에서 텍스트, 흔히 작품(oeuvre)의 번역에 집중하고 있다는 점이다. 더 나아가 "텍스트의 문자"(lettre d'un texte)를 번역, 즉 문자의 번역을 해야 한다는 것이다.[47] "문자"의 형용사 "문자적"(littéralement)은 종종 "축자적"(mot à mot)라는 말과 혼동되어 사용되지만, 적어도 베르만 번역철학에서는 결코 혼용해서 쓰면 안 된다. 문제는 베르만 역시 문자라는 개념을 의미(sens) 개념과 아주 종종 대비/반대되는 것으로 사용하지만 더 이상의 그 개념 자체들에 대한 정의를 시도하지는 않고 있다는 점이다. 그가 의미만의 번역에 반대하는 이유는 출발어의 시니피에의 포획만을 번역하는 것이 도착어, 즉 자국어에 대한 우위와 신성 불가침성을 획책하기 때문이다. 오히려 작품은 의미의 포착을 무한히 넘어선다는 것이 그의 주장이다. 따라서 베르만 자신의 번역론이 의미 포착을 넘어선 문자의 번역에까지 나아가는 것이라면, 베르만은 의미의 번역을 부인하거나 부정하는 것이 아니라 그것을 넘어선 (문자)번역을 지향하는 것이므로, 번역의 플라토니즘을 넘어서 새로운 번역의 지평을 열어나가는 것일 수도 있는 것이다. 다시 한 번 더 물어보자. 문자의 번역이란 무엇인가? 의미의 번역을 배제하지 않는 이상, 언어의 정신과 살, 언어의 의미 요소와 형태 요소를 전부 살리는 번역이라고 규정해보자. 여기서 베르만은 예를 들어 "문자에 대한 작업"이란 "모사도 복사도 아닌 시니피앙들 간의 유희에 주목하는 것"라고 밝히고 있다.[48] 시니피앙의 유희가 처음으로 일어나는 장소가 어딘지를 주목해 보자. 그 언어적 장소는 출발어, 본문, 원문이라는 영역이다. 번역자가 우선 먼저 주목해야 하는 것은 원어의 시니피에가 굳게 결속되어 있는 시니피앙의 양상들과 형태들에 주목해야 한다는 것이다. 그 의미가 굳게 결속된 시니피

---

47) Berman, 『번역과 문자: 먼 것의 거처』, p.31.

48) Berman, 『번역과 문자: 먼 것의 거처』, p.18.

앙들의 특성을 도착어안에 옮겨놓아야 한다는 것이다. 번역의 최종착점의 관점에서 보면 문자의 번역은 도착어 안에서 이겠지만, 시니피앙의 유희가 먼저 일어나는 출발어, 원전의 언어 안에서이다. 아마도 이런 관점에서 보자면 문자의 번역을 지향하는 번역자의 과제란 의미가 굳게 결합되어 있는 원전의 문자, 또는 시니피앙의 관계들을 우선 주목해서 살피는 것이고, 그런 유희를 파악한 뒤에 도착어 안에서 그것을 구현할 언어적 방안을 찾아보는 것이다. 따라서 이때 시니피앙이란 한 주어진 자연언어의 내재적 요소들, 즉 음소나 형태소나 어휘만을 뜻하지는 않을 것이다. 왜냐하면 한 자연 언어 내에서 고유하거나 내재적인 이런 것들이 또 다른 자연 언어로 어떻게 번역이 되거나 전이될 수 있을지가 의문이기 때문이다. 따라서 음소나 형태소 자체를 다른 언어로 그대로 번역하는 일은 가능하지 않을 것이다. 다만 각 자연 언어(원문 언어)를 구성하는 시니피앙들의 관계의 양상들, 그 형식들, 심지어 구조들을 도착어 내에 옮겨야 한다고 주장하는 것이다.

결국 개별 언어의 다양성에 천착하는 베르만의 언어론과 문자의 번역을 지향하는 번역론 사이에는 정확한 조응이 있다고 봐도 무방할 것 같다. 앞서 언급한 현대 언어학의 성과, 즉 시니피에는 시니피앙과 분리되거나 단절될 수 없다는 논점은 원전의 언어를 구성하는 요소들 사이에서의 굳은 결속 관계를 보여주는 것이지 이런 결속성을 다른 언어에서 구현하는 작업인 번역이 불가능함을 보여주는 것은 아니다. 언어에서 가장 감각적이고 살적인 요소를 적극적으로 담아내고자 하는 베르만 번역론은 보편적인 의미의 과잉을 통해 (살적) 존재의 결여를 보충하고자 하는 플라톤적인 번역론과는 좋은 대조를 이룬다. 의미 중심의 언어 이해와 번역 이해는 모든 언어를 관통해서 보편적인 언어 요소를 찾고자 하는 (제국주의적) 욕망에는 어울릴지도 모른다. 하나의 언어가 하나의 언어를 만나고, 친숙해지고, 대화하고, 깊은 관계를 맺는 것이 번역의 본질이라면 플라톤적인 번역관은 의미 중심의 번역으로서, 한 언어의 진정한 모습 전체를 받아들이기보다는 자신의 모습은 변하지 않은 채로 타언어의 특정 요소만을 한정적으로 수용하는 것이기 때문에 동일자의 논리를 번역의 공간에서 재현하는 것에 불과한 것이 아닌가? 반면 감각적인 것의 복원을 지향하는 문자 중심적 번역론은 도착 언어 내에서 출발 언어의 본질적 측면을 가능한 한 살려내고 수용하려는 번역론인 만큼 타자의 복수성과 다원성을 인정하고 타자를 있는 그대로 받아들이면서 그 차이를 향유하는 차이의 논리, 타자의 논리를 따르는 번역론인 것이다. 다만 타자적인 모든 문자를 받아들일 수 있을까? 그런데 만약 모든 것이 번역 가능하다면 그것은 일종의 한 언어가 다른 언어에로 환원 가능하다는 환원주의적 속성을 띤 논리가 되는 것이다. 오히려 환원 불가능한 어떤 것들을 존중하는 것이 개별 자연 언어의 다수성을 존중하는 베르만의 번역론에 부합되는 것이 아닐까? 따라서 한 언어 문자가 전부가 다른 언어로 번역불가능하다는 것은 한 언어가 가진 고유함의 자기 긍정과 자기 확인일 수 있는 것이다. 따라서 베르만의 번역론은 번역 불가능한 차이를 유지하는 자기 긍정과 자신을 개방하여 그 타자적인 요소를 자기화하려는 자기개방의 긴장된 평형을 유지하는 번역론이라고 볼 수 있을 것이다.

2.6. 베누티의 언어론과 번역론

아마도 베누티의 『번역의 윤리: 차이의 미학을 위하여』를 처음부터 읽어나가는 독자들은 적잖이 당황하게 된다. 특히 프랑스 번역(철)학자와 철학자인 베르만과 들뢰즈가 심심치 않게 등장하기 때문이다. 이 책의 4장 「문화적 정체성의 형성」 내의 중요 목차를 이루는 "번역의 윤리"는 이 책 전체의 제목과도 정확히 일치하는데,[49] 여기서 베르만이 상당히 비중 있게 다루어지며, 1장 내의 항목들인 "소수 문학 쓰기", "소수화를 지향하는 번역 기획" 등은 들뢰즈의 문학론이나 언어론에 등장하는 핵심적 개념들과 내용들로서 베누티가 자신의 언어론과 번역론을 정립하기 위해 가지고 온다.

먼저, 베누티는 자신의 언어관이 들뢰즈의 그것을 따른다고 명시적으로 밝힌다.

---

49) L. Venuti, 『번역의 윤리: 차이의 미학을 위하여』, 임호경 옮김, 열린책들, 2006b, p.143.

> 나는 들뢰즈와 가타리의 관점에 따라 언어를 하나의 집단적인 힘으로, 하나의 기호 체제(體制)를 구성하는 형태들의 조합체로 간주한다. 이 형태들은 다양한 문화 계층들과 사회적 제도들 사이를 순환하면서 지배적 위치에 있는 표준어를 정점으로 하여 위계적으로 자리 잡고 있으니, 이 정점에 위치한 표준어를 끊임없이 변화시키는 지역적 방언 및 사회적 방언들, 은어들, 상투어들과 슬로건들, 문체적 혁신들, 임시어들, 그리고 이전의 사용들이 바로 그것이다. 따라서 모든 언어적 사용은 힘의 관계들이 맺어지는 장(場)이라 할 수 있다.[50)]

프랑스의 저명한 이 철학자의 언어론의 핵심은 언어가 의사소통의 수단이나 도구가 아니라 힘이나 권력이 이러저러하게 형성되고 사용되고 또 와해되는 공간이라는 점이다. 그에 따르면 "언어의 기초 단위인 언표는 명령어"이다.[51)] 언어의 중심적 용례는 누가 누구에게 의사를 건네는 것이라기보다는 누가 누구에게 명령을 내리고 지배를 하게끔 하는 메커니즘인 것이다. 따라서 이런 착상을 뒤집어 보면, 언어를 통해, 즉 새로운 언어 사용이나 창안을 통해 기존 언어의 명령적 특성에 도전하는 번역론이나 언어론을 꿈꾸어 보는 것이 가능해지는 것이다. 바로 이 지점에서 베누티는 번역이 바로 기존 언어에 숨은 위계적이고 주류적 성질에 저항할 수 있다고 보는 것이다. 물론 그가 그 반대의 가능성과 현실성을 부정하지는 않는다.

흔히 베누티는 번역학 개론서들에서 이국화(foreignization) 전략을 펼치는 사람으로 알려져 있다. 맞는 이야기이지만 베누티 번역론을 이렇게 간단하게 압축하여 표현한다면 베누티로서는 매우 억울한 일일 것이다. 앞서 말한 바대로 베누티는 번역이 단순하게 의사 전달을 하거나 의미를 소통시키는 것을 넘어서서, 번역이 일어나는 시공간적 현장에서 그 정치적, 문화적 심지어는 철학적 중요성을 가지고 있다고 믿는다. 번역을 수행하는 자들이 의식하건 그렇지 않건 간에 번역

---

50) Venuti, 『번역의 윤리: 차이의 미학을 위하여』, p.24.
51) G. Deleuze & F. Guattari, 『천 개의 고원』, 김재인 옮김, 새물결, 2001, p.148.

의 수행과 그 결과물들은 지배 권력과 지배 이데올로기에 봉사하거나 저항할 수 있다는 점에서 베누티는 번역 활동의 기능성이나 스코퍼스를 넘어서서 그것의 정치성과 사회성의 발견을 주장하는 것이다.

베르만을 언급하면서 베누티가 자신의 번역론의 중요한 논점을 보여주는 대목들 중 하나를 살펴보자.

> 베르만은 번역윤리 개념의 기반을 자국 문화와 외국 문화 간의 관계, 다시 말해서 번역 텍스트를 통해 구현되는 양자 간의 관계에 두었다. 그에 따르면 나쁜 번역이란, 외국문화에 대하여 자민족 중심적 태도를 형성하는 번역이다. '일반적으로 이것은 전달성을 위한다는 구실하에 외국작품의 낯설음에 대하여 체계적인 부정(否定)을 수행한다.' 반면 좋은 번역은 이 자민족 중심적 부정을 제한하려 한다. 이것은 '개방-대화-혼혈-탈중심화'의 과정을 단계적으로 수행하며, 이를 통하여 자국 언어와 자국 문화로 하여금 외국 텍스트의 이질성, 즉 그것의 외국성을 수용하도록 한다.[52)]

이를 보면, 베누티는 적어도 번역 윤리에 관한 자신의 기본적 입장을 베르만의 그것에서 빌려 오거나, 그것과 같다고 생각한다. 즉 낯섦의 부정은 자국 언어의 안정성, 그것도 자국의 주류 언어의 권위와 지배성을 강화하고 존속시키려는 의도에서 나온 것이라고 베누티는 판단하는 것이다. 이와는 반대로 이질성이나 외국성의 수용은 자국의 표준 언어가 가진 지배적 장악력에 도전하면서, 도착 언어의 주류성과 안정성을 일정하게 흔들어 놓으려는 의도에서 제안하는 것이다. 베누티는 자국의 정전(正典), 지배적 개념들과 담론을 운동시키고 변화시킬 수 있는 유효한 힘과 전략으로서의 번역을 꿈꾸는 게 분명하다. 베르만은 "번역의 본질을 개방, 대화, 혼혈, 탈중심화"이라고 말한 적이 있는데,[53)] 번역을 통해 타자와

52) Venuti, 『번역의 윤리: 차이의 미학을 위하여』, p.143.
53) A. Berman, 『낯선 것으로부터 오는 시련: 독일 낭만주의 문화와 번역』, 윤성우·이향 옮김,

낯선 것에로 열리고 그것들과 대화하는 수준을 뛰어넘어, 혼혈(métissage)의 단계까지 전진한 사람이 바로 베누티로 보인다.

결국 여러 권의 저서와 시사적인 논문들을 저술한 번역학 이론가이자 전문 번역가인 베누티의 입장을 단숨에 요약하기는 쉽지 않겠지만, 그의 논점은 두 가지로 압축되는 듯하다. 그는 먼저 자국화(domestication)하는 번역에 반대하며 이국화(foreignization)을 지향하며, 다음으로 이때 번역자는 비가시적(invisible)이어서는 안 된다고 주장한다. 특히 번역 작업에서 번역자의 가시성을 주장하는 베누티는 무냉의 투명유리론과 정반대 입장에서는 듯하다. 무냉은 "채색유리"와 "투명유리"라는 용어들을 통해 번역 담론의 전통적인 이항구도를 재정식한 바 있는데,[54] 이는 무냉이 지지하는 이상(理想)적인 번역이 "사람들이 유리가 없다고 믿을 정도로 투명한 유리가 되는 것"이기 때문이다.[55] 반면 베누티의 이국화하는 번역은 지배적인 표준어를 고수함으로써 흔히 말하는 "유창한"(fluent) 번역을 요구하는 것에 반대한다.[56] 베누티는 다음과 같이 분명하게 자신의 지향하는 번역론을 설정한다.

> 우선 번역대상으로서 자국의 문학 정전들을 벗어나는 형태와 주제를 지닌 텍스트를 선택하는 일일 것이다. 하지만 외국성이 더욱 결정적으로 드러날 수 있는 것은, 자국어를 (그것이 마치 외국어인 양) 낯설어 보이게 만들면서도, 동시에 지금 독자가 읽고 있는 것은 원문 자체가 아니라 그것과 구별되어야 하는 하나의 자국어 번역에 불과하다는 사실을 드러내는 자국적 변양태(variations)들이 도입될 때이다. 좋은 번역은 소수화하는 번역이다. 즉 좋은 번역이란 혼질적인 담화를 양성하여 잔여태를 해방함으로써, 표준어와 문학정전을 외국적인 것, 비표준적인 것, 주변적인 것들에 대해 열리게 하는 번역인 것이다. 그렇다고 하여 소수

철학과현실사, 2009, p.18.

54) Mounin, *Les belles infidles,* p.74; 91 이하.

55) Mounin, *Les belles infidles,* p.75.

56) Venuti, 『번역의 윤리: 차이의 미학을 위하여』, p.28.

언어를 단순히 하나의 방언이라고 생각하는 것은 아니다. 이렇게 하면 어떤 외국 텍스트를 어떤 특정 문화 집단과 너무 밀접하게 동일시하여, 결국 이 외국 텍스트를 지역화하고 게토화시킬 위험이 있다.[57)]

이런 맥락에서 베누티의 『번역의 윤리: 차이의 미학을 위하여』 1장의 제목은 의미심장하다. 바로 "혼질성"(heterogeneity)이다. 한마디로 말해 자국어, 표준어, 지배적 담론과 지배적 서사형태, 그리고 지배적 개념들이 가진 동일성을 뒤흔들어 놓을 "차이", "다양성", "혼질성"을 그것들에다 퍼트리는 작업이 바로 번역 작업이라는 것이다. 자국의 지배 담론의 경계를 허물고 그것이 자국 문화 내에서 차지하는 위계질서에 저항하는 번역이야말로 베누티가 지향하는 번역인 것이다. 그에게서 번역이란, 다수 언어에 대한 소수 언어의 저항과 도전을 감행하는 작업이며, 표준어의 옷을 입고 있는 자국어의 균질성과 동일성에 균열을 내는 작업인 것이다. 다만 세계적 지배 언어로서 영어의 자국화에 대해 베누티의 번역 전략과 지향이 얼마나 성공적인지, 그리고 출판 시장 및 출판계와는 대부분 종속적 지위에 있는 실무 번역자들이 지배적 표준어에 대한 저항과 투쟁에 선뜻 나설지의 여부는 또 다른 문제이다. 그리고 마지막으로 한 가지 확인하고 넘어갈 것은 베누티가, (벤야민과 베르만과 마찬가지로) "번역에 대한 언어학적 방향의 접근들을 지탱하고 있는 가설, 즉 언어란 한 개인이 어떤 규칙체계에 의거하여 사용하는 의사소통의 도구"라는 입장에 반대한다는 점이다.[58)] 만약 언어가 그런 도구라면 특정 언어 사용자와 그 특정 언어는 원칙상 분리 가능하며, 특정 언어를 통해 특정 세계 및 문화가 발현된다는 입장을 유지하기 힘들기 때문일 것이다.

---

57) Venuti, 『번역의 윤리: 차이의 미학을 위하여』, p.27. 인용문 번역의 일부를 필자가 수정하였으며, 여기서 "잔여태"(remainder, 殘餘態)란, 베누티에 따르면, 한 언어를 특정의 순간에 지배하고 하고 있는 다수적 형태와 체계적 규칙에 대해 저항하며 그 언어 내부에서 남아 있는 "소수적 변수들"(minor variables)을 가리킨다고 한다. Venuti, 『번역의 윤리: 차이의 미학을 위하여』, p.24.

58) Venuti, 『번역의 윤리: 차이의 미학을 위하여』, p.44.

3. 번역철학적 논의의 심화를 위하여

사실 이 장의 제목 "번역철학: 그 계보학적 탐구" 끝에는 '서설'(序說)이라는 표현이 첨가되어야만 할 것 같다. 주로 여기서 논의된 것들은 기존에 알려진 철학자들의 번역론을 부분적으로 논의하고, 정도의 차이는 있겠지만, 번역의 실무나 현장 경험이 있는 번역이론가들의 번역철학적 논의를 담은 것이라고 보는 것이 옳다. 이해하는 작업 자체가 이미 번역이라고 논증한 스타이너, 번역을 원초적 차원에서 확정 짓는 것이 불가능하다는 논제를 제시한 콰인, 등가의 추정적 및 생산적 본성을 제시하면서 출발어와 도착어, 원문과 번역문의 이중적 도야(陶冶)로서 번역을 본 리쾨르, '원천어주의'(sourciers)와 '도착어주의'(cibilistes)라는 구분을 만들고서 이론적으론 전자를 표방하지만 많은 경우 후자를 실무적으로 따른다고 주장하는 철학자 출신의 번역이론가 라드미랄, 바벨이 언어 다양성의 환원 불가능성을 보여주는 것일 뿐만 아니라 지식과 믿음의 체계적이고 일관된 구성을 제약한다는 데리다 등의 논의를 보여주지 못했기 때문이다. 여기서 선보인 글은 어찌 보면 본격적인 번역철학을 위한 작은 발걸음에 불과한 것이다. 큰 발걸음이 아닌 이유는 꼭 지면의 한계 때문이 아니라, 번역이 스스로를 부끄럼 없이, 자격지심 없이, 열등감 없이 바라보고, 드러내고 더 나아가 번역의 유의미성을 철학적으로 주목하게 하는 것이 아직도 우리가 해야 할 것이 현재적 작업이라고 믿고 있기 때문이다. 결국 번역의 주변성, 이차성, 변방성, 결국 종속성을 극복하기 위한 관심을 촉발하기 위해, 이것이 비록 사변적이라 할지라도 본격적인 번역철학 논의를 위한 예비 작업에 해당할 것이라는 믿음 때문에서이다.

앞으로 번역철학이 더 논의해할 개념들과 분야들에 대한 간략한 검을 하는 것으로 결론을 마무리하고자 한다. 번역철학의 개념들로서는, 원전, 저자, 번역본(번역물), 번역자, 번역윤리, 번역비평, 등가, 의미, 형태, 해석, 방법, 경험, 문화 등등이 제시될 수 있을 것이다. 번역철학이 기여할 수 있는 분야로서는 대표적으로 번역학의 연구 방법론 또는 번역인식론 그리고 번역윤리학 같은 것을 들 수 있겠다.

번역 활동이 가지는 인식론적 지위를 논하거나, 번역학이 가지는 학문적 지위나 성격에 대한 과학 철학적 논의 및 인문학적 지위를 논할 수 있을 것이며, 번역이 하나의 행위로서 가치를 지향하거나, 적어도 함축한다고 할 때, 그 가치를 명시화하고 이를 문화 및 사회 및 정치적 맥락에서 논의해볼 수 있을 것이며, 번역 활동 자체나 그 번역을 수행하는 번역자가 하거나 하지 말아야 할 행위의 의미나 근거 또는 범위를 번역철학의 연구 분야로 제시할 수 있을 것이다.

제11장
윤리 개념과 도덕 개념의 구분을 통해 본 번역윤리

1. 오늘날 왜 윤리가 화두인가? 그렇다면 번역에서는 어떤가?

오늘날 흔히 윤리(ethics)라고 우리가 부르는 것이 화두가 되는 것은 크게 보아 두 가지 맥락으로 설명 가능하다. 첫째는 역사적 맥락이고, 둘째는 학문적 맥락이다.

왜 역사적 맥락인가? 20세기를 되돌아본다면 우리가 잊을 수 없고, 또 잊어서도 안 되는 주목할 만한 사건으로 양차 세계대전을 지목할 수 있다. 이 중차대한 사건은 인간 이성의 산물로 등장한 과학기술에 대한 시민적 또는 정치적 관리와 통제의 문제를 인류에게 제기했을 뿐 아니라, 인간 이성 자체와 인간 능력에 대해 근본적으로 회의하게 만든 사건으로 정리된다. 인류사에 수많은 전쟁이 있어 왔지만, 특히 2차 대전은 한마디로 말해, 인간이 또 다른 인간에게 어떤 범죄를 저지를 수 있는지를 보여준 사건이다. 전쟁을 통해 우리는 전 지구적 삶의 조건과 환경이 한 순간에 그리고 소수의 사람들에 의해 위협받을 수 있음을 생생하게 체험하게 되었다. 이제 우리는 휴지 하나, 물병 하나를 버리는 행위에 대해서

조차 과연 우리가 이래도 좋은가를 일상적으로 묻지 않을 수 없는 시대를 살게 된 것이다.

학문적 맥락도 역사적 맥락에 못지않게 윤리가 화두로 등장하는 기여하였다. 20세기에 들어서면서 문화인류학, 언어학, 정신분석학, 철학 등 인문사회 과학이 대대적으로 부상하게 되는데, 이러한 학문들을 가로지르는 핵심 키워드가 바로 타자, 타문화, 타언어 등이라고 말할 수 있을 것이다. 예를 들어, 문화인류학은 지리적 및 문화적 타자의 발견에 대한 학문적 대응으로 출발했음이 분명하고, 언어학 역시 다른 언어들 간의 차이와 공통점에 대한 물음과 그 대답의 모색에서 그 뿌리를 두고 있었으며, 철학 또한 데카르트부터 시작된 '근대' 서양철학의 '현대적'이고 최종적 아포리아가 바로 타자를 어떻게 대우할 것인가의 문제임을 보여주고 있다.

그렇다면 번역학은 어떤가? 학문적으로는 비교언어학과 대조언어학, 문학번역의 이론적 성찰, 그리고 오랜 동안의 통번역 경험과 실무에 대한 비판적 성찰에 뿌리는 두고 있는 번역학 역시, 상이한 언어들, 상이한 문화들 그리고 상이한 세계 이해들 간의 만남 혹은 충돌의 과정에서 제기된 타자의 문제를 근본적으로 배태하고 있다고 봐야 할 것이다. '나'와는 '다른' 것을 만나게 되는 역사적 상황을 피할 수 없고, 또 이런 타자에 대한 성찰을 요구하는 학문적 상황은 우리로 하여금 보다 나은 우리 자신의 삶을 위해서 타자를 어떻게 대우할 것인가의 물음, 즉 윤리적 물음을 묻게끔 한다.

2. 번역에서 윤리, 도덕, 그리고 통번역사 직업윤리의 차이는?

필자는 철학 일반에서의 윤리, 도덕에 관한 논의의 틀 자체가 번역 실무나 번역학에서도 충분히 적용 가능하다고 판단하며, 실제로 몇몇 번역학자들의 번역윤리에 관한 논의를 살펴본다면 이런 구분의 적용 가능성을 엿볼 수 있다고 판단한다. 그런데 실상 많은 경우, 윤리나 도덕, 심지어는 직업윤리라는 개념들이 명확한 구분 없이 사용되고 있는 것 또한 사실이다. 필자는 윤리 개념과 도덕 개념을 구분하고자 하며, 이런 구분을 통해 번역 활동과 번역학에서 윤리가 문제되는 상황에서 유용한 제안을 할 수 있다고 판단하고 있다. 이 두 개념을 구분한다고 해서 두 개념이 독립 실체와도 같이 서로 분리된 것으로 간주해서는 안 될 것이다. 다만 이런 구분을 통해, 그 동안 번역에서 윤리 문제를 논의할 때 드러나지 않았던 일정한 방향성과 해결의 지침을 얻을 수 있다고 판단한다.

소크라테스는 『변명』에서 다음처럼 선언한다.

> 내가 날마다 덕에 관해서, 그리고 다른 것들(즉 내가 그것들에 관해 대화를 나누면서 나 자신과 다른 사람들을 검토하는 걸 여러분들이 듣는 그런 것들)에 관해서 이야기를 만들어 검토하는 것, 이것이 그야말로 인간이 누릴 수 있는 최상의 좋음이며, 검토 없이 사는 삶은 인간에게 살 가치가 없다.[1]

여기서 우리는 두 가지에 방점을 찍고자 한다. '검토'한다는 행위와 그 행위가 가장 '좋다', '선(善)'하다로 주장되어지는 점이다. 반성하는 삶, 되돌아보는 삶, 무엇이 잘한 일이고, 무엇이 잘못한 일인지를 살펴보는 삶, 한마디로 검토하거나 음미하는 삶이 좋은 삶이며, 살아갈 가치가 있는 삶이라는 점이다. 이때 과거에는 저질렀으나 미래에는 하지 말아야 할 일, 아니 더 정확히 말해, 다르게 행위 할 것, 더 낫게, 더 좋게 해야 할 일에 대한 소망, 지향(志向)이 분명히 존재한다. 실상 이런 삶에 대한 검토나 음미에는 좋은 것, 더 좋은 것, 더 나은 것에 대한 욕망과 방향성의 측면과, (앞으로) 해서는 안 될 것, 해야 될 것, 즉 당위 또는 의무와 금지의 측면이 동시에, 하지만 분명히 구분되지 못한 채로 존재한다. 이런 구분을 보다 명확하게 주장한 철학자가 바로 리쾨르이다. 그는 좋은 것, 더 좋은 것, 더 나은 것에 대한 소망, 지향의 체계를 윤리(ethics)라 부르고, 해서는 안 될 것과 해야

1) Platon, 『소크라테스의 변명』, 강철웅 옮김, 이제이북스, 2014, p.104(38a).

될 것, 즉 금지와 의무(당위)의 체계를 도덕(morals)으로 나눈다. 물론 이런 구분이 다소 개념적이고 사변적이 측면이 있다는 점을 비판적으로 지적할 수 있다. 하지만 이런 윤리/도덕의 구분은 우리가 앞으로 행하게 될 번역과 번역학에서의 윤리 문제에서 중요한 시사점을 던질 수 있다는 점에 주목해보자.

우선 안소니 핌(Anthony Pym), 로렌스 베누티(Lawrence Venuti), 앙트완 베르만(Antoine Berman), 앙리 메쇼닉(Henri Meschonic) 등 번역학 내에서 번역윤리의 문제를 제기하는 학자들의 논의, 그리고 국내에서 진행된 몇몇의 번역평가사업, 즉 영미고전문학 번역평가사업, 프랑스 명작소설 번역평가사업이나 한국문학번역원의 번역평가 체계 등을 잠시라도 떠올려보자. 위에서 언급한 번역학자들 사이에서도 번역(학)에서의 윤리와 도덕의 구분이 애매하거나 중첩되어 있는 측면이 있지만, 크게는 핌이 번역도덕의 관점, 정확히 말해 번역자의 의무론적 관점에 서 있다고 볼 수 있으며, 메쇼닉은 가장 윤리를 강조하는 쪽에, 베누티와 베르만은 상대적으로 번역(학)에서의 윤리와 도덕, 양 측면을 동시에 강조한다고 볼 수 있을 것이다. 국내의 다양한 번역평가사업과 한국문학번역원의 평가체계를 공히 아우르는 성격은 그것이 규범적이라는 점이다. 가독성과 충실성이라는 잣대가 이미 그러한 점을 잘 보여준다. 달리 말해, 번역 작업이나 번역학에서 '해서는 안 되는 번역'과 '꼭 해내야 하는 번역'의 측면을 다룬다면 이는 (번역)도덕의 관점에 서있다는 것이다. 소크라테스의 말대로, 우리는 늘 번역을 검토하거나 음미할 수 있다. 일반 독자의 입장에서도 그렇고, 보다 전문적으로 번역 실무에 종사하거나 번역학 논의에 참여하는 학자의 입장에서도 그렇다. 다만 필자는 (번역)도덕의 관점 말고도, 번역윤리의 관점에서도 좀더 논의되어야 상호보완적인, 보다 완성된 번역담론이 가능하다는 입장이다. 번역윤리에 관한 보다 긴 논의를 하기에 앞서 국내에서 2009년 문체부 인가 사단법인으로 등록한 국제통번역협회(International Interpretation and Translation, ITT)에 게재된 '통번역사 직업윤리'(code of ethics for interpreters and translators)를 한번 살펴보자.[2)]

---

2) http://www.wea.or.kr/sbMn.php?pgNm=comin

국제통역번역협회 회원이든 아니든 상관없이 모든 통역사와 번역사는 아래와 같은 윤리규정을 준수하여 지속가능한 직업인으로서 그 역할을 다해야 한다.

지켜야 할 윤리적 의무는 다음과 같다.

● 직업적인 객관성, 공평성, 타당성, 비밀을 유지한다.

● 지속적이고 정기적인 직업적 능력을 개발하여 우수한 능력을 겸비하도록 한다.

● 자신의 능력을 넘어선 일은 거절한다.

● 일의 조건, 고객과의 관계, 역할 분담 등을 잘 이해시키고 품질 높은 서비스를 제공한다.

● 분쟁해결절차를 준수한다.

지면의 한계상 본 연구에서 직업윤리를 상세히 논하기는 어려우나 적어도 직관적으로 볼 때도 비밀유지의 의무는 도덕의 측면이고, 보다 원활한 의사소통을 위한 '우수한 능력'의 제고(提高)는 분명 윤리의 측면으로 파악된다. 만약 우리가 앞서 구분하기 시작한 윤리와 도덕의 차이를 보다 섬세하게 적용할 수 있다면, 지금보다 훨씬 구체적인 통번역사의 직업윤리의 원칙과 행위지침을 만들 수 있을 것이다. '직업윤리'라는 꼬리표를 달고는 있지만, 통번역사의 직업윤리의 내용들은 윤리와 도덕의 구분을 전혀 하고 있지 못하며, 오히려 대개의 경우 도덕의 내용에 가까운 것들이 더 많은 부분을 차지하면서도 명목상으로 윤리의 이름을 달고 있다는 점이 눈에 띈다. 물론 윤리와 도덕의 구분이 늘 그렇게 분명하지는 않다는 반론을 제기할 수 있다. 방금 언급한 통번역사의 직업윤리에서도 그렇거니와 이것과는 또 다른 직업군의 윤리, 예를 들어 기자(記者)의 윤리나 생명윤리(bioethics) 분야에서도 그런 반론은 타당하다. 예를 들어, 기자나 교수(教授)의 직업윤리에 있어서 '표현과 언론의 자유를 위해 취재원을 보호해야 하는 의무'의 경우, '양심과 학문의 자유를 위해 사상의 검열이나 통제가 없어야 하는 당위'

의 경우가 그렇다. 언론의 자유나 학문의 자유를 위한 것은 응당 윤리의 측면이지만, 이런 지고한 목적을 달성하기 위해서는 취재원을 보호해야 하거나 검열을 하지 않아야 할 도덕의 부분들이 엄연히 존재하기에 그런 것이다. 마찬가지로 불치병으로 죽어가는 인간 생명의 자기 존엄성을 위해 의사에게 안락사를 금지시키는 경우를 보자. 생명의 존엄을 위한다는 것은 윤리의 측면이지만, 의사는 환자의 반복되고, 자각적인 의사표현과 가족의 동의, 그리고 2인 이상 동료 의사의 동의를 구하지 않고서는 안락사를 시켜서는 안 되는 금지의 경우를 떠올려보자. '더 나은, 더 좋은 삶'을 위해'라는 부분이 분명 윤리의 영역이라면, 이에 이르도록 절차인 다양한 '… 의무와 금지'는 도덕 영역으로서 서로 밀접히 연결되어 있기 때문이다.

결국 윤리와 도덕, 이 둘의 관계는 무엇인가? 특히 우리가 논의하고 있는 번역의 장에서 이 둘은 어떤 관계인가? 더 좋은 번역, 더 나은 번역을 위해 이러저러한 것, 예를 들어 불필요한 단어의 중복이나, 부언을 하지 말아야 하는 경우를 떠올려 보자. 분명 윤리와 도덕은 서로 개념적 구분을 필요로 하지만, 하나를 위해 또 다른 하나가 배제되어야 하는 양립 불가능한 배제의 관계는 아닌 것이다. 오히려 서로가 서로에게 요구되는 관계인 것이다. 다음 절에서 보다 구체적인 논의를 진행하고자 한다.

3. 왜 번역윤리를 논하는가?

주지하다시피, 사실 '번역'의 윤리만이 문제가 되는 것은 아니다. 서양철학은 적어도 플라톤 이래로 동일자(이데아, 본질, 실체, 절대정신과 이성 등)는 타자(가변적인 것, 우연적인 것, 속성적인 것, 감성과 욕망 등)를 자신의 질서와 관리 아래에 두려고 했던 것이 사실이다. 이를 번역의 관점에서 거칠게 표현해 보자면, 서양 언어와 강대국의 모국어가 비서양의 언어와 외국어를 자신의 질서와 통제 아래에 두려고 했다는 것으로 옮길 수 있을 것이다. 예를 들어, 17세기 프랑스의 궁중과 문화계의 번역 관행, 즉 당시의 외국어들을 자국의 프랑스어 어법과 관행에 맞게 의역해 내는 것을 '부정한 미녀'(les belles infidèles)라 부르기도 했는데, 이는 서양의 대표적인 문화 언어이자 지배 언어로서 프랑스어가 주변의 언어들에 대해 어떤 권력 지향적 태도를 취했는지 잘 보여준다.

하지만 우리의 20세기는 서양과 모국어-비서양과 외국어 사이의 관계에 대한 진지한 성찰이 시작된 시기이며, 억압되어 온 타자가 동일자에 대항하는 전 지구적 반란이 들끓는 서막이 오른 연대기로 볼 수 있을 것이다. 필자가 보기에, 이런 반란의 가장 현장(現場)적이면서도 첨예한 공간이 바로 번역의 공간, 번역 담론의 장임에는 분명하다. 따라서 번역의 현장이나 번역 담론의 장에서 다른 언어, 다른 문화, 다른 삶의 방식을 어떻게 옮길까, 어떻게 대우할까의 문제를 만나는 것은 최소 단위 차원에서는 어떤 단어를 선택할까의 문제이면서도 동시에, 최대 단위 차원에서는 이질적 삶의 방식을 어떻게 받아들일까의 문제이기도 한 것이다.

『바벨 이후』(*After Babel*)의 저자 조지 스타이너(George Steiner)는 하이데거를 언급하면서 "하나의 존재는 타자와 대면함으로써만 자기규정(自己規定)된다"고 말함으로써,[3] 한 언어의 자기 규정은 다른 언어를 강렬하게 대면하는 번역을 통해서만이 완결된다고 주장한다. 이런 주장의 의미를 좀더 확장해 본다면, 결국 그 어떤 언어와 인간, 그 어떤 문화도 다른 언어, 인간, 문화의 매개 없이 자족할 수 없다는 것이다. 스타이너의 책 제목 '바벨 이후'는 번역이 인간의 근본적인 삶의 조건임을 말하는 그 이상, 그 이하도 아닌 것이다. 따라서 스타이너가 "한 언어가 사라진다면 하나의 가능한 세계가 사라진다"라고 부연하는 것은 절대 허언이 아니며,[4] 따라서 하나의 언어(모국어)가 다른 언어(외국어)를, 번역문이 원문을 어떻게 받아들이고 대우하며, 수용해내는지는 포스트모던 시대를 살아가는 우리 삶의

3) G. Steiner, *Après Babel: Une poétique du dire et de la traduction, trans.* L. Lotringer & P.-E. Dauzat, Albin Michel, 1998b, p.409.
4) Steiner, *Après Babel: Une poétique du dire et de la traduction,* p.19.

근본 문제이며, 근본 상황인 것이다. 하이데거가 우리 인간을 근본적으로 '세계-내-존재'라고 칭했다지만, 우리의 논점에서 보자면 그런 주장은 '언어들-내- 존재'로 바꾸어 읽어야 함이 분명하다. 또 하나의 세계, 또 하나의 삶과 존재 방식의 담지자인 언어와 그 번역을 간과한 채, 언어적 다양성과 문화적 양성이라는 바벨 이후의 근본적 조건을 도외시한 채, 과연 더 나은 삶, 더 좋은 삶을 향한 윤리적 소망이나 지향이 가능한가?

3.1. 왜 베르만인가?

우리는 앞서 철학 일반의 영역에서 윤리와 도덕의 차원을 어느 정도 구분하면서 이를 확장해서 번역(학)의 영역에서도 윤리와 도덕의 차원을 구분해보았다. 필자가 판단하기에 실상 이런 두 차원의 분절(分節), 즉 연결과 나눔을 진지하게 고민한 보기 드문 번역학자가 베르만이라고 판단된다. 필자는 베르만의 중요한 번역학 저작 세 권, 『낯선 것으로부터 오는 시련』, 『번역과 문자』, 그리고 그의 유작 *Pour une critique des traductions: John Donne*을 통해 그가 탐색한 번역윤리의 내용을 그 맹아, 본격적인 전개, 비평적 차원의 승화라는 세 단계로 나눠 해명해보고자 한다.

베르만의 번역윤리의 사색의 맹아적 단계가 발견되는 저작이 바로 1984년에 선보인 『낯선 것으로부터 오는 시련』이다. 그의 박사학위 논문을 바탕으로 꾸며진 이 책은 그 서론이나 본론, 결론을 살펴본다면 베르만의 거시적인 번역학적 기획과 전망을 가장 잘 엿볼 수 있는 저작으로 판단된다. 다음의 구절을 주목해서 보자.

> 번역과 번역자에 대한 현대적 성찰을 규정하는 세 가지 축은 번역의 역사, 번역 윤리학, 번역 분석론이다.[5]

---

5) A. Berman, 『낯선 것으로부터 오는 시련: 독일 낭만주의 문화와 번역』, 윤성우·이향 옮김, 철학과현실사, 2009, p.27.

이 문장이 비록 『낯선 것으로부터 오는 시련』의 서론에 나오긴 하지만, 해당 저작이 번역의 근대 역사, 즉 독일 낭만주의 시대의 번역사를 담고 있다는 점에서, 또 본격적인 번역윤리와 도덕의 내용이 그 다음 출간된 『번역과 문자』에 등장한다는 점에서, 그리고 번역 비평적 분석론이 *Pour une critique des traductions: John Donne*에서 전개된다는 점에서, 결국 이 짧은 문장은 위 세 가지 번역학적 방향성의 핵심 논점을 예상하면서 압축해 놓은 절묘한 지점이라는 점에서 아주 흥미로운 문장이 아닐 수 없다. 그렇지만 맹아는 맹아에 불과하다. 『낯선 것으로부터 오는 시련』에 등장하는 번역윤리의 논의는 번역이 진정으로 도달해야 하는 지향을 '긍정'의 윤리학으로 규정하는 정도에 머물고, 그것은 그 지향을 벗어나게 하는 이념적 및 문화적 가치들을 비판하는 '부정'의 윤리를 전제하기 마련이라는 주장 정도에 머물고 만다.

> 나쁜 번역에 대한 이론을 전제해만 한다. 나쁜 번역이라는 것은 일반적으로 전달 가능성이라는 미명 아래 이국 작품이 담고 있는 낯섦을 철저히 부정하는 번역을 말한다.[6]

한 마디로, 『낯선 것으로부터 오는 시련』에선 번역윤리에 관한 베르만의 사유가 여기에서 멈춘다. 하지만 1999년 출간된 『번역과 문자』에 오면 베르만은 번역의 긍정 윤리학에 대한 보다 충분한 기술과 함께 이른바 '나쁜 번역', 달리 말해 '해서는 안 되는 번역'에 대한 개념과 이론화, 즉 부정 윤리학를 시도한다. 『번역과 문자』에선 이른바 본격적인 전개의 단계이다. 우리의 앞서 구분인 (번역의) 윤리-도덕 구분에 따르면 이런 부정의 윤리학, 즉 해서는 안 되는 번역의 관행을 규정하는 윤리는 '번역도덕'론에 해당하는 것이다. 베르만이 번역 과정에서 '해서는 안 되는 금지'의 목록으로 제시하는 것들로는 원문보다 번역문이 길어지는 '길이

6) Berman, 『낯선 것으로부터 오는 시련』, p.20.

의 증가', 원문을 미화시키는 '고상화', 원문의 기저에 뿌리박은 '시니피앙 망의 파괴', 원문에 등장하는 '관용어구의 파괴' 등이 거론된다.[7] 아마도 특히 문학 번역에 종사하는 번역자들에게는 이런 개념들이 평소의 번역 체험을 잘 표명한 것으로 다가올 것이다.

베르만의 결정적 기여는 부정의 윤리학, 즉 번역도덕론만을 상당한 수준에서 체계화했다는 것에 그치지 않는다. 오히려 앞으로 번역이 나아가야할 바, 즉 긍정의 윤리학, 번역윤리에 대한 깊이 있는 기술을 시도했다는 것이다. 이를 몇 줄로 요약하는 것은 무리가 있으나 베르만의 번역윤리의 핵심적 논점을 거론하지 않을 수는 없을 것이다. 우리의 개념 구분에 따르자면, 번역윤리란 더 나은, 더 좋은 번역의 열망을 담은 체계이다. 베르만에 의하면, 좋은 번역이란 메시지의 전달(communication)이라 불리는 번역의 필요조건만을 충족시켜서는 안 된다. 이를 넘어서서, "원작의 세계"를 드러내주는 것이 좋은 번역이라고 말한다.[8] 이미 원작이 어떤 세계를 드러내고 있는 만큼, 그 번역은 그 드러난 세계를 또 한 번 드러내는 것이다. 이때 베르만은 번역에서 번역자가 드러내야 할 구체적인 대상으로서, 낯선 언어의 "살적 신체성"의 담지자인 원작품의 문자(文字, lettre)를 주제화시킨다.[9] 윤리적 배려의 대상인 타언어의 낯섦의 요체가 문자인 만큼, 번역에서는 바로 이 문자에 충실한 번역을 윤리적인 번역이라 규정이라는 것이다. 결국 베르만식의 번역윤리의 관건은 문자의 번역에 달려있는 것이다. 문자의 문제를 더 천착하는 것은 현재 논의 방향성을 일정하게 우회하는 것이기에 필자의 기존의 선행연구에 참조를 요청하는 것으로 마무리하고자 한다.[10]

번역윤리, 그것도 베르만에게서 번역윤리를 논하는 맥락에서 1995년에 나

---

7) A. Berman, 『번역과 문자: 먼 것의 거처』, 윤성우·이향 옮김, 철학과현실사, 2011, p.74 이하.
8) Berman, 『번역과 문자』, p.110.
9) Berman, 『번역과 문자』, p.111.
10) Seong-Woo Yoon & Hyang Lee, "Antoine Berman's Philosophical Reflections on Language and Translation: the Possibility of Translating without Platonism", *Filozofia*, 66(4), pp.336-346.

온 그의 유작 *Pour une critique des traductions: John Donne*은 조금 특별하다. 베르만은 이 유작에서 번역 담론과 번역학은 번역물에 대한 비평의 차원으로 나아가야 한다고 말하는데, 그 비평에 이르는 여러 경로를 밝히는 중에서 "번역 평가"의 두 가지 기준을 제시한다. 그것은 "시성(詩性)과 윤리성(倫理性)"이다.[11] 여기서 베르만은 윤리성을 "원문에 대한 일정한 존중"에 바탕을 둔다고 말하면서도 이때 존중이란 나름대로 "원문과 대화하고, 그것에 대면하고, 그것에 머리를 들이대는 것"이라고 규정한다. 이는 결국 "(원문과) 조응하는 (번역)작품 만들기"(faire oeuvre-en-correspondance)에 이르기 위함이라는 것이다.[12] 결국, 베르만이 보기에 번역이 윤리적 차원을 획득한다는 것은 그 번역이 원문과 'correspodance' 하는 것, 즉 원문과 상응하고, 조응하며, 접속하며, 원문과의 모든 왕래를 포괄하면서 그에 마주할 만한, 그에 견줄만한, 그에 맞갖은 작품을 만들어 내는 것이라는 점이다. 아마도 이런 차원의 번역윤리라면 모든 번역자들이 모든 번역 작업에서 도달해야 할 최종적 지향점으로 품을 만한 지점인지도 모른다. 이런 의미에서 번역의 이상(理想)이자 번역의 궁극(窮極)이 바로 번역의 윤리인지도 모른다. 실상 우리는 '왜 베르만인가' 라는 물음의 답을 직접적으로 제시하기보다는 베르만이 번역윤리를 가장 초보적인 상태의 수준에서, 긍정과 부정을 모습을 담은 발전적 상태를 거쳐, 번역의 가장 최고 경지에 이르는 상태에 이르기까지 가장 풍부하게 펼쳐놓은 사람임을 보여주는 우회를 통해 그러한 물음에 간접적으로 답한 셈이다.

3.2. 베누티는 어떻게 베르만은 계승했나?

아마도 1998년에 나온 베누티의 『번역의 윤리: 차이의 미학을 위하여』를 읽게 되는 독자들은 그가 읽고 인용하는 방대한 양의 번역관련 자료들과 분석들에 놀라게 된다. 이는 분명 그가 소위 '경험적' 연구 노선을 한 치도 놓치고 있지 않

---

11) A. Berman, *Pour une critique des traductions: John Donne,* Gallimard, 1995, p.93.
12) Berman, *Pour une critique des traductions: John Donne,* p.94.

다는 좋은 증거다. 그러면서도 또 한편 더 놀라게 되는 것은 자신의 고유한 번역관, 번역론을 제시하는데 있어서는 프랑스의 철학자 질 들뢰즈, 특히나 자신의 번역윤리를 밝히는 데 있어서는 베르만을 깊이 천착한다는 데 있다. 베르만은 『낯선 것으로부터 오는 시련』의 서두에서 "번역의 본질은 열림, 대화, 혼혈, 탈중심" 이라고 말한 바 있는데,[13] 감히 말한다면 베르만의 이 주장은 베누티의 번역론과 번역윤리의 근간을 이루는 언명과도 같은 것이라도 할 수 있겠다. 베누티는 아주 명료하게 "좋은 번역은 소수화하는 번역"이라고 잘라 말한다.[14] 이는 들뢰즈의 소수성(minorité) 개념을 받아들여 번역에 적용한 것으로서, 이 개념은 숫자나 양의 개념으로서 숫자가 적다는 의미에서 소수가 아니라, 주류와 지배 세력, 그리고 중심 세력의 바깥에서 다수성과 주류, 그리고 지배세력화하려는 모든 기도와 시도에 저항한다는 의미에서 소수성인 것이다. 따라서 번역은 자국어 내에서 표준어와 정전적인 것, 지배 언어가 되려고 흉내거나 닮을 게 아니라 이것들이 비표준적이고 주변적인 것들에 열려 있도록 저항해야 한다는 것이다. 그는 단적으로 이렇게 말한다.

> 번역가는 자국적 용어들을 탈중심화하는 번역을 선택할 수 있으며, 이것이 자국의 문화를 변화시키는 차이의 윤리인 것이다.[15]

베누티가 말하는 번역의 윤리는 번역이 주류 언어에 대항하는 탈중심화하는 언어를 만들어냄으로써 차이를 만들고, 나아가 그러한 차이를 가능케 만드는 차이의 윤리를 만들어가는 번역윤리인 것이다. 흥미로운 것은 들뢰즈의 『천 개의 고원』에 등장하는 들뢰즈 언어론의 핵심인 "언어의 본질은 명령"이라는 주장을

---

13) Berman, 『낯선 것으로부터 오는 시련』, p.18.
14) L. Venuti, 『번역의 윤리: 차이의 미학을 위하여』, 임호경 옮김, 열린책들, 2006b, p.27.
15) Venuti, 『번역의 윤리: 차이의 미학을 위하여』, p.145.

[16] 베누티가 베르만을 경유하면서 자신만의 방식으로 바꾸어 놓는 듯하다는 점이다. 들뢰즈의 통찰에 따라 언어의 본질이 명령이라면, 번역어의 본질은 반(反)명령, 저항이다. 물론 베누티의 번역윤리가 베르만의 그것을 그대로 옮겨온 것이라 말할 수는 없다. 베누티는 영어권 저자로서 영어 내에서 번역이 해야 할 저항의 임무를 적시(摘示)한 측면이 있다. 반면 베르만의 경우는 주류 언어와 주류 문화가 무엇이든, 또 그렇지 않은 언어와 문화에서든, 번역의 임무는 모국어로 하여금 낯선 것과 타자에게 열려 있게 해야 한다는 번역윤리의 측면이 강하다.

3.3. 번역윤리 대(對) 번역가의 윤리, 또는 번역학 연구자의 윤리?

사실 그동안 윤리를 말하면서도 그것이 보다 일반적 차원의 번역행위 전반을 포괄하는 번역윤리를 가리키는 것으로 암묵적으로 전제했을 뿐이지, 그것이 전문적 직업군의 일원으로서 번역자 또는 번역가의 윤리와 가지는 차이를 말하지는 못했다. 1997년에 나온 *Pour une éthique du traducteur*의 저자 핌 같은 사람은 번역윤리의 문제를 명백히 번역가의 입장에 서서 두 언어 간, 두 문화 간 "협력"(coopération)의 역할을 담당하는 것으로 정리한다.[17] 베르만은 번역가의 윤리를 특정하게 규정하면서 논의를 진행하지 않기에, 번역윤리 안에 번역가의 윤리가 포섭되는 것으로 판단하는 것 같다. 베누티의 경우는 좀더 미묘한데, 그는 종종 '원저자성'에 대한 신화를 비판적으로 다루면서 번역가의 가시성(visibility)을 강조하는 만큼 번역윤리 그 자체에서 번역가의 윤리 쪽으로 조금 더 이동한 학자로 평가받을 만하다. 다만 메쇼닉 같은 학자는 핌의 번역윤리 논의는 "의무론적" 수준에 머무르는 것이어서 윤리의 그것으로 올라오지 못했다는 비판을 가하고

---

16) G. Deleuze & F. Guattari, 『천 개의 고원』, 김재인 옮김, 새물결, 2001, p.154.
17) A. Pym, *Pour une éthique du traducteur,* Artois Presses Université/Presses de l'Université d' Ottawa, 1997, pp.135-136.

는 있다.[18] 하지만 윤리의 논의를 번역가의 입장에서 고민하는 담론을 전개하다 보면, 번역 고유의 윤리적 지향 자체보다는 고객과 번역자 간, 언어 간, 문화 간에서 번역자가 해야 할 일과 그렇지 못할 일을 구체적으로 논하기 마련이라는 점에서 핌의 고유한 태도는 충분히 이해할 만한 여지도 없지 않다.

번역윤리를 다루는 입장에서 볼 때, 결국 중요한 것은 윤리가 번역, 번역가, 번역학자에 수식될 때 어떤 변별점이 드러나느냐가 중요하다. 예를 들어, 의료 윤리, 의사 윤리, 의학자 윤리 사이에 윤리가 수식될 때와 과연 어떤 차이가 드러나는 걸까? 스포츠 윤리, 스포츠맨 윤리, 체육학자 윤리는 어떤가? 번역학자 윤리가 다른 분과 학문의 연구자의 그것과 본질적으로 다르다고 주장되기는 어려울 것이다. 의료 활동 전반을 다루는 의료 윤리의 관점에서 보면, 의사가 의료 행위의 핵심적 주체임에는 분명하지만, 그 외의 환자와 의료 정책당국, 제약회사 등 다른 의료 행위의 주체들, 또 의료 행위 전반을 과학기술적으로 규정해주는 패러다임 등등을 포괄하기 어렵다는 점에서, 의사 윤리는 영역적이거나 국지적일 수밖에 없을 것이다. 번역 행위의 경우에서도 마찬가지로 추론될 수도 있을 것이다. 번역가가 번역 행위의 핵심적 주체임에는 분명하지만, 번역 활동 전반에는 독자, 저자, 출판사, 고객, 번역을 책임지는 문화당국, 또 근본적으로는 번역을 규정하는 언어 및 문화의 패러다임 같은 다른 요소들이 존재하기에 번역자의 윤리는 번역윤리의 특정 영역을 담당한다고 볼 수 있을 것이다.

4. 한스 요나스의 『책임의 원칙』의 논점을 번역윤리 논의에 적용해보기

우리가 번역과 윤리, 이 두 영역을 엮어서 논의의 장을 마련하려고 시도한 것은 앞서 논의했던 저명한 번역학자들이 번역윤리에 대한 선행적 연구를 제시하

18) H. Meschonnic, *Éthique et politique du traduire,* Verdier, 2007, p.11.

고 그것에서 어떤 방향성과 영감을 얻었기 때문만은 아니다. 오히려 번역윤리의 문제를 제기하게 된 더 근본적인 동기는 번역자의 번역활동과 그 산물인 번역 작품 또는 번역물이 원저자의 그것에 비해 평가절하 받는 전반적인 사회문화적 환경과 분위기 때문이었다. 필자가 여기서 제안하고자 하는 번역의 중요성과 의미심장함은 당대적이고 현재적인 것에 머무르는 것이 아니라, 어렵고 지난하게 이뤄지는 번역의 작업의 가치와 파급성의 미래성에 그 무게를 두는 데서 비롯된다. 실상 더 나은, 더 좋은 번역을 향한 문제제기는 원저자와 그 당대의 독자, 번역자와 그 당대의 번역 독자뿐만 아니라, 미래에 그 작품을 접하게 될 '읽을 수 있는 누구나'까지도 고려에 넣는 것이 마땅하기 때문이다.[19] 이런 필자의 착상은 아마도 발터 벤야민의 번역론에서 왔는지도 모른다. 벤야민은, 번역물이 자신의 존재 근거를 그 원작품의 명성에 의존한다고 해석할 수도 있지만 정작 중요한 것은 오히려 번역이 원작품의 명성에 기여할 수도 주장하면서, 더구나 "번역 속에서 원작품의 생명이 거듭 지속적으로 새로워지고, 그 생명이 가장 때늦게 그리고 가장 포괄적으로 자신을 전개"할 수도 있다고 말한다.[20] 이를 한마디로 옮긴다면, 번역은 원작에 대해, 오직 원작의 번역을 통해서만 제대로 드러나는 원작의 재생, 부활의 책임을 떠맡는다는 것이다. 벤야민은 원작에 대한 번역의 윤리적 책임을 언급하지만, 필자가 보기에 번역은 원작에 대해서만이 책임을 져서는 안 된다. 오히려 더 나아가 번역자의 번역 작업과 결과물은 원작의 번역이 유포되는 시점의 그 당대 독자뿐만 아니라, 앞으로 그 번역 작품을 읽게 될 미래 세대의 독자까지 책임을 지는 방식으로 수행되어져야 한다는 것이다. 이렇게 통상적인 '책임' 개념의 과거적 및 현재적 성격을 비판하면서 그 미래적 특성을 부여한 이가 바로 윤리학자 한스 요나스(Hans Jonas)이다.

우리가 알고 있는 통상적인 책임 개념의 전통적 의미는 'X는 자신이 (이미) 행

19) TA 197 [246].

20) W. Benjamin, *Oeuvres,* I, Gallimard, 2000a, pp.247-248; 「번역자의 과제」, 『언어 일반과 인간의 언어에 대하여/번역자의 과제 외』, 최성만 옮김, 길, 2008, p.125.

한 또는 행하고 있는 행위 Y를 책임져야 한다' 정도에 머문다. 하지만 요나스는 책임 개념의 확장을 다음과 같이 시도한다.

> "너의 행위의 효과가 지상에서의 진정한 인간적 삶의 지속과 조화될 수 있도록 행위하라." 부정적 형태로 표현하면 다음과 같다. "너의 행위의 효과가 인간 생명의 미래 가능성에 대해 파괴적이지 않도록 행위하라." 또는 다음과 같이 간단하게 서술할 수 있다. "지상에서 인류의 무한한 존속을 가능하게 하는 제 조건을 위협하지 말아라."[21)]

요나스의 논점은 결국 이런 것이다. X는 자신이 (이미) 행한 또는 행하고 있는 행위 Y가 미치는 결과나 영향이 미래 세대인 X1, X2, X3, … Xn 등에 심대하게 미칠 수 있음을 자각하고, 이들이 미래시점에 존속할 수 있는 방식으로 현재에 행위를 해야만 한다는 것이다. 이런 책임의 미래성을 번역윤리에 적용한다면 어떤 형태의 명제가 가능할까? 번역자는 자신의 번역 행위와 그 결과인 번역 작품이, 벤야민의 직관적인 소망대로, 원전에 대한 재생이나 부활을 담보하는 책임을 자각할 뿐만 아니라, 미래의 독자들의 읽기, 해석, 행위에 심대하게 미칠 수 있음을 자각하는 방식으로 현재의 번역 행위를 수행해야만 한다는 것이다. 번역의 스코포스(skopos)가 현재의 독자만을 겨냥하는 것이 아니라, 미래세대의 독자들도 염두에 두고 결정되어져야 한다는 것이다.

번역의 문제에 아무리 문외한이더라도, 더 이상 외국어의 문제와 번역의 문제를 구분하지 못하고 혼동하는 사람이 드물 듯, 번역의 문제는 메시지의 전달이라는 의사소통이나 그 반대인 불통 문제만은 아니다. 번역의 외연(外延)과 의사소통의 외연은 상당 부분 겹칠 수 있다. 하지만 그 내포의 중첩성은 현격히 떨어질 수 있다. 번역은 당대의 우리 삶과 세계관의 형성을 위한 인식적 통로만은 아닌 것

---

21) H. Jonas, 『책임의 원칙: 기술 시대의 생태학적 윤리』, 서광사, 1994, pp.40-41.

이다. 번역은 우리가 지닌 당대의 세계 이해, 특히 낯선 언어로 된 외부 세계에 대한 당대적인 이해, 착상, 그리고 수용의 도구만은 아닌 것이다. '(내) 언어의 한계가 (내) 세계의 한계'라고 오스트리아 출신의 천재적인 철학자가 말한 적 있다. 이제 번역윤리를 구성하는 미래적 특성을 강조하는 우리의 논점에 비추어 본다면, 아래와 같이 바뀌어야 할지도 모른다. 내가 어떤 작품을 우리말로 번역했을 때, 그 번역물의 언어가 제약하는 인식론적 및 존재론적 한계는 당대에 그것을 읽는 독자의 세계만을 한계 짓는 것이 아니라, 그 이후의 미래 세대의 독자들의 세계도 동시에 한계 짓는다. 따라서 번역자는 자신이 번역 작업에 임할 때, 자신의 눈앞에 현전하는 당대의 독자만을 염두에 두고 번역할 것이 아니라, 후대의 잠재적인 독자도 현재의 번역 작업의 성과의 한계와 문제점에서 자유롭지 않다는 점을 늘 상기하면서 번역에 임해야 할 것이다. 그것이야말로 번역윤리의 태도인 것이다.

보론
포스트구조주의의 욕망론

● 들뢰즈를 중심으로

1. 차이의 존재론에서 욕망의 정치학으로

『차이와 반복』의 "머리말"[1]의 머리를 장식함과 동시에 그 저작이 위치하는 시대적 징후와 분위기를 그리기 위해 들뢰즈가 사용했던 표현인 이른바 "반(反)헤겔주의"(anti-hégélianisme)는 그 이후에 손쉽게 감지할 수 없는 방식으로, 그리고 몇 년의 숙고와 만남의 시간을 거치며 그 투쟁의 전선을 확대하고 심화해나가는 것처럼 보인다. 차이나 동일성이라는 존재론적 개념과 원리들 대신에 생산으로서의 욕망과 결핍(또는 억압된 것)으로서의 욕망의 대결구도가 그 중심적 자리를 차지하게 된다. 그런데 관찰자에게는 비교적 덜 가시적일 수 있는 이런 중요한 이행 및 변화는 그렇게 자의적인 것이 아니다. 왜냐하면 들뢰즈가 말하는 차이의 존재

1) G. Deleuze, 『차이와 반복』, 김상환 옮김, 민음사, 2004a, p.17; *Différence et répétition*, PUF, 1968, p.1. 원서의 출전을 반드시 병기해야 한다고는 생각지 않지만, 원문과의 대조를 통해 더 나은 이해에 이를 수 있다고 믿는 독자들이 있다는 판단 하에 원서의 출전을 병기하려고 한다.

론에서 차이는 흔히 우리가 알고 있는 두 개의 (대립하는) 사물들 사이에 존재하는 차이가 아니라, 한 사물을 바로 그 사물이게 하는 "절대적 차이"이기 때문이다. 그래서 들뢰즈는 차이를 존재자의 일의성(一意性, univocité)과 연관 짓는데 주저하지 않는다. 그 핵심은 차이가 각 사물을 각 사물이게 하는 발생적 또는 생산적 근거이자 바탕이라는 것이다.[2] 여기서 우리가 들뢰즈의 생산으로서의 욕망을 선취할 수는 없는 것일까? 들뢰즈에게서 차이가 각 사물을 생산 또는 발생시키는 존재론적 원리에 해당된다면, (사회적 및 정치적) 실재(實在, le réel)나 현실(現實, la réalité)을 생산하는 사회 및 정치 철학적 심급은 무엇일까? 궁극적으로 차이의 존재론이 욕망의 미시 정치학을 이란성 쌍둥이의 동생으로 여겨야 하지 않을까?

또한 우리는 다음과 같이 물어야만 한다. "차이 뒤에는 아무 것도 없으며, 모든 것 뒤에는 차이가 있다"는 차이의 존재론은 헤겔의 그런 동일성 철학과 변증법에 대한 날렵한 비판만으로 과연 그 운명과 사용을 다하는 것일까? 오히려 (전기의) 차이의 존재론이 가진 급진성과 신선함은 그 힘과 추동력을 조금도 잃지 않은 채 (후기의) 욕망의 미시 정치학으로 새롭게 반복되는 것이 아닐까? 아리스토텔레스의 질료·형상론의 그것처럼, 모든 위대한 존재론의 아름다운 귀결이 윤리학을 포함하는 사회·정치철학이지는 않을까? 푸코는 결코 과장되지 않게 오히려 겸손하게 『안티 오이디푸스』[3] 영역판 서문에서 이 저작이 "윤리학"에 관한 저서라고 말한다.[4] 그것도 불어로 아주 오랜만에 쓰인 윤리학 저작이라 말한다. 왜 윤리학에 관한 저서로 읽어야 하는지는 좀더 자세하게 연구되어야 하겠지만, 여기서

2) 들뢰즈는 이후 작업에서 그러한 바탕을 좀더 구체화해 "기관들 없는 신체"(Corps sans organes), "내재성의 판"(plan d'immanence), "일관성의 판"(plan de consistence)이라고 다시 명명한다.

3) G. Deleuze & F. Guattari, 『안티 오이디푸스』, 김재인 옮김, 민음사, 2014; *L'Anti-Œdipe*, Minuit, 1972. 이 책은 분명히 가타리와의 공동저작이다. 심지어 들뢰즈는 자신을 피뢰침에, 가타리를 번개에 비유할 정도로 그의 영향력을 인정한 바 있다. 이 장의 부제 "들뢰즈를 중심으로"는 가타리의 공헌에 대한 평가 절하를 뜻하는 것이 아닌, 단지 편의를 위해 붙었을 뿐이다.

4) Deleuze & Guattari, 『안티 오이디푸스』, p.7; *Anti-Oedipus,* trans. by R. Hurley, M. Seem, and H. R. Lane, Preface by Michel Foucault, Univ. of Minnesota Press, 1977, p.xiii.

푸코는 이 문제의 저서가 겨냥하고 또 투쟁하고 있는 적(敵)들을 3가지로 분류하는데[5], 이런 그의 구분은 후기 들뢰즈의 사회·정치철학의 논쟁적 지점과 상대자들을 아주 일목요연하게 드러내주는 훌륭한 안내의 역할을 하고 있다. 여기서 들뢰즈에게 더 큰 문제가 되는 것은 욕망의 진정한 성질을 이론적으로 밝혀내는 데까지 이르지 못한 이론, 즉 정신분석학으로 대변되는 욕망이론가들과 그런 욕망을 철저하게 실천적 및 정치적 목적 하에서 의도적으로 왜곡 변용하는 파시스트들이다. 어떻게 보면 『안티 오이디푸스』는 이런 반(反) 욕망적 운동과 억압적 노모스(nomos)에 대한 출사표이자 선전포고와 같은 책이다. 우리는 욕망의 진정한 정치적, 사회 변혁적 성격과 그 힘의 발견 및 증언을 채록하는 과정에서 들뢰즈가 수행한 기여를 돋보이게 하기 위해 먼저 들뢰즈 이전의 욕망이론가들의 욕망이해를 살펴볼 것인데, 이는 들뢰즈의 비판이 향하는 지점을 보다 분명히 함으로써 들뢰즈적인 욕망의 사회이론을 도입하는 것에 동기를 부여하고 이를 안내하는 일이 될 것이다. 그런 첫 작업 속에서 우리는 간략하나마 플라톤, 데카르트, 칸트, 헤겔 그리고 보다 자세하게는 프로이트와 라캉의 욕망론을 개관하게 될 것이다. 그 다음으로는 그의 사회철학이라 부를 수 있는 욕망의 미시 정치학의 긍정성과 부정성을 동시에 비판적으로 성찰하고자 한다. 여기서 우리는 진정한 혁명이란 기존 권력의 재점유나 탈환이 아니라 진정한 욕망 자체가 금기와 억압을 넘어 스스로 흐르도록 하게 하는 것이 진정 혁명적이며 생산적이라는 사실을 발견하게 될지도 모른다.

---

5) Deleuze & Guattari, 『안티 오이디푸스』, p.7; *Anti-Oedipus*, p.xii. 3가지를 여기에 옮겨보면 다음과 같다. “1. 정치적 금욕주의자들, 미친 투사들, 이론의 테러리스트들. 이들은 정치와 정치 담론의 순수한 질서를 보존하고자 한다. (…) 2. 욕망의 서툰 기술자들, 즉 정신분석가 및 모든 기호와 징후의 기호학자들. 이들은 욕망이라는 다양체를 구조와 결핍의 이항 법칙에 종속시키려 한다. 3. 끝으로 특히, 주요한 적수이자 전략적인 적은 파시즘이다. (…) 대중들의 욕망을 동원하고 매우 효과적으로 이용할 줄 알았던 역사적 파시즘, 히틀러나 무솔리니의 파시즘뿐 아니라, 우리 모두의 안에 있는, 우리의 머리와 우리의 일상의 행동 속에 있는 파시즘, 우리가 권력을 사랑하게 만들고 우리를 지배하고 착취하는 바로 그것까지도 욕망하게 만드는 파시즘 말이다.”

2. 전(前)들뢰즈적인 욕망의 이해: 서양철학사와 정신분석학

들뢰즈를 읽을 때 가장 곤혹스런 점이 있다면 그가 사용하는 여러 개념들에 대한 설명에 있어서 본인이 지나치게 인색하다는 것이다. 개념들뿐만 아니라 어떤 주제를 다루거나 주장을 전개할 때도 마찬가지이다. 그가 개념의 창안이나 창조를 철학의 본질로 주장하기는 하지만 그가 말하는 개념(concept)이란 전통 철학에서 말하는 불변적인 사물이나 항구적인 사태의 에이도스(eidos), 즉 본질을 포착하거나 지칭하기 위해 등장하는 것이 아니다. 개념은 그가 주목하는 사건들, 특이체들(singularités), 다양체들(multiplicités)에 가닿기 위해, 그리고 사태의 한 국면 한 국면에 이르기 위해 순간순간 사용하는 것이다. 마치 집을 지을 때 다양한 연장들이나 도구들이 목수에 의해 때에 따라 다르게 연장통에서 꺼내어져 사용되고 또 임무가 끝나면 곧 연장통 속으로 사라져 버리는 경우와 비슷하다. 이런 점에서 그는 지독한 유명론자에 가깝다. 그리고 역설적으로 이런 유명론적 사태가 지독스럽게 보편적이라고 믿는다는 점에서 그는 그런 보편론을 지지할 지도 모른다. 한편 차이의 존재론에서는 사물들의 내적 차이가 아닐 뿐 만 아니라, 오히려 이 사물들을 외부에서 자신 아래에 종속시키며 포섭하는 이데아나 모델을 상정하는 플라토니즘이 "전복"(renversement)의 대상이 된다면, 욕망의 미시 정치학에서는 욕망을 결핍이나 결여로서 이해하는 또 하나의 플라토니즘과 그 전통들[6]이 전복의 대상이 된다. 이런 결핍으로서의 욕망의 이해는 상실한 것 또는 결여된 것의 획득이라는 플라톤의 안암네시스(anamnesis, 想起)의 단조로운 회귀가 아닐까?

들뢰즈가 자신의 욕망론의 중심 저작인 『안티 오이디푸스』의 한 곳에서 등장시킨, "욕망 논리학"(logique du désir)[7]의 첫발을 헛디딘 자는 바로 플라톤이다.

---

6) 들뢰즈는 헤겔을 포함하여 라캉의 정신분석학에 이르는 대부분의 서양의 욕망이론이 플라톤의 그늘 아래에 있다고 보는 것 같다. 예외가 있다면 스피노자 정도가 아닐까 싶다.

7) Deleuze & Guattari, 『안티 오이디푸스』, p.58; *L'Anti-Œdipe*, p.32.

들뢰즈는 『소피스트』 편을 언급하면서 플라톤이 처음으로 욕망을 "실제적인 대상의 결핍"으로 파악하는 "관념론적이고, 변증법적이며, 허무주의적인 착상"을 우리에 제공했다고 말한다. 어떤 대화편을 읽느냐에 따라 플라톤의 욕망론을 다르게 이해할 소지도 있겠지만, 어쨌든 이 욕망이라는 주제를 가장 명시적으로 다룬 『향연』에서도 에로스(Eros)는 "어떤 대상에 대한 사랑", 더 나아가 "자신에게 결여되어 있는 대상에 대한 사랑"8)으로 파악되고 있다.[8] 결국 플라톤은 결핍이나 결여가 욕망의 원인(또는 이유)이며, 그 결여된 대상의 획득이 욕망의 목표(목적)인 만족 또는 해소라는 결과를 가져온다고 하는 욕망에 대한 가장 근본적인 서양적 순환구도를 그려놓은 사람임에 틀림없다. 데카르트나 헤겔 심지어는 정신분석학의 프로이트나 라캉의 욕망 개념들 역시 결여와 만족, 자극과 쾌락이라는 두 극을 나름대로 수용하고 있는 실정이다.

먼저 데카르트의 「정념론」[9]에 등장하는 욕망은 6가지 기본적 정념들 중의 하나로서 영혼으로 하여금 자신에게 적합한 사물들을 미래적으로 표상(재현)하도록 추동시키는 동물적 정기(精氣)들에 의해 야기된 영혼의 동요로 파악된다. 또한 『성찰』에서 욕망은 의지가 이성이 명령한 표상에 어긋나도록 유도하는 도덕적 오류나 실수의 원인을 제공하는 역할을 하는데, 이런 착상은 인간의 정신 능력을 이성, 용기, 욕망으로 3등분하는 플라톤적 관점을 기본적으로 공유한다고 볼 수 있다. 하지만 데카르트는 『성찰』 3부에서 인간이 항상 욕망한다는 사실 즉, 인간에게 무엇인가 결여되어 있다는 사실로부터 인간 자신보다 더 완전한 존재의 관

8) Platon, 『향연』, 박희영 옮김, 문학과 지성사, 2003, p.112(200e) 참조. 하지만 실상 모든 위대한 철학자들이, 하이데거의 시사처럼, 발견과 동시에 은폐의 천재들이라면 플라톤 역시 (대상)"획득"으로서가 아니라 (대상)"생산"으로서의 욕망을 은폐한 것이라고 볼 여지는 충분히 있다. 이미 『향연』(189d~193d)에서 플라톤은 아리스토파네스의 입을 빌려 들뢰즈의 "기관 없는 신체"을 연상시키는 남녀 자웅동체의 구형 또는 알이 본래 우리 생명의 출발점이라고 신화적으로 상정하기 때문이다. 이 점을 라캉의 알 개념과 관련시키는 입장에 대해서는 서동욱, 『들뢰즈의 철학: 사상과 원천』, 민음사, 2002, p.177 참조.

9) R. Descartes, 「정념론」, 『방법서설/성찰/정념론 외』, 김형효 옮김, 삼성출판사, 1990, p.249(86항).

념과 무한[10]에 대한 관념을 끄집어냄으로써 욕망이 대상 관련성만을 지니는 것이 아니라 형이상학적 지향성을 유도하는 역할을 해냄을 간과하지 않고 있다.

들뢰즈에 따르면 칸트가 욕망을 대상 획득이 아니라, 대상 생산의 방향으로 "비판적 혁명"을 시도했는데, 그 이유는 칸트가 욕망을 "(대상의) 표상을 통해 그 표상 대상들의 실재(성)를 발생시키는 힘"으로 규정하기 때문이다.[11] 하지만 이런 욕망에 의해 생산된 대상의 실재가 심리적이거나 표상적 차원의 실재(성)에 국한됨으로써 이 칸트적 발상의 혁명성은 극도로 반감된다는 것이 오랫동안 칸트를 동지와 동시에 적으로 사귀어온 들뢰즈의 탄식이다.

아마도 정신분석학의 욕망론, 특히 라캉의 그것에 중요한 이론적 영감을 시사했을 뿐만 아니라, 정신분석학을 제외한다면 가장 적극적으로 욕망론을 전개한 이는 헤겔일 것이다. 헤겔은 누구보다 더 명민하게 욕망의 진리성이 인정(認定, reconnaissance), 즉 타자에 대한 인정과 타자로부터의 자기 인정에 근거한다 생각했었다.[12] 자기의식의 운동을 욕망으로서 파악한 헤겔은 욕망의 성취가 그 대상의 소멸과 제거에 있으며 욕망 대상의 부정을 통해서만이 자기의식의 자기 동일성이 궁극적으로 가능해진다고 말한다. 들뢰즈의 입장에서 보면, 헤겔이 욕망(desire)과 욕구(Begierde, besoin)를 구분하는 데 그다지 공을 들이지 않았다는 사실은 헤겔에서의 자기의식의 만족이 타자인 대상의 자립성에 끊임없이 매개되지 않으면 안 되고 그것에 필연적으로 의존한다는 사실에 비하면 그리 중요한 것이 못된다. 또한 라캉이 "욕망은 타자의/타자에 대한(désir de l'Autre) 욕망이다"라고 말한 것을 두고서 우리가 그것을 헤겔의 시사를 받아들인 것이라고 말해도 결코 과장은 아니다.

욕망이라는 테마가 들뢰즈 이전의 서양 철학사나 정신분석학에서 어떻게 조

---

10) 한편 타자성의 철학자인 레비나스는 데카르트의 이런 무한 개념을 자아(moi)의 자기 충족적 폐쇄성과 순환성을 탈피하는 중요한 계기로 파악하고 있는 것 같다.

11) Deleuze & Guattari, 『안티 오이디푸스』, p.59; *L'Anti-Œdipe*, p.32.

12) Barbaras, R., "Désir", *Les Notions Philosophiques*, PUF, 1990, p.609.

망되었는지를 『안티 오이디푸스』에서 조목조목 그리고 일목요연하게 정리되고 있는 것은 아니다. 현대에 와서 욕망에 대한 새로운 발견을 주도한 프로이트가 인간의 욕망과 그 표현물에 대해 전 생애동안 작업을 해온 것이 사실이지만, 리비도나 충동(욕동, *Treieb*)이라는 개념에 의존할 뿐이다. 『꿈의 해석』에서 꿈을 무의식적 소망(욕망, *Wunsch*)의 위장된 만족이라고 정의할 때를 제외하고는 욕망이라는 개념 자체는 별로 쓰이지 않는다. 물론 그가 욕구와 욕망의 기원상의 차이를 논할 때는 전자를 내적인 유기체적 긴장과 연계시키고, 반면 기억 흔적의 환각적 재현을 후자에 연계시키지만 그런 그의 구분이 그의 전 저작을 통해 전체적 일관성이 있다고 보기 어렵다.[13] 어떻게 보면 들뢰즈는 오히려 모든 충동들에 근저에 자리 잡은 에너지로서의 리비도에 더 애착을 가지고 있다. 들뢰즈에 따르면 이 에너지야말로 일종의 흐름(flux)으로서 유기체화 이전에 부분 대상들(objets partiels)을 서로 연결 및 접속시키며 실재와 욕망하는 기계들을 운동하게 하는 근본적인 힘이기 때문이다. 프로이트에 대해 온갖 면에서 적대적인 들뢰즈의 감정을 잠시 접어 둔다면, 이런 리비도에 대한 들뢰즈의 관점은 어떻게 보면 1895년 프로이트가 『과학적 심리학 초고』(Entwurf einer Psychologie)[14]를 저술했을 때와 비슷하다. 그때만 해도 프로이트는 자연주의적 관점을 철저하게 유지하며 에너지를 담지한 세 가지 뉴런들의 상호 관계로 인간의 마음을 파악했었다. 그런 점에서 우리가 들뢰즈의 욕망론이 프로이트 초기의 자연주의적이고 유물론적인 직관을 더 근본적으로 밀고 나간 것이라고 볼 수도 있을 것이다. 다르게 말해 보자면 프로이트 좌파적 철저화의 시도일 수도 있다는 것이다. 하지만 이런 친(親) 프로이트적인 들뢰즈 읽기가 더 이상 유지될 수 없을 정도로 프로이트는 욕망을 오이디푸스라는 가족적 삼각형의 틀 속에 집어넣고 말았기에 들뢰즈는 오히려 "무의식은 고아(孤兒,

---

13) J. Laplanche & J.-B. Pontalis, 『정신분석 사전』, 임진수 옮김, 열린책들, 2005, p.283 이하에 나온 「욕망」 항목 참조.

14) Freud, G., 「과학적 심리학 초고」, 『정신분석의 탄생』, 임진수 옮김, 열린책들, 2005, pp.197-331.

orphlein)"라고 강조한다.[15] 물론 프로이트의 욕망이 생산하는 욕망이 아닌 것은 아니지만 그것은 환상적 표현물의 생산이지 정치 및 사회적 생산에 나가지 못했다는 것이다. 들뢰즈는 철저하게 사회적 장(場)과 욕망의 공통적 외연(coextension)을 주장한다.

> 사회적 생산은 무엇보다도 일정한 조건 아래에서 욕망하는 생산이다. […] 사회적 장은 직접 욕망에 의하여 편력되고 있으며, 그것은 욕망의 역사적으로 결정된 생산물이며, 리비도는 생산력들과 생산관계들을 제공하기 위하여 아무런 매개나 승화도, 아무런 심리적 작업도, 아무런 변형도 필요치 않는다. 욕망과 사회적인 것(le social)만이 있을 뿐 다른 것은 아무것도 없다. 심지어 사회적 재생산의 가장 억압적이고 가장 치명적인 형태들도 욕망에 의하여 산출된다.[16]

이미 들뢰즈는 『차이와 반복』에서 욕망(désir)이 욕구(besoin)와는 다르다고 보고, 부정의 힘이나 대립의 요소가 아닌, 결핍으로서의 욕구와 그 만족이라는 장(場)과는 다른 장에서 전개되는 힘으로, 다시 말해 "물음을 던지고 문제를 제기하며 (무엇인가를) 탐색해나가도록 하는 힘"으로 욕망을 규정한다.[17] 그는 스핑크스의 수수께끼 같은 물음에 의존하지 않는 오이디푸스의 갈등이란 없다는 사실에 주목하기도 한다. 우리에게 더 중요해 보이는 언급은 오히려 이런 것이다. "무의식은 욕망하며 오직 욕망할 줄 밖에 모른다"는 것이다.[18] 그래서 들뢰즈는 이미 욕망을 기계(machine), 즉 끊임없이 무엇인가를 만들어 내고 생산하는 것으로 정의한다. 더 이상의 금지도, 더 이상의 결핍도, 더 이상의 규율도 필요치 않기에 무엇인가를 쉼 없이 하게 하는 의지로서의 힘이 바로 욕망이라는 것이다. 따라서 들뢰

15) Deleuze & Guattari, 『안티 오이디푸스』, p.93; *L'Anti-Œdipe*, p.57.
16) Deleuze & Guattari, 『안티 오이디푸스』, p.93; *L'Anti-Œdipe*, p.57. 원문상의 강조.
17) Deleuze, 『차이와 반복』, p.242; *Différence et répétition*, pp.140-141.
18) Deleuze, 『차이와 반복』, p.242; *Différence et répétition*, p.140.

즈에게 무의식은 더 이상 프로이트의 그것처럼 궁극적으로 표현적[19] 이거나 표상적[20]이지 않아서 상징계적 질서에 속한 것이 아니라, 무엇인가를 만들고 묻고 제기해나가는 실재계적인 힘으로 예기된다. 하지만 『안티 오이디푸스』 이전에 『차이와 반복』에서 욕구에 대한 연속선상의 일관된 언급이 없진 않지만, [21] 욕망에 대한 보다 진전된 보고를 찾기란 쉽지 않다.

오히려 프로이트의 발견을 욕망 개념에 집중시켜서 그것을 정신분석학의 욕망론이라는 꼬리표를 정식으로 달게 해준 이가 있다면 그가 바로 라캉이다. 들뢰즈가 프로이트와 그 오이디푸스 콤플렉스 분석에 대해서는 일관되게 적대적인 반면, 라캉에게는 때로는 배우고 수용하며 때로는 비판하는 상당히 양의적인 태도를 취하는 것만은 사실로 보인다. 1969년 저작인 『의미의 논리』와 그 보론(補論)인 「구조주의를 어떻게 식별할 것인가?」[22]를 쓸 때만해도 자신의 철학적 주장을 펼치는 데 별 주저 없이 라캉을 기꺼이 들고 나온다. 라캉 덕분에 우리 모두는 더 이상 욕망 개념과 혼동되지 않을 만큼 욕구와 요구(demande)[23] 개념을 좀더 명료하게 구별해낼 수 있게 되었다. 라캉에 대한 이런 신세를 지는 것은 들뢰즈도 마찬가지이다. 라캉에게 욕구는 명백히 생리학적 영역과 질서에 속하는, 즉 구체적인 특정 대상의 소비나 섭취, 점유 또는 소유에 의해서만 해소될 수 있는 유기체의 긴장 및 그 상태를 지칭한다. 헤겔과 마찬가지로 이 욕구는 타인의 매개와 우

19) 무의식이 표현적이라 하면 꿈이나 판타지, 백일몽 등의 현상을 일컫는다. 이런 무의식의 표현에 대해 들뢰즈는 "표현이라는 관념론적 범주"라고 불만을 드러낸다. Deleuze & Guattari, 『안티 오이디푸스』, p.30; *L'Anti-Œdipe,* p.12.

20) 프로이트는 무의식의 모든 충동들이 감정의 덩어리인 정동(精動, *Affekt*)과 이미지로 구성된 사물표상(*Dingvorstellung*)으로 표현된다고 본다. 이 점에 대해서는 Laplanche & Pontalis, 『정신분석 사전』 참조.

21) Deleuze, 『차이와 반복』, p.185; *Différence et répétition,* p.106 참조.

22) G. Deleuze, 『의미의 논리』, 이정우 옮김, 한길사, 1999. 보론(補論) 「구조주의를 어떻게 식별할 것인가?」는 동일 저작 pp.517~552에 실려 있으며, G. Deleuze, 「구조주의를 어떻게 인지할 것인가?」, 『들뢰즈가 만든 철학사』, 박정태 편역, 이학사, 2007, pp.363-420에도 재수록되었다.

23) 욕망과 욕구의 차이, 그리고 욕망과 요구와의 관계에 대해서는 J. Lacan, *Ecrits,* Seuil, 1965, pp.627~630; 690~693 참조.

회를 통해서만 인간적 욕망의 수준에 이를 수 있게 된다. 생리적 차원의 욕구가 타인에게 그리고 타인을 향하여 표명되어 질 때 그것은 요구가 된다. 다양한 방식으로 표출되는 엄마에 대한 아이의 요구를 통해 엄마는 아이의 욕구를 돌보게 되고 배려한다. 요구는 명백히 상호 주관적 관계의 수준에 있는 것이고 그런 만큼 정서적 및 감정적(affectif) 질서에 속한다.[24] 따라서 욕구는 늘 충족될 수 있을지 몰라도 사랑의 요구(demande d'amour)는 늘 그럴 수 있는 것이 아니다.[25] 바로 욕구와 요구가 갈라지는 그 가장자리에서 라캉이 말하는 욕망이 서서히 준비되고 그려지게 된다. 다시 말해 요구로 표명된 욕구가 충족된 후에도 사랑의 요구는 충족되지 않고 그대로 남게 되는데 이 잔여가 바로 욕망인 것이다.[26] 라캉에게서 욕망은 결코 욕구로 환원되지 않는데, 욕망이 원칙적으로 주체와 독립적인 현실의 구체적 대상에로 환원되지 않기 때문이다. 따라서 요구가 욕구의 대(對)타적 표명인 한에서 대상 관계적인 것이 사실이지만, 대상은 요구에 있어서 그렇게 본질적이지 않는다. 여기가 바로 대상 관련성에 매여 있던 이전의 서양 욕망론과의 단절이 발생하는 지점이다. 오히려 욕망은 환상과 관계하는 것이다. 그렇다고 해서 욕망이 요구로 환원되지도 않는데, 그 이유는 욕망은 언어나 타인의 무의식을 고려하지 않고 타자로 부터의 인정을 강요하고 타자에로 향한 욕망이기 때문이다.

라캉은 시니피앙을 받아들이고 수용하는 것이 "인간 조건의 진정한 한 차원"[27]이라고 말하는데, 이는 "아버지의 이름"이라는 시니피앙의 등장과 이에 대한 복종을 통해 아이의 욕망이 근친상간 금지라는 법속에서 인간적 모습, 즉 한 부모의 아이라는 인격화한 형태를 띠게 됨을 뜻한다. 아이가 시니피앙 속에 태어나게 될 때 그 욕망은 진정 인간화하게 된다고 말할 수 있는 것이다. 결국 대(大)타자의 질서에 순응하고 또 거기에 편입되어 한 사회가 용인하고 허락하는 형태의

---

24) Vregez & Huisman, "besoin, demande et désir selon Lacan", *Cours de Philosophie*, Nathan, 1990, pp.80~81.

25) 풍족한 고아원의 아이와 재소자인 엄마의 아이 사이의 차이를 떠올려 보자.

26) 공식화 한다면, 욕망=요구 - 욕구. 또는 욕망=욕구와 요구 사이의 편차.

27) Lacan, *Ecrits*, p.688.

욕망을 가진 인간 주체가 탄생한다고 말할 수 있는 것이다. 하지만 라캉이 말하는 욕망이 들뢰즈의 입장에서 보면 상징계의 영역을 벗어나서 실재계의 발견과 생성에 어떤 길을 열어 주고 있는지는 여전히 의문이다. 다만 들뢰즈는 『안티 오이디푸스』 여러 곳에 걸쳐 라캉이 "정신분석학을 오이디푸스로부터 해방시키고, 라캉의 개념들의 이면에서 분열증의 가능성"을 탐색했다고 평가한다.[28] 그래서 들뢰즈는 라캉에서의 구조의 상징(계)적 유기체성는 그 이면에 "욕망의 실재계적 비유기체성"을 가지고 있다고 말한다.[29] 라캉과 들뢰즈 사이의 오이디푸스적 구조를 둘러싼 대차대조표[30]를 작성하는 일은 또 다른 작업이므로 논외로 하자. 그럼에도 불구하고 무의식을 오이디푸스라는 가족적 표상과 무대에 가두기보다는 오이디푸스와 자본주의, 또는 자본주의의 전제군주적 성격 사이의 적극적이면서도 은밀한 공모관계를 폭로하는 데 집중하는 들뢰즈의 독자적인 반(反)오이디푸스적인 저항 노선이 라캉에게서 얼마만큼 시사 받았는지는 확실해 보이지 않는다. 결국 라캉식의 정신분석학에서 "아버지의 이름"이라는 법(法)을 통한 근친상간적 욕망의 금지는 어머니에 대한 아이의 욕망을 결코 만족시키지 못하는 결핍으로서의 욕망을 선보이지만, 이는 들뢰즈가 보기에 생산으로서의 욕망을 보지 못하고, 욕망을 가족의 울타리와 근친상간의 범주에 묶어 두는 욕망에 대한 여전히 인격주의적(성별이나 가족애) 해석의 체제 순응적 양상에 불과하다. 그래서 오이티푸스적인 가족 구조는 자본주의 사회에서 욕망을 제한하는 그 근본적 한 양태이며, 정신분석학은 국가의 사제(司祭)로서 그 제한과 억압을 강화하는 데 일조한다고 들뢰즈는 비판한다. 결론적으로 라캉과의 양의적인 관계를 가짐에도 불구하고 들뢰즈는 라캉이 충분히 욕망의 혁명성과 긍정성을 살리지는 못했다고 본다.

---

28) 서동욱, 『들뢰즈의 철학』, p.186.
29) Deleuze & Guattari, 『안티 오이디푸스』, p.545; *L'Anti-Œdipe*, p.392.
30) 이 점에 대해서는 서동욱, 『들뢰즈의 철학』, p.186 이하를 꼭 참조할 것.

3. 들뢰즈의 욕망론: 생산 대(對) 결핍

적어도 들뢰즈에 선행하는 욕망론에 대한 비판적인 고찰을 통해 들뢰즈 자신의 욕망론에 대한 밑그림이 어느 정도 그려진 것이 사실이다. 철학적으로나 정치적으로 들뢰즈와 멀리 떨어져 있지 않은 푸코만 보더라도 욕망에 관해서는 이론적으로는 상이한 지점을 서로 택하는 것처럼 보인다. 푸코가 후기의 여러 저작들에서 욕망의 문제보다 쾌락의 문제에 집중하고, 이를 통해 (인간 주체의) 자기 배려와 자기 규제의 가능성들을 찾고, 욕망의 측면에서는 권력의 관계를 더 중시한 반면, 들뢰즈는 욕망의 원함이란 한 주체에게 일어나는 사건이 아닐 뿐더러, 주체나 구조에 대비되는 기계 개념을 통해 욕망을 정의할 뿐 만 아니라, "모든 종류의 제한과 경계, 구획을 넘어서는 흐름으로, 이른바 탈주선을 그리는 일차적인 힘"[31]으로서, 오히려 기존 권력 관계의 전복을 일상화하는 흐름으로 욕망을 정의하고자 한다. 따라서 들뢰즈 욕망론의 중요한 특성은 욕망이 개인적이거나 주관적 또는 심리적인 것이 결코 아니라는 점, 그리고 무엇의 결핍이 아니라, 즉 그 무엇의 "생산"이라는 점이다. 아무리 후한 대접을 한다고 해도 이전의 욕망 개념은 한 주체나 개인이 가진 내면적이자 심리적인 경향성이었다. 항상 누구누구의 욕망, 즉 누구의 꼬리표가 달린 욕망이었다. 마찬가지로 결핍이나 만족도 늘 누구누구의 결핍이나 만족이었다. 반대로 오히려 욕망은 쉼 없이 연결과 접속을 활동하는 기계(machine)[32]로 이해되어야 한다는 것이 들뢰즈의 생각이다. 이 기계라는 개념을 들뢰즈가 친절하게 설명하지는 않지만, 적어도 이것은 17세기 이래의 기계론의 기계(mécanisme), 즉 인간인 제작자가 부여한 일정한 목적과 기능을 수행하는 부품들의 집합체가 아니다. 또한 흔히 기계론의 기계는 유기체와 대비되고 그렇

---

31) 이진경, 『노마디즘』, I, 휴머니스트, 2002, p.48.

32) "기계"와 같은 들뢰즈의 개념들에 관한 비교적 상세한 풀이를 참조하려면 다음의 저서들을 눈여겨봐야만 한다. R. Sasso & A. Villani (dir.), *Le Vocabulaire de Gilles Deleuze,* Vrin, 2003; F. Zourabichvili, *Le Vocabulaire de Deleuze,* ellipses, 2003.

게 대립적으로만 우리 인간의 세계 내에서 그 존재적 가치를 인정받아왔다. 또한 이전의 욕망은 (인간) 유기체의 한 속성으로서 그 생명의 자립적 존속에 반드시 필요한 것이었고 유기체는 "동일성과 목적을 지닌 제약된 전체"로 파악되었다.[33] 그러나 들뢰즈는 이에 맞서 "욕망하는 기계"(machine désirante)라는 새로운 욕망의 문법을 가진 체계를 제시한다. 이 욕망하는 기계는 생명체와 비생명체를 구분지 않고 그것에 접속해서 어떤 흐름(flux)을 절단하고 채취하는 방식으로 활동 및 작동하는 모든 것을 가리킨다. 여기서 욕망은 "어떤 활동을 위해 만나고 접속하는 신체들에 속하는 것이고, 그 신체들에 접속하여 작동하게 만드는 요인이며, 그러한 작동을 통해 무언가를 생산하는(산출하는) 그런 결정적 요인"이자 능력 또는 힘을 가리킨다.[34] 달리 말해보면, 라캉식의 부분 대상으로서의 입은 음식을 만나면 식도의 투입구가 되고, 엄마의 유방과 접속하면 빠는 기계이면서도 언어와 만나면 말을 창작 및 생산하는 기계가 되며, 노래방의 마이크와 만나면 노래하는 기계가 되고 만다. 또한 손은 그것이 무엇과 접속하느냐에 따라 다른 그 무엇을 항상 생산한다. 칼을 만나면 요리를 만들기도 하고 그림붓을 만나면 예술작품을 생성 및 생산한다.[35] 따라서 우리 신체는 한정되고 제한된 기능을 수행하는 유기체의 기관(organe)이 아니라 신체가 접속하는 것이 무엇인가에 따라 또 다른 형태의 생산 및 산출을 가능하게 하는 기계로 파악된다. 결국 "욕망 자체"와 같은 것은 없다는 것이며 단지 욕망하는 기계들이 있을 뿐인데, 욕망하는 기계로서의 욕망은 사물과 같은 것이 아니라, 일종의 과정이며 생산행위다.

결국 주체와 대상 사이의 거리 및 간격을 끊임없이 긴장하거나 이완하는 운동에 운명 지어진 것이 전통의 욕망 이론이었다면, 오히려 들뢰즈는 "욕망과 그

33) C. Colebrook, 『질 들뢰즈』, 백민정 옮김, 태학사, 2004, p.98. 이 다음 면에는 그림붓과 연결이라는 예가 등장한다.

34) 이진경, 『노마디즘』, I, p.131.

35) 어떻게 보면 들뢰즈에게서 존재 물음은 그 본질과 에이도스에 대한 물음이 아니라, 이런 "되기", 생성, 산출의 문제가 된다. 그에게서 존재는 본질적으로 생성적이다.

대상은 하나이며 일체"를 이룬다고 말한다.[36] 더구나 더 이상 인간과 자연, 인간적인 것과 자연적인 것 사이의 존재론적 구별이나 위상의 차이는 무의미하다.[37] 왜냐하면 인간과 자연은 연결과 접속을 끊임없이 시도하는 서로 다른 항들이자 기계들일 뿐 독자적인 본질을 지닌 다른 그 무엇은 아니기 때문이다.

4. 욕망이 왜 정치적이고 사회적인가? 또 혁명적인가?

들뢰즈가 말하는 욕망은 (대상의) 획득이나 (주체의) 결핍이 아니라, 무엇인가를 만들어 내고, 있게 하는 생산이자 욕망하는 생산(productions désirantes)이다. 그의 욕망은 자연적이며 사회적 활동과 동(同)연장적이며, 자유롭게 움직이는 에너지와 같은 것이며, 성욕의 올무에서 해방된 프로이트의 리비도와 같은 것이다. 프로이트가 주로 신경증에 걸린 자아의 회복과 그 메커니즘에 집중했다면, 들뢰즈와 가타리는 무의식적이고 더 이상의 금기와 부정을 담지 하지 않는 분열증(schizophrénie)에 집중한다. 욕망은 더 이상 라캉의 상징계의 기표들의 연쇄 속에서 끊임없는 대체를 통해 증식하고, 채워지지 않는 결핍으로 정의되지 않는다. 오히려 그런 생각은 욕망에 대한 "관념론적이고, 변증법적이고, 허무주의적인 개념화"에 불과 하다고 들뢰즈는 지적한다. 플라톤적인 욕망이 주체가 대상을 획득함으로써 채울 수 있는 빈 구멍으로 이해한 이래로 정신분석학적 욕망도 이런 결핍을 강조한 노선을 따르지만 들뢰즈는 그 욕망을 프로이트와는 달리 개인과 가족의 심리 영역을 넘어서 사회적인 것의 집중 및 투여 에너지로 파악하며, 결국 마르크스를 리비도화한다. 즉 경제가 사회적 관계를 결정짓는 패러다임이 아니라 욕망의 생산과 사회적 생산은 이음동의어이다. 프로이트의 리비도 경제학과 마르크스의 정치경제학은 하나이면서 같다. 말하자면 빌헬름 라이히가 어느 정도 실

---

36) Deleuze & Guattari, 『안티 오이디푸스』, p.61; *L'Anti-Œdipe*, p.34.
37) M. Hardt, 『들뢰즈 사상의 진화』, 김상운·양창렬 옮김, p.326.

현시켰던 프로이트-마르크스의 평행선의 붕괴가 들뢰즈에게서는 더 철저화게 진행된다.

들뢰즈의 욕망론의 중심이 라캉이 말하는 "타자의 욕망"이나 상징계 속에서 "언어처럼 구조화"된 것이 아니라는 사실은 어쩌면 들뢰즈 욕망 이론의 도입이나 서론에 해당될 뿐이다. 오히려 더 적극적인 들뢰즈의 욕망론은 욕망이 왜 사회변혁의 힘과 해방의 원리가 될 수 있는지에 대한 답변일 것이다. 욕망이 혁명적인 것은 새로운 권력의 획득이나 장악을 원해서가 아니라, 모든 금지를 금지하기를 원하기 때문에 혁명적인 것이다. 또한 이것이야말로 들뢰즈의 욕망의 미시 정치학의 긍정성이자 핵심 부분이 될 것이다. 이미 언급한대로 들뢰즈는 단적으로 "**사회적 생산은 무엇보다도 일정한 조건아래에서 욕망하는 생산이다.** (…) **욕망과 사회적인 것**(le social)**만이 있을 뿐 다른 것은 아무것도 없다**"라고 말하는데,[38] 이는 욕망을 보는 전통적 관점을 일거에 뒤엎는 분명한 메시지를 담고 있는 주장이다. 이런 관점은 전통 사회과학에서 말하는 개인과 사회의 선험적 구분이나 심리적인 것(또는 개인적인 것)과 사회적인 것 사이의 원리적 구분을 무화시키며, 개인이나 주체를 (사회)구조에 의해 자리매김 당하는 하나의 종속변수로 보는 구조주의적 관점과도 반대된다. 사회 이론의 관점에서 보자면, 가장 중요한 욕망의 특징은 욕망이 가족 속에서만, 가족의 울타리 안에서만 집중 및 투여(investissment)되는 것이 아니라 사회적 장(場) 전체에 투여된다는 것이다. 물론 이런 점은 라이히가 어느 정도 밝혀냈던 바이다. 라이히는 파시즘 분석에서 심리적 억압과 사회적 억압이 깊이 연관된 것임을 보였다. 라이히는 파시즘을 설명함에 있어서 대중의 착각이나 오해, 심지어는 이데올로기적 입장 때문이 아니라 오히려 파시즘을 대중들이 욕망했다는 점을 간파했었다. 하지만 그는 "사회적 장(場)과 욕망에 공통된 척도나 공외연성(共外延性)"[39]을 발견하지 못했으며, 사회적 생산은 합리적이고 욕망은 비합리적이라는 이원론적 구분을 극복하지 못했으며, 결국 유물론적 정신의학

38) Deleuze & Guattari, 『안티 오이디푸스』, p.64; *L'Anti-Œdipe*, p.36. 원문상의 강조.
39) Deleuze & Guattari, 『안티 오이디푸스』, p.65; *L'Anti-Œdipe*, p.37.

의 기초를 다지는데 완전히 성공하지 못했다고 들뢰즈는 비판한다. 어쨌든 욕망의 모든 투자와 집중, 그리고 투여는 한 개인의 그것을 넘어서 늘 그리고 언제나 사회적이라는 것이 들뢰즈 욕망론의 핵심적 관건이다. 예를 들어 다이어트와 웰빙에 대한 관심이나 욕망은 각 개인에 의해 추구되어지고 수행된다 해도, 결코 한 개인의 욕망이 아니라 그 여윈 신체와 건강에 대한 사회적 가치 평가와 기대로 이어지는 사회적 관계 속에서 형성되는 사회적 욕망인 셈이다. 더 극적으로 들뢰즈는 거식증(拒食症)을 흥미롭게 언급한 적이 있다. 그는 거식증을 "자기 자신이 소비의 대상이 되지 않기 위해 소비의 규범들로부터 벗어나기 위한" 항의와 투쟁의 일종으로 보는데, 이는 배고픔이 거식증 환자를 유기체적인 자신에 굴복시키며 배반하기 때문에 오히려 이 배고픔을 배반하는 시도라고 말한다.[40] 이런 점에서 들뢰즈에게 무의식과 그 욕망은 철저하게 외화된 사회적 및 역사적 무의식이자, 욕망이며 투쟁의 힘으로서의 욕망을 보여주고자 한 셈이다. 이런 점에서 보면 욕망의 활동은 철저하게 정치적이며 탁월하게 미시-정치적일 수밖에 없는 것이다.

욕망하는 주체들을 매개하려 하는 모든 객관적 구조들(가족, 사회, 국가)은 들뢰즈가 보기에는 생산(production)으로서의 욕망을 코드화하는 것들에 불과한 것이다. 들뢰즈가 말하는 "욕망하는 기계"는 하나의 통일되지 않는 충동들의 측면을 그 중요한 성격으로 갖고 있기에, 그 충동들은 통일적인 유기체를 구성하는 신체의 부위들의 충동들이라기보다는 "기관들 없는 신체"의 그것들이며, 이런 부분적 또는 파편적 충동들은 그 부분적 성격에 맞는 부분적 또는 파편적 대상을 요구한다. 아이는 여기서 반드시 가족적이라 할 수 없는 경험을 하게 되며, 그 부분적 대상 또한 그가 가지고 놀며 즐기는 작은 장난감 자동차 같은 것들이 된다. 또한 헤겔의 변증법에 따르면, 사회는 부정적으로 가족으로부터 유래한다. 사회는 추상적 개인들의 다수에게 적용되는 시장의 추상적 법칙들을 위해 가족적 감정을 해소시켜 버린다. 하지만 들뢰즈가 보기에 헤겔은 근대성의 이런 추상화 속

40) G. Deleuze, 『디알로그』, 허희정·전승화 옮김, 동문선, 2005, pp.196~197.

에서 자본주의의 탈코드화의 비상한 힘을 못 본 것이다. 이런 힘은 화폐의 흐름, 노동력의 흐름, 소비 가능한 생산품의 흐름으로 드러나는 것이 아닐까? 이런 점에서 자본주의는, 임상적 의미에서와는 다른 의미로, (정신)분열적이지 않을까? 그러나 자본주의는 이런 흐름들의 수렴과 합일을 조장함으로써만, 그 자신을 유지할 수밖에 없을 것이다. 사람들이 마치 자신의 구원을 위해서 인양 자신의 종속과 복종을 위해 일하고, 가난한 이들이 도둑질하지 않고, 억압받은 사람들이 폭동이나 저항에 주저하고, 노동자들이 일하기를 왜 거부하지 않는가? 두려움이나 사회적 탄압 이데올로기의 효과로 대답하기에는 한계가 분명하다. 들뢰즈는 오히려 사람들이 그런 압제를 원한다고 말한다. 그것은 생산으로서의 욕망을 억제한 결과이며, 이것이 초자아 같은 억압하는 심급의 작동을 가능케 한다고 한다. 들뢰즈는 1980년 저작인 『천 개의 고원』에서 이런 억압하는 심급의 최상의 형태로 국가를 지목하고, 이에 저항하고 대항하는 유목민적인 "전쟁기계"(machine de guerre)를 국가의 외부에서 국가에 투쟁하는 활동체나 행위자로 주목한다.[41] 헤겔이 국가를 시민 사회가 지닌 소외화의 측면들을 부정하고, 법의 엄격한 지배와 각자의 자유를 새롭게 동일시하는 입장에서 정당화했다면, 들뢰즈는 개인들 간의 인정이 지닌 이런 보다 완벽한 객관적 매개는 더 이상 가능하지 않다고 본다. 이런 국가는 그에게 가족 체제를 유지하려는 낡은 사회적 코드에 불과하며, 탈코드화된 욕망의 생산물을 재코드화 하려는 근대성의 낡은 산물일 뿐일 것이다.

결국 들뢰즈에 따르면 분열증적인 충동을 극복하는 유일한 길은 자본주의의 분열증적인 경향을 그 체계가 폭발해 버릴 때까지 강화하는 것이며, 이는 그런 흐름들의 통제에 복속 되지 않는 탈영토화된 집단적 행위자들(agents collectifs)의 창조를 통해서 가능하다는 것이다. 그가 말하는 유목민들(nomades)이나 소수자들은 이런 부분적 대상들을 추구하는 기관 없는 신체들(Corps sans organes)의 우연한 형성체들이다. 또한 임상 병리 및 정신 질환의 측면에서 본 욕망은 그것이

---

41) G. Deleuze & F. Guattari, 『천 개의 고원』, 김재인 옮김, 2001, pp.719-720.

생산이라 할지라도, 그것은 환영(fantasme)의 생산이지, 현실과 실재의 생산은 아니다. 들뢰즈는 오히려 혁명의 가능성을 혁명의 표상과 이념을 추구하는 권위적 집단(전위정당, 중앙집중식 조직)에서가 아니라, 부분적이고 파편적인 대상과 무(無)목적으로 연결되고자 하는 욕망의 본성에서 찾는 것이 분명하다. 이런 욕망은 오이디푸스적으로 조직화된 자본주의의 상징계(모든 상부구조, 이데올로기)를 넘어서, 실재계의 대상과 연결되고자 하기에 그런 상징계에 대해 혁명적일 수밖에 없다.

5. 들뢰즈의 빛과 그늘

개념들의 생경함과 그 사용의 당혹스러운 자유함을 모두 감내하고서 들뢰즈로부터 얻을 수 있는 이득이란 무엇인가? 욕망의 의미에 대해, 더 정확히는 욕망의 기표와 재현체계들의 해독에 집중하는 이전의 욕망론은 들뢰즈가 보기에 욕망이 무엇을 말하는가라는, 결국에는 관념적이고 가족주의적 관점에서 탈피하기가 어렵다고 본다. 들뢰즈적인 문제의 핵심은 욕망이 무엇을 하고 욕망이 어떻게 작동하느냐에 있다. 생산, 실재, 혁명, 탈코드화와 재코드화 등등의 많은 개념들이 이 문제를 해명하기 위해 등장하고 있다고 봐도 무리가 아닐 정도이다.

들뢰즈는 "욕망하는 생산" 또는 "참된 욕망"이 기존의 사회형식과 틀을 폭발시킬 수 있는 뭔가를 가지고 있다고 확신하고 있는 듯하다. 어째서 그런가? 왜냐하면 억압하지 않는 욕망의 해방 그 자체가 혁명이라고 보기 때문이다. 사회의 미시적인 부문에 대한 저항과 폭발이 없이는 욕망하는 기계란 성립이 불가능한 것이다. 그래서 욕망은 그 본질에 있어서 혁명적이라고 말할 수 있다는 것이다. 기존 사회의 착취나 예속 또는 위계구조를 위태롭게 하지 않고서는 참된 욕망의 작동은 애초에 가능하지 않다고 보는 것이다. 달리 말해 들뢰즈적인 어법과 문법에 우리가 충실해진다면 욕망이 혁명을 원하는 것이 아니라, 비록 비자발적이고 비의지적이라 할지라도 욕망이 스스로 원하는 것을 원하고 그것을 향해 돌진한다는 점에서 그 자체로 혁명적이라는 것이다. 결국 들뢰즈적인 욕망의 성격은 좀처럼 거시적일 수가 없고 철저하게 미시적일 수밖에 없다. 이성의 기반을 둔 프로그램과 강령과 목적지향적인 혁명이야 말로 그 동안에 받아들여진 "거시적인" 혁명이었다면 들뢰즈적인 욕망의 혁명이야 말로 미시적이며 분자적(moléculaire)이다. 예를 들어 1968년 5월의 소위 68 혁명을 거시 정치의 관점에서 본 당시의 정치가들, 정당들, 노동조합들의 입장에서는 대단히 이해하거나 예측하기 어려운 "혁명"이었다는 것이다. 왜냐하면 그 당시의 사회의 변화를 주도하고 이끄는 탈주선/도주선(ligne de fuite)들이 분자적이었다는 것이다. "어떤 농민이 남프랑스의 어떤 지역에서 이웃의 지주에게 인사를 하지 않기 시작했는지를"[42] 아는 것이야말로 68 혁명의 진정한 성격을 파악하는 지름길이라는 것이다. 따라서 들뢰즈가 말하는 소수자(minorité), 유목민들(nomades) 등의 개념적 장치들은 문자 그대로의 수적으로 소수인 집단이거나 공간적으로 정착하지 못하고 돌아다니는 주민을 뜻하는 것이 아니라 탈주의 노선을 걷는 자로서, 대의 민주주의나 대의기구를 통한 정치적 대표성의 구조에 포섭되지 않는 특이하고도 차이나는 집단들을 일컫는다고 봐야만 한다. 이런 권력과 기존의 세력의 중심에서 벗어나 이에 도전하는 소수에 대한 긍정은 일반성과 대의(代議)성 및 재현성에 매몰되지 않는 사태를 포착하려는 차이 존재론의 정치적 변형에 다름 아니며 그 변형의 추동력이 바로 흐르는, 생성하는, 되기(devenir)의 바탕을 구성하는 욕망이라는 것이다. 결국 차이의 존재론이 표상(représentation)을 거부하듯,[43] 고기(viande)의 미학이 재현(représentation)을 거부하듯,[44] 욕망의 미시정치학은 그렇게 대의(représentation)를 거부한다. 그래서 우리는 들뢰즈를 통해 무매개적이고 가장 직접적인 차이의 존재론과 욕망의

42) Deleuze & Guattari, 『천 개의 고원』, p.412.

43) 들뢰즈의 표상 비판의 부분은 졸고, 「포스트구조주의에서의 헤겔 변증법 비판: 질 들뢰즈를 중심으로」, 『대동철학』, 제24집, 2004c, pp.273-291. 동일한 글이 졸저, 『폴 리쾨르의 철학』, 철학과현실사, 2004a, pp.251-277에도 수록.

44) 이 점에 대해서는 들뢰즈의 미학과 재현, 그리고 미메시스의 문제를 다룬 졸저, 『들뢰즈, 재현의 문제와 다른 철학자들』, 철학과 현실사, 2004b 참고.

미시정치학을 만나게 된다.

하지만 이런 전위적이고 그 누구보다도 래디컬한 들뢰즈의 사유에 비판적인 전망과 한계를 던지는 노력들이 없지 않다는 것도 주목할 만하다. 우선 일부의 들뢰즈 독자들은 들뢰즈가 모든 몰적(그램 분자적) 질서는 문제가 있고, 모든 분자적 탈주와 무질서는 긍정하는 무정부주의의 혐의를 벗어나기 힘들다는 비판적인 시선을 던질 수 있다는 것이다. 물론 들뢰즈의 저작이나 전략들이 획일적이고 위계적인 제도들에 억눌린 사람들에게 하나의 수단이자 도구가 될 수 있을 것이다. 하지만 분자적 차원의 운동이 내재적으로 선하거나 해방에 더 긍정적이라는 보장은 없어 보인다. 그런데 이런 비판적 언급을 이미 들뢰즈는 염두에 둔 듯, "분자적인 도주와 분자적인 운동도 그램 분자적인 조직으로 되돌아와 이런 조직의 절편들과 성, 계급, 당파의 이항적인 분배에 수정을 가하지 않으면 아무것도 아니게 될 것"이라고 말하고 있다.[45] 이쯤 되면 들뢰즈의 입장을 단 하나의 것으로 규정하기가 매우 어려운 사태에 이르게 되는 것 같다. 계급 혁명이냐 소수자의 항상적인 탈주냐 하는 이원적인 구도가 형성되기가 매우 어렵게 된다는 점에서도 그렇다. 아마 거시와 미시 정치 간의 단절 없는 운동이야말로 진정한 혁명의 모습이라고 들뢰즈는 생각하고 있는 듯하다. 그러나 이런 모든 들뢰즈에 대한 탈(脫) 오해에도 불구하고 그런 순환이 악순환이 아니라 선순환이 될 조건과 장치가 무엇인지가 아직도 분명하지 않은 것이 사실이다. 분자적인 운동은 그래서 늘 완결적이거나 뚜렷한 프로그램을 가지기가 어렵다는 한계를 가질 것임에 틀림없다.

둘째로, 들뢰즈는 욕망이 반드시 분열적이고 무정부주의적일 필요는 없다고 말하지만 유목민적 욕망과 그런 탈주의 운동이 어떻게 새로운 형태의 사회조직과 양립가능하며 또 그 안에서 본래의 추동력을 어떻게 잃지 않게 될지가 의문으로 남는다. 자유롭고 우발적인 시민들의 운동들이 국가의 외부에서 국가에 대해 진정한 전쟁기계로서의 기능을 현행적으로 수행하고 있는지는 그런 운동들의 발

45) Deleuze & Guattari, 『천 개의 고원』, pp.412-413.

생이나 생성의 강도에 비해보자면 훨씬 덜 분명하다. 새로운 노동 인구의 유입과 흐름들과 그들의 운동이 상존하지만, 그것이 자본주의적 경제의 계급 현실에 대항하는 힘과 수단으로서 얼마나 유효한지는 여전히 미지수인 것이다. 물론 그것이 들뢰즈 욕망론의 미시정치적 전략의 한계라기보다는 그만큼 자본주의의 권력 집합체와 국가의 재코드화나 포획작용이 능수능란하기 때문인지도 모른다. 결국 "홈 패인 공간"(espace strié)의 (재)영토화하고 포획하는 능력이 들뢰즈의 예상을 능가한다는 것이 문제일 것이다.

마지막으로, 어떻게 무정부주의적이지 않으면서도 새로운 사회가 작동하기 위해 필요한 규칙, 규범, 질서, 심지어 들뢰즈가 그토록 비난해 마지않는 권위와 같은 사회적 구속을 요청하게 된다는 점에 관해서 들뢰즈의 설명은 아주 인색한 형편이다. "되기"의 탈(脫)중심적 성격과 탈(脫)권력적 성격을 지닌 운동들과 욕망의 흐름만으로 함께 모여 삶을 구성하려는 의지적 개체들 간의 공동체가 존속 가능할 수 있느냐는 의문이 자연스럽게 든다. 물론 특이하고 차이 나는 것들의 조화나 어울림을 공명으로 마무리하려 차이의 존재론을 뒤잇는 욕망의 미시정치학에서 욕망적 흐름들 사이의 공존이나 그것의 조화의 문제는 좀처럼 제기되지 않을지도 모른다. 강한 목적론과 의지적 이성에 기반을 둔 프로그램 강령이 지닌 정치적 및 역사적 폐해를 끔찍이도 목격한 문제의 철학자인 들뢰즈에게는 생성과 흐름의 자유로운 교차들과 사건적인 분출들 자체가 긍정되어야 하는 것이 더 우선되어야 한다고 믿고 있는지도 모르겠다.

부록

참고문헌 · 찾아보기

참고문헌

※ 본서에서 자주 인용된 리쾨르의 주요 저작들은 권두에 일러둔 약호 설명란을 볼 것.

구연상, 2014. 「폴 리쾨르에서 흠과 죄의 개념」, 『존재론연구』, 제34집 (65-90).

구영모, 2007. 「생명윤리학의 대가 피터 싱어」, 『철학과 현실』, 2007 여름호.

______ (엮음), 2004. 『생명의료윤리』. 동녘.

구인회, 2005. 『생명윤리, 무엇이 쟁점인가?』. 아카넷.

______, 2001. 『생명윤리의 철학』. 철학과현실사.

김상득, 2000. 『생명의료 윤리학』. 철학과 현실사.

김석현, 1995. 「칸트의 자기촉발(*Selbstaffektion*) 이론」, 『철학연구』, 제54집.

김선희, 2004. 『사이버 시대의 인격과 몸』. 아카넷.

김영옥, 1994. 「벤야민의 경험이론: 언어철학과 역사철학이 만나는 곳」, 『현대비평과 이론』, 1994년 봄·여름호 (156-178).

김영원, 2014. 「폴 리쾨르의 악의 문제에 대한 실천적 접근」, 『종교연구』, 제74권 4호 (233-260).

김정우, 2009. 「조선 시대 번역의 사회문화적 기능」, 『번역학연구』, 제10권 제1호 (33-63).

김종국, 2006. 「인격 개념을 통해 본 근대적 심신관: 로크와 칸트의 인격관을 중심으로」, 『칸트 연구』, 제18집.

김종우, 2009. 「리쾨르 철학에서의 상징론의 위상」, 『한국프랑스학논집』, 제66집 (147-168).

김한식, 1998. 「리쾨르와 레비스트로스의 논쟁에 대하여」, 『프랑스어문교육』, 제6집 (287-306).

마루야마 마사오(丸山眞男)·가토 슈이치(加藤周一), 2000. 『번역과 일본의 근대』. 임성모 옮김. 이산.

맹주만, 2000. 「인간복제와 인간의 가치」, 『철학탐구』, 제12집.

서동욱, 2002. 『들뢰즈의 철학: 사상과 원천』. 민음사.

신응철, 2011. 「언어, 상징, 신화를 통한 인간 이해」, 『인문학연구』, 제82집 (341-371).
윤성우, 2013. 「언어, 번역 그리고 정체성: 베르만, 베누티 그리고 들뢰즈의 번역론을 중심으로」, 『통번역학연구』, 제13권 2호.
______, 2010. 「번역에서의 trans-/tra- 개념: 벤야민에서 베르만으로」, 『기호학연구』, 제27집.
______, 2009. 「조르쥬 무냉 번역론의 몇 가지 철학적 전제들에 관한 소고」, 『번역학연구』, 제10권 1호.
______, 2008. 「조지 스타이너의 번역론과 해석학에 관한 소고」, 『통역과 번역』, 제10권 2호.
______, 2007. 「발터 벤야민의 번역론 소고」, 『번역학연구』, 제8권 1호.
______, 2006. 「번역(학)과 해석(학): 철학적 접근 가능성에 대한 한 연구」, 『프랑스학연구』, 제37집 (171-195).
______, 2005. 『해석의 갈등: 인간 실존과 의미의 낙원』. 살림.
______, 2004a. 『폴 리쾨르의 철학』. 철학과현실사.
______, 2004b. 『들뢰즈, 재현의 문제와 다른 철학자들』. 철학과현실사.
______, 2004c. 「포스트구조주의에서의 헤겔 변증법 비판: 질 들뢰즈를 중심으로」, 『대동철학』, 제24집.
______·이향, 2013. 『번역학과 번역철학』. 한국외국어대학교출판부.
______, 2011. "Antoine Berman's Philosophical Reflections on Language and Translation: the Possibility of Translating without Platonism", *Filozofia*, 66(4) (336-346).
이진경, 2002. 『노마디즘』, I. 휴머니스트.
이종인, 2009. 『번역은 글쓰기다』. 즐거운 상상.
이창수, 1999. 「통역과정에 대한 해석적 프레임 분석」, 『국제회의 통역과 번역』, 제1집 (103-121).
이창남, 2004. 「발터 벤야민의 언어이론적 인식론과 독서 개념」, 『독일문학』, 제92집 (232-252).
이　향, 2008. 『번역이란 무엇인가』. 살림.
정기철, 2009. 「악의 해석학을 향하여: 리쾨르의 철학적 신정론」, 『범한철학』, 제54집

(277-302).
차건희, 1995a. 「멘느 드 비랑의 자아 존재」, 『고전 형이상학의 전개』, 철학과 현실사.
______, 1995b. 「또 다른 질서의 경험: 멘느 드 비랑의 『심리학 시론』 탐방」, 『철학과 현실』, 제26집.
최성만, 1996. 「언어 번역 미메시스: 벤야민의 언어 철학과 유사성론 고찰」, 『문예미학』, 제2집 (289-320).
최신한, 2007. 「이해의 한계와 번역불가능성의 문제: 슐라이어마허의 「번역의 다양한 방법에 대하여」를 중심으로」, 『해석학연구』, 제19집 (29-56).
한정선, 2000. 「기(氣)철학적으로 본 신체의 생명현상」, 『신학과 세계』, 제40집.
Arendt, H. 1996. 『인간의 조건』. 이진우·태정호 옮김. 한길사.
Aristotle. 2006. 『니코마코스 윤리학』. 이창우·김재홍·강상진 옮김. 이제이북스.
______, 2001. 『영혼론』. 유원기 옮김. 궁리.
Barbaras, R. 1990. "Désir", *Les Notions Philosophiques*. PUF.
Barik, H. C. 1975. "Simultaneous interpretation: Qualitative and linguistic data", *Language and Speech*, 18(3) (272-297).
Benjamin, W. 2008. 「번역자의 과제」, 『언어 일반과 인간의 언어에 대하여/번역자의 과제 외』. 최성만 옮김. 길.
______, 2000a. *Oeuvres*, I. Gallimard. [한국어판 2008]
______, 2000b. "The task of the translator: An introduction to the translation of Baudelaire's Tableaux Parisiens"(19231). trans. Harry Zohn in Venuti, L. (ed.) 2000. [한국어판 2008]
Benoit, J. 2007. "corps propre", in Marzano, M. (dir.) 2007.
Berman, A. 2011. 『번역과 문자: 먼 것의 거처』. 윤성우·이향 옮김. 철학과현실사.
______, 2009. 『낯선 것으로부터 오는 시련: 독일 낭만주의 문화와 번역』. 윤성우·이향 옮김. 철학과현실사.
______, 1999. *La Traduction et la Lettre. Ou l'Auberge du lointain*. Seuil. [한국어판 2011]
______, 1995. *Pour une critique des traductions: John Donne*. Gallimard.
______, 1986. "L'essence platonicienne de la traduction", *Revue d'esthétique*, n°12.

______, 1984. *L'Épreuve de l'étranger.* Gallimard. [한국어판 2009]
Bolz, N. & Reijen, W. v. 2000. 『발터 벤야민: 예술·종교·역사철학』. 김득룡 옮김. 서광사.
Colebrook, C. 2004. 『질 들뢰즈』. 백민정 옮김. 태학사.
Deleuze, G. 2007. 「구조주의를 어떻게 인지할 것인가?」, 『들뢰즈가 만든 철학사』. 박정태 편역. 이학사.
______, 2005. 『디알로그』, 허희정·전승화 옮김. 동문선.
______, 2004a. 『차이와 반복』. 김상환 옮김. 민음사.
______, 2004b. 『프루스트와 기호들』. 서동욱·이충민 옮김. 민음사.
______, 1999. 『의미의 논리』. 이정우 옮김. 한길사.
______, 1968. *Différence et Répétition*, PUF. [한국어판 2004a]
______, 1964. *Proust et Les Signes*. PUF. [한국어판 2004b]
______ & Guattari, F. 2014. 『안티 오이디푸스』. 김재인 옮김. 민음사.
______, 2001. 『천 개의 고원』. 김재인 옮김. 새물결.
______, 1977. *Anti-Oedipus*, trans. by R. Hurley, M. Seem, and H. R. Lane. Preface by Michel Foucault, Univ. of Minnesota Press.
______, 1972. *L'Anti-Œdipe*. Minuit. [한국어판 2014]
Descartes, R. 2004. 『성찰』. 이현복 옮김. 문예출판사.
______, 1997. 『방법서설/정신지도를 위한 규칙』. 이현복 옮김. 문예출판사.
______, 1990. 『방법서설/성찰/정념론 외』. 김형효 옮김. 삼성출판사.
Dosse, F. 2001. 『역사: 성찰된 시간』. 김미겸 옮김. 동문선.
______, 1998. 『구조주의의 역사 1: 기호의 세계, 50년대』. 이봉지·송기정 외 옮김. 동문선.
Foucault, M. 1994. *Dits et Écrits*, I. Gallimard.
Freud, G. 2005. 「과학적 심리학 초고」, 『정신분석의 탄생』. 임진수 옮김. 열린책들.
______, 1997. 『꿈의 해석』. 장병길 옮김. 을유문화사.
Gadamer, H. G. 2002. 『현대의학을 말하다』. 이유선 옮김. 몸과 마음.
Gillon, R. 2005. 『의료 윤리』. 박상혁 옮김. 아카넷.
Gombrich, E. H. 2013. 『서양미술사』. 백승길·이종숭 옮김. 예경.

Hardt, M. 2004. 『들뢰즈 사상의 진화』. 김상운·양창렬 옮김. 갈무리.

Hegel, G. W. F. 1998. *Hegel's Aesthetics: Lectures on Fine Art*, Vol. II. trans. T. M. Knox. Oxford University Press.

Heidegger, M. 1998. 『존재와 시간』. 이기상 옮김. 까치.

Hénaff, M. 2006. "La condition brisée des langues: diversité humaine, altérité et traduction", *Esprit*, n°323, Mars-Avril 2006.

Husserl, E. 2009. 『순수현상학과 현상학적 철학의 이념들 1』. 이종훈 옮김. 한길사.

______ & Fink, E. 2016. 『데카르트적 성찰』. 이종훈 옮김. 한길사.

Jonas, H. 1994. 『책임의 원칙: 기술 시대의 생태학적 윤리』. 서광사.

Kant, I. 2006. 『순수이성비판 I』. 백종현 옮김. 아카넷.

______, 2000. 『윤리 형이상학의 정초』. 백종현 옮김. 아카넷.

Kemp, p.2004. "Quatre principes éhiques: l'autonomie, la dignité, l'intégrité, la vulnérabilité", in Peter Kemp (dir.), *Le discours bioéhique*. Cerf.

Koutsivitis, V. 1993. "Pour une thorie de la essence de la traduction", *Meta*, 38(3) (468-472).

Lacan, J. 1965. *Ecrits*. Seuil.

Ladmiral, J.-R. 1995. "A partir de George Mounin: esquisse archologique", *TTR*, 8(1) (35-64).

______, 1986. "Sourciers et ciblistes", *Revue d'sthtique*, n°12 (33-42).

Laplanche, J. & Pontalis J.-B. 2005. 『정신분석 사전』. 임진수 옮김. 열린책들.

______, *Vocabulaire de la psychanalyse*. PUF. 1997. [한국어판 2005]

Leder, D. 2004. "Medicine and paradigms of embodiement", in the aberdeen body group (ed.). *The Body: Critical Concept in Sociology*, IV. Rouledge.

Lesgards, R. 1997. *Jean Bazaine: couleurs et mots*, Le cherche midi éditeur.

Lévi-Strauss, C. 1996. 『야생의 사고』, 안정남 옮김. 한길사.

______, 1962. *La pensée sauvage*. Plon.. [한국어판 1996]

______ & Eribon, D. 2003. 『가까이 그리고 멀리서: 클로드 레비스트로스 회고록』. 송태현 옮김. 강.

Marzano, M. (dir.) 2007. *Dictionnaire du corps*. PUF.

Mayr, E. 2002. 『이것이 생물학이다』. 최재천 외 옮김. 몸과마음.

Merleau-Ponty, M. 2002. 『지각의 현상학』. 류의근 옮김. 문학과지성사.

Meschonnic, H. 2007. *Éthique et politique du traduire*. Verdier.

Monday, J. 2006. 『번역학 입문: 이론과 적용』. 정연일·남원준 옮김. 한국외국어대학교 출판부.

______, 2000. *Introducing Translation Studies: Theories & Applications*. Rouledge. [한국어판 2006]

Mounin, G. 2015. 『부정한 미녀들』. 선영아 옮김. 아카넷.

______, 2002. 『번역의 이론적 문제점』. 이승권 옮김. 고려대학교 출판부.

______, 1994. *Les belles infidles*. Presse Universitaires de Lilles(19551). [한국어판 2015]

______, 1976a. *Les Problèmes théoriques de la traduction*. Gallimard. [한국어판 2002]

______, 1976b. *Linguistique et traduction*. Dessart et Mardaga.

______, 1975. *Linguistique et philosophie*. Paris: PUF.

Nida, E. A. 1991. "Theories of Translation", *TTR*, 4(1) (19-32).

Palmer, R. E. 1988. 『해석학이란 무엇인가』. 이한우 옮김. 문예출판사.

Platon. 2014. 『소크라테스의 변명』. 강철웅 옮김. 이제이북스.

______, 2007. 『크라튈로스』. 김인곤·이기백 옮김. 이제이북스.

______, 2005. 『국가』. 박종현 옮김. 서광사.

______, 2003. 『향연』. 박희영 옮김. 문학과지성사.

Pym, A. 1997. *Pour une éthique du traducteur*. Artois Presses Université/Presses de l'Université d' Ottawa.

Raymond, A. 1986. 『지식인의 아편』. 안병욱 옮김. 삼육교양총서.

Ricoeur, p.2014. "Autour de la Pensée sauvage. Réponses à quelques questions. (Entretien, novembre 1963)", *Esprit*, n°301, janvier 2014 (169-184).

______, 2013. *Herméneutique: Cours professé à l'Institut Supérieur de Philosophie de l'Université Catholique de Louvain 1971-1972*. Édition électronique établie par Daniel Frey et Marc-Antoine Vallée. Fonds Ricoeur.

______, 2006. 『성서의 새로운 이해: 주석학과 해석학의 대화』. 김창주 옮김. 살림.

______, 2003. *Penser La Bible*. Seuil. [한국어판(중역) 2006]

______, 2002. 『역사와 진리』. 박건택 옮김. 솔로몬.

______, 2000. *La Mémoire, l'histoire*, l'oubli. Seuil.

______, 1999. "Définition de la mémoire d'un point de vue philosophique", *Pourquoi se souvenir*. Grasset.

______, 1996. 『해석이론』. 조현범·김윤성 옮김. 서광사.

______, 1995. "Le pardon peut-il guérir?", *Esprit*, mars-avril 1995.

______, 1994. "Sur un autoportrait de Rembrandt", *Lectures 3*. Seuil.

______, 1990. "Approches de la personne", *Esprit*, mars-avril 1990.

______, 1989. "L'éthique, la morale et la règle", *Autres Temps. Les cahiers du christianisme social*, 24(1) (52-59).

______, 1988. "Le sujet convoqué: à l'école des rècits de vocation propétique", *Revue de l'Institut Catholique de Paris*, oct-déc 1988.

______, 1982. "Poétique et Symbolique", *Initiation à la pratique de la théologie*, tome 1. sous la direction de B. Lauret et F. Refoulé, Cerf.

______, 1983. *Idées directrices pour une phénoménologie*. Gallimard (19501).

______, 1982. "Poétique et Symbolique", in *Initiation à la pratique de la théologie*, dir. de B. Lauret et F. Refoulé, tome 1, Cerf.

______, 1976. *Interpretation theory: discourse and the surplus of meaning*. Texas Christian University Press. [한국어판 1996]

______, 1975. "Parole et symbole", *Reuve des Sciences Religieuses*, 49.

______, 1973. "Volonté", *Encyclopedia Universalis*, XII. Paris (786-791).

______, 1972a. "Ontologie", *Encyclopedia Universalis*, XII. Paris (94-102).

______, 1972b. "Signe et sens", *Encyclopedia Universalis*, XII. Paris (1011-1014).

______, 1971a. "Liberté", *Encyclopedia Universalis*, IX. Paris (979-985).

______, 1971b. "Langage (Philosophies du)", *Encyclopedia Universalis*, XII. Paris (434-445).

______, 1971c. "Mythe: L'interprétation philosophique", *Encyclopedia Universalis*,

XII. Paris (1041-1048).

______, 1955. *Histoire et vérité*. Seuil. [한국어판 2002]

______, 1947. *Gabriel Marcel et Karl Jaspers: Philosophie du mystère et philosophie du paradoxe*. Seuil.

______ & Dufrenne, M. 2000. *Karl Jaspers et la philosophie de l'existence*. Seuil. (Aubier, 19481)

______ & LaCocque, A. 2016. *Penser la Bible*. Points (Seuil, 19981). [한국어판 2006]

______, 2006. 『성서의 새로운 이해: 주석학과 해석학의 대화』. 김창주 옮김. 살림.

______, 1998. *Thinking biblically: exegetical and hermeneutical studies*. The university of Chicago Press. [한국어판 2006]

Sasso, R. & Villani, A. (dir.) 2003. *Le Vocabulaire de Gilles Deleuze*. Vrin.

Shannon, T. A. & DiGiacomo, J. J. 1988. 『생의윤리학이란?』. 황경식·감상득 옮김. 서광사.

Schleiermacher, F. 1999. *Des différentes méthodes de traduire*. Seuil.

Schulte, R. & Biguenet, J. 2008. 『번역이론: 드라이든에서 데리다까지의 논선』. 이재성 옮김. 동인.

Sicard, D. 2007. "Bioéthique", in Marzano, M. (dir.) 2007.

Singer, p.& Kuhse, H. (ed.) 2005. 『생명윤리학 I』. 변순용·강미정·홍석영·조현아 옮김. 인간사랑.

Steiner, G. 1998a. *After Babel: aspects of language & translation*. Oxford University Press. (19751)

______, 1998b. *Après Babel: Une poétique du dire et de la traduction*. trans. L. Lotringer & P.-E. Dauzat. Albin Michel.

Venuti, L. 2006a. *The Translator's Invisibility: A History of Translation*. Taylor & Francis Ltd.

______, 2006b. 『번역의 윤리: 차이의 미학을 위하여』. 임호경 옮김. 열린책들.

______, (ed.) 2000. *The Translation Studies Reader*. Rouledge.

______, 1998. *The Scandals of Translation: Towards an ethics of difference*. Rouledge. [한국어판 2006b]

Vergez, A. & Huisman, D. 1990. "besoin, demande et désir selon Lacan", *Cours de Philosophie*. Nathan.

Wulff, H. R., Pedersen, S. A. & Rosenberg, R. 1999. 『의학 철학』, 이호영·이종찬 옮김. 아르케.

Zourabichvili, F. 2003. *Le Vocabulaire de Deleuze*. ellipses.

찾아보기

ㄱ

ㄷ

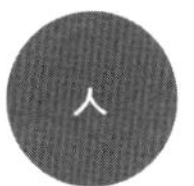
ㅅ

ㅋ

ㅍ

ㅎ

폴 리쾨르의 철학과 인문학적 변주

초판 인쇄 2017년 2월 21일
초판 발행 2017년 2월 28일

지은이 윤성우
발행인 김인철
총괄 · 기획 가정준 Director, University Knowledge Press
편집장 신선호 Executive Knowledge Contents Creator
도서편집 김민정 Contents Creator
전자책편집 최인우 Chief e-Contents Creator
재무관리 김은혜 Managing Creator
발행처 한국외국어대학교 지식출판원
02450 서울특별시 동대문구 이문로 107
전화 02)2173-2493~7
팩스 02)2173-3363
홈페이지 http://press.hufs.ac.kr
전자우편 press@hufs.ac.kr
출판등록 제6-6호(1969. 4. 30)
디자인 · 편집 (주)이환디앤비 02)2254-4301
인쇄 · 제본 네오프린텍(주) 02)718-3111

ISBN 979-11-5901-172-6 93100 정가 18,000원

*잘못된 책은 교환하여 드립니다.

HUEBOOKs는 한국외국어대학교 지식출판원의 인문학도서 Sub Brand이다. 한국외대의 영문명인 HUFS, 사람을 위하는 Humanism, 교육의 Education, 색조의 Hue의 다의적인 뜻으로 해석할 수 있으며, 인문학도서 출판에 대한 의지가 담겨있다.